Pamela Obermaier & Marcus Täuber

Gewinner grübeln nicht

Pamela Obermaier & Marcus Täuber

Gewinner grübeln nicht

Richtiges Denken als Schlüssel zum Erfolg

Bildrechte Autorenfoto: © Jürgen Hammerschmid
Gestaltung Umschlag: Alexandra Schepelmann/donaugrafik.at

Alle Rechte, insbesondere das Recht der Vervielfältigung und Verbreitung sowie der Übersetzung, vorbehalten. Kein Teil des Werks darf in irgendeiner Form (durch Fotokopie, Mikrofilm oder ein anderes Verfahren) ohne schriftliche Genehmigung des Verlags reproduziert werden oder unter Verwendung elektronischer Systeme gespeichert, verarbeitet, vervielfältigt oder verbreitet werden.

Die Autoren und der Verlag haben dieses Werk mit höchster Sorgfalt erstellt. Dennoch ist eine Haftung des Verlags oder der Autoren ausgeschlossen. Die im Buch wiedergegebenen Aussagen spiegeln die Meinung der Autoren wider und müssen nicht zwingend mit den Ansichten des Verlags übereinstimmen.

Der Verlag und seine Autoren sind für Reaktionen, Hinweise oder Meinungen dankbar. Bitte wenden Sie sich diesbezüglich an verlag@goldegg-verlag.com.

Der Goldegg Verlag achtet bei seinen Büchern und Magazinen auf nachhaltiges Produzieren. Goldegg Bücher sind umweltfreundlich produziert und orientieren sich in Materialien, Herstellungsorten, Arbeitsbedingungen und Produktionsformen an den Bedürfnissen von Gesellschaft und Umwelt.

ISBN: 978-3-99060-134-1
ISBN Hardcover: 978-3-903090-70-5
ISBN E-Book: 978-3-903090-71-2

© 2019 Goldegg Verlag GmbH
Friedrichstraße 191 • D-10117 Berlin
Telefon: +49 800 505 43 76-0

Goldegg Verlag GmbH, Österreich
Mommsengasse 4/2 • A-1040 Wien
Telefon: +43 1 505 43 76-0

E-Mail: office@goldegg-verlag.com
www.goldegg-verlag.com

Layout, Satz und Herstellung: Goldegg Verlag GmbH, Wien
Prinded in the EU

*Für Stefan, der mich als mein Herzensmensch
kritisch fordert und liebevoll fördert – und der nie
müde wird, meine Gedanken hören zu wollen.*
PAMELA OBERMAIER

*Für meine Oma Hertha und meine Mutter Christine,
die meinen Forscherdrang von früh an förderten und
meine Weiterentwicklung aktiv unterstützten.*
MARCUS TÄUBER

*Der Mensch bringt täglich sein Haar in
Ordnung – warum nicht auch seine Gedanken?*
INDISCHE WEISHEIT

Inhaltsverzeichnis

Warum das kein Buch über positives Denken ist 11

13 Mythen rund um das Gehirn 15
Mythos 1: »Wir nutzen nur zehn Prozent unseres Potenzials.« 15
Mythos 2: »Unser Gehirn arbeitet unterschiedlich: Links sitzt die Logik und rechts das Gefühl.« 18
Mythos 3: »Weibliche Gehirne funktionieren anders als männliche.« 21
Mythos 4: »Unser Gehirn ist dreiteilig: Es besteht aus je einem Reptilien-, Säugetier- und Menschengehirn.« 22
Mythos 5: »Hirnjogging macht schlau.« 24
Mythos 6: »Wir lernen als unterschiedliche Lerntypen.« 27
Mythos 7: »Spiegelneuronen erklären unser Sozialverhalten.« 33
Mythos 8: »Wir haben rund sechzigtausend bis achtzigtausend Gedanken am Tag.« 37
Mythos 9: »Wir sind multitaskingfähig.« 38
Mythos 10: »Es gibt guten und schlechten Stress.« 41
Mythos 11: »Glaubenssätze hindern uns daran, schlechte Gewohnheiten abzulegen.« 43
Mythos 12: »Wir treffen unsere Entscheidungen auf Grundlage rationaler Überlegungen.« 45
Mythos 13: »Das Gehirn versteht keine Verneinungen.« 48

Ein Streifzug durchs menschliche Gehirn – wie Gedanken wirken 51
Das Gehirn als hochflexibler Partner 51
Neuroplastizität gezielt nutzen 53
Die unermessliche Macht der Vorstellung 60

Der Aufbau unseres Gehirns 69
Die Sprache der Neurochemie 73
Die Herrschaft des Unbewussten 74

Die Macht der Gewohnheit – und wie wir sie für uns nutzen können 82
Schlechte Gewohnheiten können nicht gelöscht werden 82
Machen Sie Ihren Schweinehund zum Verbündeten! ... 85
Willenskraft – ein Muskel, der rasch ermüdet 91

Warum Zähneputzen unglücklich macht und wie uns ein Wolf davor bewahren kann 94
Die Weisheit der Hawaiianer als Vorbild 95
Wissenschaft bestätigt Mystik 100
Paradox, aber wahr: Angst bewirkt Gefahr 103
Achtsamkeit als Schlüssel zum Glück 106

Alles ist möglich – leider auch der Kater danach 110
Menschen als irrationale Wesen? 113
Kopf gegen Bauch – wer trifft die besseren Entscheidungen? 116
Grübeln verschlechtert die Leistung 118
Wir sind Pessimisten – und das ist gut so 123
Blinde Optimisten küsst man nicht 124
Positives Denken: Auf die Dosis kommt's an! 126
Warum gezieltes positives Denken dennoch seine Berechtigung hat 127
Ihr bester Freund: die Kraft des Scheiterns 132
Mentale Stärke als hilfreicher Bruder der Kraft des Scheiterns 136
Wie unser Mindset unser Leben beeinflusst 144

Psychotherapie als falsches Konzept, das trotzdem hilft 149
Die Entdeckung des Unbewussten 150

Unentschieden für Psychoanalyse gegen Kognitive Verhaltenstherapie 156
Warum Psychotherapie funktioniert 159

Modewort »Stress« – Ursache aller Probleme? 162
Burnout – erfundenes oder tatsächliches Problem? 169
Stress entsteht im Mutterleib 170
Stress als Todesursache? 173

Selbstheilungskräfte – Gesundheit beginnt im Kopf 177
Was wir vom Placeboeffekt lernen können 181
Was den Placeboeffekt erhöht 189
Entspannungsreaktion: Slow Down als Weg aus der Stressfalle 190

Der Weg ist das Ziel – unser mentales Navigationssystem 194
Schritt für Schritt zum Erfolg 198
Fahrschule fürs Leben: Erst Handbremse lösen, dann Gas geben! 199
Weniger ist mehr – ohne Druck zum Ziel 201
Loslassen als allumfassende Lösung? 208
Die Kraft der inneren Bilder 209

Die Neurobiologie des Erfolgs – ein Fahrplan für die Zukunft 211
Erfolg als Frage der Einstellung 212
Die Gefahr des Sekundärnutzens 214
Vom Problem zum emotionalen Gleichgewicht 216
Die Wahrheit über Entspannung 218
Die Route zum Erfolg – eine Zusammenfassung 221
Drei-Schritte-Programm zum Erfolg 223
Alles ist auf Erfolg eingestellt 227

Quellenverzeichnis 229

Warum das kein Buch über positives Denken ist ...

Wenn es um Erfolg geht, kennen wir viele gute Tipps und Weisheiten: »Wenn du etwas erreichen willst, musst du dich mehr anstrengen!«, »Du kannst alles werden, was du willst«, »Um Gewohnheiten zu ändern, musst du deine Glaubenssätze lösen!«, »Vergiss deine Sorgen!« oder auch »Das Glas ist immer halbvoll!« Diese Ratschläge sind weitgehend bekannt, überaus populär – und schlichtweg falsch.

Keine Frage: Unsere Gedanken sind die Basis unseres Erfolgs. Denn Gedanken führen zu Gefühlen und Gefühle äußern sich in unserem Körper, in unserem Verhalten und in unserem Wohlbefinden. Sie sind der Treibstoff des Lebens. Aber: Das ist kein »Du musst nur positiv denken und alles wird gut werden«-Buch! Denn Fakt ist: Nicht alles, was wir uns wünschen, ist tatsächlich möglich. Nicht alles, was wir uns vornehmen, können wir erreichen. Das Paradoxe: Wer mit zu viel Optimismus oder Willenskraft an eine Sache herangeht, wird nicht mehr, sondern weniger erreichen! Unsere größten Erfolgskiller sind unser Wille und unsere Ziele. Unsere vermeintlichen Lösungsstrategien sind allzu oft Teil des Problems. Indem wir ein Problem lösen möchten, machen wir es noch größer. Wir haben von jeher gelernt: «Ohne Fleiß kein Preis.» Das führt dazu, dass wir flott und voller Tatendrang mit etwas Neuem beginnen, aber ebenso schnell wieder die Flinte ins Korn werfen. Überhaupt: Wer allzu fest daran glaubt, alles werden und bekommen zu können, erhält vor allem eines: Versagen, Frustration und Enttäuschung.

Das erfordert ein Umdenken. Sie werden darum in diesem Buch Dinge in Frage gestellt bekommen, die Sie bisher für selbstverständlich gehalten haben. Sie werden – denn das ist das Ziel – Probleme in neuem Licht sehen und erkennen, dass Gedanken wirken. Aber eben anders, als Sie bisher dachten! Das ermöglicht Ihnen neue Chancen, das gibt Ihnen die Möglichkeit, Strategien zu nutzen, die mit weniger Aufwand mehr Ergebnis bewirken.

Sollten wir also möglichst viel nachdenken, um die richtigen Entscheidungen zu treffen und unser Leben optimal zu gestalten? Nun, auch die Möglichkeiten unseres Nachdenkens sind äußerst beschränkt. Grübeln kann nicht nur zu falschen Ergebnissen führen, sondern uns zudem noch unglücklich machen.

Wie Sie aus diesem Kreislauf aussteigen und tatsächlich auf ganzer Linie zum Gewinner werden, warum es uns letztlich stärker und erfolgreicher macht, auch ans Scheitern zu denken, wie wir Menschen in unserem Innersten ticken und wie unser Gehirn funktioniert, erfahren Sie in diesem Buch. Erleben Sie Hirnforschung aus einem neuen Blickwinkel: als moderne und zielführende Möglichkeit der Selbsterfahrung!

Schon Heraklit wusste: Du kannst nie zweimal in denselben Fluss steigen. Auch die moderne Biologie beweist: Unser Körper wandelt sich ständig – Zellen teilen und regenerieren sich laufend. Genauso ist unsere Persönlichkeit nicht fest angelegt. Sie kann sich plötzlich und frappierend ändern, zum Beispiel durch einen Schlaganfall. Schäden im vorderen Bereich unseres Gehirns, dem präfrontalen Cortex – auch als Stirnhirn bekannt –, verändern unseren Charakter vehement. So wird zum Beispiel aus der fürsorglichen, sanftmütigen Großmutter ohne Vorwarnung eine »bösartige« Person, die ihre Familie schikaniert. Stabilität und Sicherheit sind in unserem Leben in Wahrheit nur scheinbar gegeben. Es kann immer etwas passieren, jederzeit kann ein Schicksalsschlag über uns hereinbrechen und wir wissen nie, was unsere Zukunft bringen wird. Das klingt im ersten Moment schrecklich, doch wenn wir uns erst dessen bewusst sind, können wir uns (auf das meiste) einstellen und so im Ernstfall handlungsfähig bleiben. Das kennen wir von den traurigsten Beispielen des Lebens: Wenn ein geliebter Mensch aufgrund seines fortgeschrittenen Alters oder einer schweren Krankheit langsam von uns geht, haben wir die Möglichkeit, uns ein Stück weit darauf vorzubereiten und uns zu verabschieden. Wird aber jemand aus unserem Umkreis durch einen schrecklichen Unfall von heute auf morgen aus dem Leben gerissen – und damit auch aus *unserem* Leben –, stehen wir unter Schock und können es nicht fassen. Eben weil es keinerlei Vorbereitung darauf gab. Ein solches Ereignis kann deshalb traumatisieren. Wir müssen uns darum früher oder später damit auseinandersetzen, dass die Welt und das menschliche Leben aus Veränderung und ständigem Wandel bestehen, um mental damit klarzukommen, wenn etwas Schlimmes geschieht. Wenn dieses Wissen in unsere Einstellung übergeht, macht es uns stärker.

Begeben Sie sich nun mit uns auf eine spannende Entdeckungsreise in das menschliche Gehirn, die offenlegen wird, wo unser Erfolg tatsächlich sitzt! Wir zeigen Ihnen, dass wir zu einem Großteil in der Vergangenheit leben, denn unsere aktuelle Welt wird nur zu einem einzigen Prozentpunkt von unseren Sinnesorganen, aber zu neunundneunzig Prozent von unserem Gedächtnis geprägt. So steht außer Frage: Unsere Gedanken wirken – doch weitgehend anders, als die meisten bisher zu wissen glaubten. Machen Sie sich die jüngsten Erkenntnisse der Forschung zunutze, um ein besseres, entspannteres und erfolgreicheres Leben zu führen!

In diesem Sinne wünschen wir Ihnen aufschlussreiche Einblicke, spannende Einsichten und jede Menge Aha-Erlebnisse beim und durchs Lesen dieses Buches!

Herzlichst,

Pamela Obermaier & *Marcus Täuber*

PS: Der Leserfreundlichkeit halber haben wir uns dazu entschlossen, in diesem Buch nicht zu gendern. Es versteht sich von selbst, dass wir immer und überall die weibliche und die männliche Form meinen. Wir hoffen auf Ihr Verständnis!

13 Mythen rund um das Gehirn

Mythos 1: »Wir nutzen nur zehn
Prozent unseres Potenzials.«

Es stimmt schon: Wir leben meist weit unter unseren Möglichkeiten. Ängste, Sorgen, Zweifel, aber auch Entscheidungsschwäche, zu wenig Energie oder limitierende Überzeugungen können uns stark einschränken. Puncto Gehirn lesen wir immer wieder, wir würden lediglich einen kleinen Teil unsers Potenzials nutzen. Meistens wird dieser angeblich genutzte Teil mit zehn Prozent angegeben. Die Scientologen provozieren mit diesem Spruch und legen ihn fälschlicherweise Albert Einstein in den Mund. Der Zehn-Prozent-Mythos hält sich eisern, schon einige Jahrzehnte lang, und macht nachvollziehbarerweise neugierig auf das, was uns theoretisch möglich wäre, wenn wir die gesamten hundert Prozent praktisch nutzen würden. Doch was steckt dahinter?

Der Neurologe Wilder Penfield hat zahlreiche Studien am offenen Gehirn durchgeführt. Keine Angst: Da es im Gehirn keine Schmerzrezeptoren gibt, lässt sich ein solcher Eingriff wie eine Zahn-OP durchführen – eine Lokalbetäubung der Kopfhaut reicht, die Eingriffe am Gehirn selbst sind für die Patienten völlig schmerzlos. Und so funktioniert eine solche Untersuchung: Die Schädeldecke wird geöffnet, um mittels

Elektroden, also Metalldrähten, Strom direkt in eine ausgesuchte Gehirnregion fließen zu lassen. Als Reaktion darauf kann es sein, dass die Testperson etwas Bestimmtes riecht oder fühlt, sich eine ihrer Hände bewegt oder eine Emotion in ihr hochsteigt. Bei etwa zehn Prozent der Gehirnwindungen konnten jedenfalls Aktivitäten festgestellt werden, und so entstand der Eindruck, bei den restlichen neunzig Prozent wäre nicht viel los, da handle es sich sozusagen um fade Wüste oder anderes Brachland. Aus heutiger Sicht sind diese Annahmen aber überholt. In Wirklichkeit sind in diesem vermeintlichen Niemandsland Assoziationsfelder, in denen sich unterschiedliche Areale vernetzen, durch deren Verschaltung sehr wohl Essentielles vor sich geht. Von wegen Leere also.

Der Mythos um die zu wenig genutzte Kapazität unseres Gehirns wurde bis heute gern in der Literatur und im internationalen Film thematisiert: Die potenzielle Leistungsfähigkeit unseres Denkens dient häufig als dramatisches Element, wie etwa in Isaac Asimovs Kurzgeschichte »Lest we remember« aus dem Jahr 1982, in der vom durchschnittlich intelligenten und erfolgreichen John Heath erzählt wird. Als Proband bekommt er eine innovative Substanz zugeführt, die sein bislang ungenutztes fotografisches Gedächtnis heraufbeschwört und somit die totale Erinnerung bewirkt. Auffallend ähnlich erlebt es die australische Schauspielerin Poppy Montgomery seit 2011 in ihrer Rolle als Detective Carrie Wells in der US-Serie »Unforgettable«, die sich auf die Buchvorlage »The Rememberer« von J. Robert Lennon stützt, wenn sie mithilfe ihres überdurchschnittlich stark entwickelten episodischen Gedächtnisses Mordfälle löst, indem sie jede erdenkliche bereits erlebte Situation abrufen kann, um Details genauer ansehen oder anhören zu können. Auch der 2001 publizierte Techno-Thriller »The Dark Fields« von Alan Glynn befasst sich mit der Theorie vom ungenutzten Hirn-Potenzial der Menschen: Der Protagonist

Eddie Spinola experimentiert mit einer ihm unbekannten Droge und kann dadurch seine geistige Leistungsfähigkeit um ein Hundertfaches erhöhen: Weil das Buch zehn Jahre später mit dem Titel »Limitless« verfilmt wurde, konnten wir dem aktuell erfolgreichen Hollywoodstar Bradley Cooper im im deutschsprachigen Raum genannten Streifen »Ohne Limit« dabei zusehen, wie er in Windeseile neue Sprachen lernt, ganze Bücher verschlingt, indem er sie nur durchblättert und im Höhenrausch des Erfolgs abtaucht, bevor freilich der tiefe Fall ihn wieder zu Boden reißt. Der Stoff hat die Zuschauer derart gefesselt, dass seit 2015 sogar eine TV-Serie produziert wird, die ebenfalls auf genanntem Thriller basiert.

Der Mythos von den »zehn Prozent« erinnert ein wenig an die Geschichte vom eisenreichen Spinat: Generationen von Kindern wurden mit Spinat »gequält«, weil er angeblich besonders viel Eisen enthalten soll. Sogar ein Cartoon wurde kreiert, in dem ein Seemann namens Popeye seine Angebetete Olivia immer wieder retten kann, wenn er nur rechtzeitig an eine Dose Spinat herankommt. Die ernüchternde Auflösung: Die ganze Sache war ein Missverständnis, einfach ein Irrtum! Je nach Quelle soll entweder eine Dezimalstelle falsch gesetzt worden sein oder die Verantwortlichen sollen getrockneten an der Stelle von frischem Spinat auf seinen Eisengehalt hin überprüft haben. In Wahrheit ist Spinat keine Eisenbombe, sondern bietet in Bezug auf seine Eisenwerte gerade mal einen passablen Durchschnitt.

Außerdem stimmt die Annahme, dass wir nur einen kleinen Teil unserer Gehirnkapazitäten nutzen, nicht mal, wenn wir einfach nur »nichts tun«. Im Gegenteil: 2001 wurde ein sogenanntes »Default Mode Network« beschrieben. Dabei konnten Untersuchungen zeigen, dass große Hirnbereiche besonders aktiv sind, wenn wir uns einfach unseren Tagträumen hingeben. Neueren Studien zufolge dürfte hier sogar die Quelle unserer Kreativität liegen – auch und gerade, wenn wir ruhen. In unserem Kopf ist immer viel los – von wegen »brachliegendes Gehirn«!

Zusammengefasst können wir demnach festhalten: Sicher haben wir noch Kapazitäten, Potenzial, um uns weiterzuentwickeln, aber wie hoch es konkret ist, kann bislang niemand abschätzen. Wir können unsere aktuellen Grenzen wahrnehmen, so wie den Horizont am Meer, aber wir sehen nicht, was danach noch alles kommt. Fest steht nur: Unser Gehirn ist trainierbar. Es ist ein Organ, das zeitlebens neben unserem Überleben vor allem einem dient: dem Lernen. Dazu gehören Erfahrungen aus der Umwelt, aber auch unsere Gedanken und unsere Vorstellung verändern das Gehirn in seiner Struktur – und zudem die sich daraus ergebende Leistungsfähigkeit.

Mythos 2: »Unser Gehirn arbeitet unterschiedlich: Links sitzt die Logik und rechts das Gefühl.«

Ja, wir haben zwei Hirnhälften. Das Großhirn – Sitz unseres Denkens und Fühlens – hat eine linke und eine rechte Hemisphäre, genauso das Kleinhirn, in dem unsere Bewegungen koordiniert werden. Die meisten Strukturen im Gehirn sind deshalb paarweise angeordnet. Die beiden Hälften sind durch ein Bündel von Nervenfasern miteinander vernetzt – das Corpus callosum oder auch Balken genannt.

Immer wieder hört und liest man, die Logik sitze links und Gefühl, Intuition und Kreativität seien rechts angesiedelt. Diese Annahme führt sogar dazu, dass hunderttausende Menschen täglich Überkreuzübungen durchführen, um die beiden Hirnhälften besser zu verschalten und so geistig fitter zu werden. Doch wir wissen längst: Was viele Menschen machen, muss nicht zwangsläufig richtig sein. Auch wenn diese Techniken populär sind – wir verschwenden damit unsere Zeit. Denn der Balken bietet mit seiner Viertelmilliarde Nervenzellen ausreichend Möglichkeiten zur Verschaltung. Mehr noch: Eine Arbeitstrennung zwischen rechts und links gibt es in diesem Sinne gar nicht. Nur wenige Aspekte sind klar einer Hirnhälfte zugewiesen: Das Sprachzentrum sitzt bei den meisten Menschen links und die linke Hirnhälfte steuert die rechte Körperseite – und umgekehrt. Der Teufel liegt aber auch hier im Detail, denn ein »Sprachzentrum« auszumachen, ist für sich schon eine Vereinfachung. Sprechen ist ein komplexer Vorgang – vom Wortverständnis bis hin zur Lippenbewegung – und involviert beide Hirnhälften und weite Hirnbereiche. Im »Sprachzentrum« sitzen vor allem Syntax und Grammatik. Und selbst das ist nicht ganz so streng zu sehen: Denn wenn beispielsweise nach einem Schlaganfall die linke Hirnhälfte in Mitleidenschaft gezogen wird, kann die rechte diese Funktionen zumindest teilweise übernehmen.

Bis auf solche Unterschiede ist das Gehirn praktisch völlig symmetrisch aufgebaut. Wir nutzen auch immer beide Hälften, wenn wir etwas denken oder fühlen. Egal ob Logik oder Kreativität – es handelt sich um komplexe Vorgänge, die stets beide Gehirnhälften beteiligen. Das Gehirn arbeitet also als ein Ganzes. Das Märchen von den beiden Gehirnhälften beruht auf einer Fehlinterpretation von »Split Brain«-Patienten. Der Hintergrund: Der Nobelpreisträger Roger Scott Sperry hat bei Menschen mit schwerer lebensbedrohlicher Epilepsie den Balken durchtrennt, um die Hirnaktivität zu senken. Bei den Betroffenen konnten nach der Operation tatsächlich Veränderungen festgestellt werden. So konnten die Patienten etwa Wörter lesen, wenn diese vor ihr rechtes Auge gehalten wurden, nicht aber, wenn diese vor dem linken Auge gezeigt wurden – die Übertragung dieser Erkenntnisse auf Menschen ohne schwere Epilepsie bedeutet, das Kind mit dem Bade auszugießen. Das rechte Auge ist mit der linken Gehirnhälfte verbunden, wo eben das Sprachzentrum beherbergt ist. Nicht nur, dass solche Ergebnisse gleich fälschlicherweise auf alle anderen Aspekte ausgeweitet wurden – die Übertragung dieser Erkenntnisse auf Menschen ohne schwere Epilepsie ist schlichtweg eine Überinterpretation. Sogar Sperry selbst hat sich gegen diese Rückschlüsse auf seine Forschung verwehrt – allerdings vergeblich, wenn wir uns die Anzahl der Mentaltrainer und Lern-Coaches ansehen, die dennoch Überkreuzübungen anbieten.

Lassen Sie sich auch nicht von den interessanten Bildern aus der Hirnforschung täuschen. Hirnaktivitäten werden auf ihnen meistens als farbiger Fleck gezeigt, während der Rest des Gehirns im Hintergrund dunkel ist. Das sieht so aus, als wäre bei bestimmten Vorgängen eben nur dieses eine Areal aktiv, der Großteil des Gehirns dagegen ausgeschalten. Diese Bilder täuschen. Sie sind das Ergebnis komplexer Filter- und Rechenvorgänge. Wenn wir also ein dunkles Gehirn mit einer stark aufleuchtenden Region sehen, so ist dies herausgerechnet. Die Aktivität – etwa der Sauerstoffverbrauch – ist dort ein wenig höher als im Rest des Gehirns. Allerdings in den meisten Fällen um nur 0,5 bis ein Prozent höher. Wir sehen erneut: Im Gehirn tut sich meistens einiges. Unterm Strich beruht unsere Hirnleistung auf dem Teamplay verschiedener Bereiche.

Lassen Sie uns darum an dieser Stelle unmissverständlich aufklären: Es wird keine Gehirnhälfte ausgeschalten, um die andere allein werken zu lassen. Stets arbeiten beide zeitgleich zusammen. Wichtige Strukturen wie die Amygdala – der Mandelkern und unser Angstzentrum – *und* der Hippocampus – unser Lernzentrum für Wissen und Erlebnisse – haben wir zweifach. Doppelt hält eben besser. Mal kommt die eine ein wenig stärker zum Zug und mal die andere – je nach Situation.

Mythos 3: »Weibliche Gehirne funktionieren anders als männliche.«

In diesem Zusammenhang wird sicherlich schnell klar, dass Folgendes ebenfalls Unsinn ist: Immer wieder hört und liest man, Männer würden eher mit der linken Gehirnhälfte denken, während bei Frauen hauptsächlich die rechte die aktive wäre. Auch das entspricht nicht den wissenschaftlichen Erkenntnissen. Daran kann es demnach nicht liegen, wenn die beiden Geschlechter aneinander vorbeireden oder einander nicht verstehen.

Das männliche Gehirn ist zwar unwesentlich größer – dafür weist das weibliche mehr Furchen in der Großhirnrinde auf. Außerdem gewinnen Frauen den Vergleich, wenn man die Gehirngröße in Relation zur Körpergröße setzt. Wissenschaftliche Studien zu überaus spezifischen Fragestellungen ergeben immer wieder kleine Unterschiede. Ein Beispiel: Sprachstörungen, die die Wortwahl betreffen (sogenannte »Aphasien«), finden wir bei Frauen am häufigsten, wenn vordere Teile des Gehirns verletzt sind, bei Männern hingegen, wenn hintere Teile beschädigt wurden.

In Summe aber konnte die Wissenschaft keinen grundlegenden anatomischen oder hirnphysiologischen Unterschied finden. Und vor allem auch das Gerücht von der besseren Vernetzung des weiblichen Gehirns konnte wissenschaftlich bislang nicht belegt werden.

Unterschiede im Verhalten – etwa bei Problemlösungsstrategien – stehen mit dem Testosteronspiegel in Zusammenhang. Offenbar gefällt es den Menschen aber einfach, sich eine klare Unterscheidung im Gehirn vorzustellen, denn dann ist es im nächsten Schritt möglich, ganz locker zu behaupten, die Frau stamme von der Venus und der Mann vom Mars, was durchaus belustigend und erklärend für so manches Phänomen – vor allem in partnerschaftlichen Beziehungen – herangezogen werden kann. Das entbehrt nicht eines gewissen gesellschaftlichen Schicks und eines ebensolchen Reizes und dadurch verbreitet und verfestigt sich wohl der Mythos vom unterschiedlichen Hirn der beiden Geschlechter vehement und hartnäckig.

Mythos 4: »Unser Gehirn ist dreiteilig: Es besteht aus je einem Reptilien-, Säugetier- und Menschengehirn.«

Kennen Sie das? Sie sind gestresst und können nicht mehr klar denken. Sie sind wütend auf jemanden und verlieren fast die Kontrolle. Vielleicht haben Sie schon gehört oder gelesen, dass Sie in solchen Fällen mit Ihrem Reptilienhirn denken. Unser Gehirn besteht eigentlich aus drei Gehirnen, heißt es nämlich häufig. Eine Idee, die auf den US-amerikanischen Hirnforscher Paul McLean zurückgeht. Sie ist allerdings plakativ und vereinfacht die Fakten stark. Denn natürlich haben wir nur *ein* Gehirn, das – wie wir später intensiver diskutieren werden – als eine Einheit arbeitet. Und all jene Strukturen, die wir als Mensch haben, finden wir in Ansätzen auch bei den einfachsten Wirbeltieren.

Mit anderen Worten – und dies ist vielleicht zunächst ein wenig enttäuschend: Unser Gehirn ist anatomisch nichts Besonderes. Aufbau und Funktion entsprechen dem vieler anderer Lebewesen. Nicht einmal in puncto Größe sind wir Spitzenreiter. Elefanten und Wale schlagen unsere 1,5-Kilogramm-Hirnmasse deutlich. Aber immerhin: Wir haben im Vergleich außergewöhnlich viele Nervenzellen. Das klingt doch ein wenig versöhnlich!

Was uns auszeichnet, ist die gewaltige Anpassungsfähigkeit unseres Gehirns. Wir können in der Savanne Afrikas genauso überleben wie im Großstadtdschungel New Yorks.

Wir gewöhnen uns an Champagner und Kaviar genauso wie an Gewalt und Krieg. Und vielleicht werden wir eines Tages – und das werden wir wohl irgendwann müssen, um zu überleben, wie es derzeit aussieht – das All durchstreifen und in Raumstationen oder auf anderen Planeten existieren. Unser Gehirn ist jedenfalls wie dafür gemacht, flexibel und formbar zu sein.

Doch wie sieht das nun genau mit den angeblichen drei Hirnen in uns aus? Ja, es gibt ein Großhirn, mit dem wir denken und die Welt da draußen wie auf einer Landkarte abspeichern. Es gibt darunter ein limbisches System, das für Gefühle, aber auch fürs Lernen zuständig ist – eben das Säugerhirn. Wobei das limbische System in Wahrheit keine eigene anatomische Struktur ist, sondern eine Funktionsgemeinschaft. Und es gibt den Hirnstamm, ohne den gar nichts geht. Denn er ist fürs Atmen, für den Kreislauf und den Herzschlag zuständig. Ist der Hirnstamm – sozusagen unser Reptilienhirn – kaputt, sind wir tot. Wir sehen: Alle diese Teile in uns arbeiten zusammen, wie wir das schon von der rechten und der linken Gehirnhälfte erfahren haben.

Der Aufbau der Gehirne ist im Prinzip bei Krokodil, Spitzmaus und Mensch gleich. Von wegen Reptilien-, Säuger- und Menschenhirn: Jedes besteht aus einem Großhirn, das Furchen in der Großhirnrinde aufweist, einem Zwischenhirn und einem Hirnstamm. Das allein macht es noch nicht aus, dass wir uns von den Tieren unterscheiden würden, was das Transportmittel unserer Denkprozesse betrifft.

Was ist also anders? Wir wissen, dass wir mehr Nervenzellen haben – die Großhirnrinde ist stärker gefurcht als bei tierischen Gehirnen. Außerdem ist sie beim Menschen insgesamt komplexer. Interessant ist: Unser Gehirn hat vor etwa zwei bis drei Millionen Jahren eine Wachstumsexplosion erfahren, durch die es um ein Drittel gewachsen ist – bis heute weiß kein Mensch, warum. Deshalb wird wild herumspekuliert: Klimawandel und andere Ernährungsgewohnheiten werden als mögliche Ursachen diskutiert. Manche meinen, die Menschen damals hätten ein Reservoir an neuen Nervenzellen gebraucht, weil wir durch die Hitze in der Savanne einen Hirnschlag erlitten hätten. Fakt ist: So genau weiß keiner, was die Ursache für diese plötzliche Vergrößerung war. Und: Dass Reptilien kein Großhirn haben und wir wie sie in gefährlichen Momenten nur mehr mit dem Hirnstamm und damit mit dem Reptilienanteil kommunizieren und aus ihm heraus agieren würden, stimmt nicht. Es ist sehr wohl stets das ganze Gehirn beteiligt, wenn wir sprechen oder handeln. Keinesfalls schalten sich je nach Lebenslage zwei Drittel aus, um einem den Vortritt zu überlassen. Eine nette Metapher ist das dreiteilige Gehirn trotz allem, ganz so wie wir Österreich, Deutschland oder die Schweiz in Tal, Berg und Gletscher einteilen würden.

Mythos 5: »Hirnjogging macht schlau.«

Wäre es nicht schön, unser Gehirn lediglich jeden Tag ein wenig trainieren zu müssen, um laufend schlauer zu werden? Das geht! Allerdings anders, als ein weiterer Mythos uns glauben lassen möchte. Denn Gehirnjogging in Form von Denkaufgaben am Computer oder im Stile von Kreuzworträtseln bringt nicht viel.

Die englische BBC hat eine Studie an über zehntausend Menschen durchführen lassen, deren böses Ergebnis diesen Mythos entkräftet, indem es zeigt, dass das, womit wir Aufmerksamkeit, Gedächtnis oder auch räumliches Denken trainieren, lückenhaft ist: Wenn jemand einen bestimmten Vorgang übt, wird er zwar besser darin, aber sobald die Testperson eine ähnliche Aufgabe in einem anderen Zusammenhang lösen muss, ist sie überfordert. Es fehlt uns also die Bandbreite, wir können sozusagen nur in einer Software lernen. Wir sind nicht fähig, derlei Fertigkeiten so zu generalisieren, sondern schaffen es nur, uns auf *eine* Aufgabe zu spezialisieren. Das ist naturgemäß enttäuschend, denn viele Menschen geben regelmäßig Geld aus, um Hirnjogging zu absolvieren, aber leider macht es sie nicht klüger. Anders gesagt: In einem Computerspiel, das man immer wieder übt, wird man zwar besser, steigt Level um Level auf und fühlt sich schon wie der Master, aber anderswo im Leben wird man deshalb noch lange nicht geschickter oder reaktionsschneller.

Zu behaupten, dass solche Produkte gegen altersbedingten Gedächtnisverfall helfen, kann übrigens recht teuer werden – zumindest in den USA. Dort ist eine Firma von Verbraucherschützern geklagt worden, weil deren Produkte nicht halten konnten, was sie versprochen hatten, nämlich einen Schutz vor Demenz. Herausgekommen ist ein Vergleich über zwei Millionen Dollar. Denn das beklagte Unternehmen konnte keine wissenschaftlichen Beweise für seine Werbeaussagen liefern.

Zur Versöhnung sei aber gesagt: Kreuzworträtsel zu lösen ist zwar keine Wunderwaffe gegen Alzheimer, aber darf dennoch als sinnvoller Zeitvertreib gewertet werden. Denn jede aktive geistige Beschäftigung ist grundsätzlich besser für das Gehirn, als sich beispielsweise nur passiv vom Fernsehprogramm berieseln zu lassen.

Spezielles Hirnjogging macht allerdings nur partiell schlauer – auf dem einen Gebiet, das trainiert wird. Das trifft auch auf motorische Übungen wie das Jonglieren von Bällen zu: Es verbessert spezielle Bereiche im Gehirn, wie jene für die Wahrnehmung von Gegenständen im Raum. Das gilt übrigens auch für Outdoor-Trainings, Motivationsreden, Feuerlauf und dergleichen. Derartige Teambuilding-Aktionen bieten eine nette Abwechslung, vielleicht auch einen Aha-Effekt, aber nachhaltige Veränderungen im täglichen Business sind eher nicht zu erwarten. Auch hier gilt:

Das Gehirn lernt spezifisch. Für neue Muster im Denken, Fühlen und Handeln braucht es daher etwas anderes. Dazu später noch mehr.

Doch nun zur guten Nachricht: Es gibt sehr wohl Tätigkeiten, die das Gehirn aktivieren und auf Vordermann bringen. Wer beispielsweise eine Fremdsprache lernt, kann Demenzerkrankungen um über vier Jahre hinauszögern. So wirkungsvoll sind sonst nur Medikamente. Hintergrund dieser Erkenntnis sind Untersuchungsergebnisse aus dem Jahre 2006, die belegen, dass mental aktive Menschen ein um sechsundvierzig Prozent geringeres Risiko haben, an Demenz zu erkranken. Konkret hat ein Forscherteam um die Psychologin Ellen Bialystok gezeigt, wie bei zweisprachigen Kanadiern Demenz im Durchschnitt um vier Jahre später auftrat als bei solchen, die entweder nur Englisch oder nur Französisch sprachen. Die Wissenschaftler führen das auf Folgendes zurück: Die Mehrsprachigkeit bewirkt offenbar, dass Wörter der einen Sprache unterdrückt werden, während die andere Sprache aktiv ist. Und das scheint das Gehirn entsprechend zu fördern. Die Aktivierung des Gehirns ist in Bezug auf Sprache enorm vielfältig – wir haben es schon besprochen: Wortverständnis, Satzbau und Rhythmik sind in völlig verschiedenen Bereichen angesiedelt. Und da wir mit Sprache alle Sinne ansprechen können, aktiviert eine Fremdsprache auch immer wieder unterschiedliche Hirnbereiche.

Doch nicht nur mehrere Sprachen zu sprechen, lohnt sich doppelt. Auch ein Musikinstrument oder Theater spielen zu lernen, fördert die Fähigkeiten unseres Gehirns. Dadurch werden Kreativität, Ausdauer und Empathie geübt und genährt, was einen ähnlichen Effekt hat. Wer Konzentrationskraft, Willensstärke und die Kontrolle über Emotionen verbessern möchte, ist mit Meditationsübungen gut bedient. Und nicht zuletzt ist auch regelmäßige körperliche Betätigung empfehlenswert. Entgegen eines anderen Mythos' macht Sport nämlich durchaus schlau.

Das Gehirn profitiert nicht nur von der besseren Durchblutung und der damit einhergehenden Sauerstoffversorgung, die Sport bewirkt, Bewegung regt auch die Produktion neuer Nervenzellen im Hippocampus, dem Lernzentrum für Wissen, an. Aus diesem Grund ist die häufig ausgesprochene Empfehlung, täglich mehr als zehntausend Schritte zu gehen, durchaus sinnvoll.

Alma Sauer, Professorin an der Universität für Musik in Wien, konnte 2005 zeigen, dass eine Verbesserung der Grundlagenausdauer auch die Performance junger Pianisten steigert. Die Musiker trainierten dazu regelmäßig am Ergometer, ergänzt durch Gymnastik und Dehnübungen. Ihr Repertoire verbesserte sich in Folge um dreiundneunzig Prozent – bei der Kontrollgruppe konnte lediglich achtzehn Prozent Steigerung gemessen werden. Auch Ausführung, Konzentrationsleistung und Gesundheit profitierten vom verbesserten Allgemeinzustand der Probanden.

Back to the basics: Zusammengefasst kann man sagen, dass zu meditieren, Fremdsprachen zu erlernen, ein Musikinstrument zu spielen, in einer Theatergruppe aktiv zu sein und regelmäßiger moderater Sport großartige Möglichkeiten bieten, auf unser Gehirn, unsere Leistungsfähigkeit und unsere Lebensqualität positiv einzuwirken.

Mythos 6: »Wir lernen als unterschiedliche Lerntypen.«

»Mein Kind ist ein auditiver Lerntyp«, beschließt eine Mutter und sucht in der Buchhandlung nach Hörbüchern. Die Lerntypen nach unseren Sinnen sind erneut etwas, von dem wir immer wieder lesen und hören. Sogar in diversen Psychologie- und Pädagogikbüchern finden sich angebliche Informationen und Tipps dazu, obwohl es neurobiologisch keine Beweise dafür gibt: Es existiert keine einzige Studie, deren Ergebnis besagen würde, dass es tatsächlich einen auditiven, einen visuellen und einen kinästhetischen Lerntyp gebe. Allerdings funktioniert die sich selbst erfüllende Prophezeiung (Selffulfilling Prophecy), denn wer nur stark genug glaubt, ein visueller Typ zu sein, schärft automatisch das Visuelle und vernachlässigt die anderen Lernformen. Allerdings liegt das eben nicht an gegebenen Umständen, sondern an der Annahme, die dafür gesorgt hat, dass das eintritt, was wir erwarten oder wovon wir ausgegangen sind.

Zur selbsterfüllenden Prophezeiung ist noch zu sagen: Das klassische wissenschaftliche Experiment dazu führte der amerikanische Psychologe Robert Rosenthal in Zusammenarbeit mit der Schuldirektorin Leonore Jacobson im Jahr 1965 durch. Er täuschte Lehrern an Grundschulen vor, bei zwanzig Prozent der Schüler nach einem IQ-Test enormes Entwicklungspotenzial festgestellt zu haben. Tatsächlich hatte er die Namen dieser Kinder aber völlig willkürlich gezogen. Ein Jahr später führte er erneut eine Messung des Intelligenzquotienten aller betreffenden Schüler durch. Das Ergebnis: Fast die Hälfte der zuvor zufällig nominierten Kinder konnten seit dieser Zuweisung ihren IQ um zwanzig Punkte steigern, ja ein Fünftel gar um dreißig oder noch mehr Punkte. Das war freilich ein beeindruckender Unterschied – vor allem, weil sich besonders die vormals schlechteren Schüler so drastisch verbessert hatten. Die Erklärung für dieses Phänomen, der als »Pygmalion-Effekt« bekannt wurde, ist einfach: Die Lehrer hatten sie aufgrund dieses Ergebnisses unbeabsichtigt anders behandelt. Sie bemühten sich mehr um sie, waren geduldiger und gaben mehr positives Feedback.

Weitere Studien bestätigten das erste Ergebnis: Erwartungen an andere oder sich selbst bewahrheiten sich mit der

Zeit, weil sich das Verhalten unwillkürlich nach ihnen ausrichtet. Diese Effekte können mitunter enorm stark sein. Eine Studie von Robert Gramling von der Universität Rochester im US-Bundesstaat New York etwa zeigte, dass Männer, die glaubten, ein geringes Risiko für Herzinfarkte zu haben, tatsächlich dreimal weniger Herzinfarkte erlitten als andere – und zwar ganz unabhängig davon, ob sie tatsächlich genetisch bedingt ein hohes oder niedriges Risiko hatten.

Gibt es besonders effektive Lerntechniken? Oder vielleicht sogar die *eine* Wundermethode für müheloses Lernen? Die Wissenschaft ist in diesem Punkt eindeutig. So konnte der US-Psychologe John Dunlosky aus der Analyse von rund siebenhundert Studien zeigen: Wir brauchen einen Mix, der all unsere Sinne anspricht und müssen das Gehirn beim Lernen möglichst vielfältig beschäftigen. Wiederholtes Lesen oder Texte mit bunten Farben zu markieren, sind wenig wirkungsvolle Methoden. Besser sind Selbsttests, viele Warum-Fragen und ein regelmäßiger Blick auf den Lernstoff, um zu eruieren: Was weiß ich schon und was noch nicht? Wir alle können jedenfalls eindeutig mit jedem unserer Sinne gleichermaßen gut lernen und brauchen darum die gute Mischung: Wenn beim Lernen möglichst viele Sinne angesprochen werden, indem wir lesen, hören, schreiben, auf- und abgehen und uns dann wieder hinsetzen, und wir verstehen, warum wir etwas lernen, ja im besten Fall den Nutzen darin erkennen, lernen wir am besten. Die meisten Informationen bekommen wir über den visuellen Kanal herein, obwohl das Sehen nicht unbedingt unser wichtigster Sinn ist – für unser Hirn sind nämlich Gleichgewichts- und Tastsinn am bedeutendsten, und auch der Geruchssinn beeinflusst uns auf eine subtile Art und Weise wesentlich intensiver.

Mit einem optimalen Lern-Mix sprechen wir nicht nur das Gehirn ganzheitlich an. Unser Lernzentrum, der Hippocampus, ist wie eine Antenne für Neues. Es braucht ständig Abwechslung, um voll aktiv zu bleiben und Informationen begierig aufzusaugen. Die Abwechslung durch verschiedene Lerntechniken hält quasi unser Gehirn wach und unsere Konzentration bei der Stange, wodurch wir die besten Lernerfolge erzielen können.

Das Konzept der Lerntypen geht auf Frederic Vester zurück, der 1975 mit seinem Bestseller »Denken, Lernen, Vergessen« den Begriff des »Lernstils« geprägt hat. Mittlerweile haben sich nicht weniger als einundsiebzig verschiedene Modelle von Lernstilen entwickelt. Die renommierten, an unterschiedlichen US-amerikanischen Universitäten forschenden und lehrenden Wissenschaftler Hal Pashler, Mark McDaniel, Doug Rohrer und Robert Bjork konnten keinerlei Belege für die Existenz dieser Lernstile finden. Für die Zeitschrift »Psychological Science in the Public Interest« analysierten die vier Wissenschaftler sämtliche vorhandenen Studien zu Lernstilen, die sie finden konnten. Das Ergebnis fiel durchaus ernüchternd aus: Nahezu alle Untersuchungen, die den Nachweis der Effizienz typengerechten Lernens vormals erbracht haben wollten, hatten fundamentale Kriterien wissenschaftlicher Forschung verfehlt – und sind daher wertlos. So war in vielen Studien versäumt worden, die Lernteilnehmer strikt nach dem Zufallsprinzip auf jene Gruppen zu verteilen, die dann entweder mit visuellen oder auditiven Lehrstrategien unterrichtet wurden. Ferner war oft nicht einmal sichergestellt worden, dass alle Teilnehmer am Ende des Trainings denselben Test absolvieren konnten, sodass ihre Lernfortschritte objektiv miteinander verglichen hätten werden können. Von den wenigen Studien, die wissenschaftlichen Standards entsprachen, kamen laut des neuen Reports mehrere zu Ergebnissen, die den Annahmen typengerechter Lernstile rundweg widersprachen. Die amerikanischen Lernforscher kamen daher zu dem Fazit: Es lässt sich durch nichts belegen, dass Menschen auf unterschiedliche Weise effektiver oder effizienter lernen.

Wie funktioniert denn nun Lernen genau? Lernen ist ein komplexer Prozess und es gibt unterschiedliche Arten von Lernen – vom Wissenserwerb über Imitation anderer bis hin zu den Reflexen. Grundsätzlich aber gilt ein wichtiges Prinzip und das ist rasch erklärt: Wenn wir lernen, lernen wir etwas nicht gänzlich neu, sondern nur neu dazu.

Deseir Staz ziget Inhen, was ganeu peissart. Kennön Sie Ihn leesn und vehrtsehen?

Mit so einem Text konfrontiert, hat unser Gehirn prinzipiell zwei Möglichkeiten. Es könnte signalisieren: »Spannend, etwas ganz Neues! Schauen wir mal, ob ich das mit der Zeit verstehen kann.« Oder aber es meldet uns: »Ganz schön mühsam, dieser Text! Aber Moment – ich habe doch so ähnliche Wörter abgespeichert. Das wird schon das sein.« Unser Gehirn will Energie sparen, auf vorhandene Ressourcen zugreifen, und entscheidet sich darum für Zweiteres. Mit anderen Worten: Es konstruiert sich seine Welt anhand dessen, was es bereits kennt und weiß.

Unterm Strich sieht das so aus: Wir lernen immer in Anlehnung an das, was wir bereits wissen. Wir lernen darum, mit zwei Händen zu zählen, während Chinesen eine Hand nutzen, indem sie unterschiedliche Fingerstellungen verwenden, was genau so im Gehirn abgespeichert wird und wodurch sie gerade bei Zahlen bis zehn wesentlich schneller rechnen können als wir, weil sie im Kopf das Netzwerk der zweiten Hand nicht dafür benötigen.

Apropos Konstruktion der Wirklichkeit: Was unsere Wahrnehmung betrifft, gibt es den überaus interessanten McGurk-Effekt. Dieser wurde bereits 1976 von Harry McGurk und John MacDonald in der Fachzeitschrift »Nature« publiziert und er zeigt, dass wir uns in unserer Wahrnehmung massiv täuschen können, wenn wir auf akustische Sprachsignale treffen, die gleichzeitig von den Bewegungen der Lippen unseres Gegenübers abweichen. Das heißt konkret: Wir sehen beispielsweise jemanden, der »Bababa«

mit seinen Lippen formt, während wir parallel dazu aber die Laute »Gagaga« hören. Dadurch entsteht ein Konflikt: Wir bewerten und konstruieren unsere Wirklichkeit neu, wodurch ein »Dadada« herauskommt. Unser Gehirn findet nämlich lieber eine *falsche* Lösung, als dass es uns *keine* Lösung aus dem Dilemma anbieten würde. Bevor für unsere Sinne also nicht zusammenpasst, was wir sehen und was wir hören, redet uns unser Hirn ein, dass wir etwas anderes hören! Darum funktioniert auch Synchronisation im Film – allerdings ist sie trotz allem immens aufwändig und teuer zu produzieren, denn die Lippenbewegungen müssen weitgehend zum jeweils gehörten Wort passen. Will man sich seinen Lieblingsfilm nicht verderben, ist es daher vermutlich besser, den McGurk-Effekt wieder zu vergessen und den Schauspielern nicht zu vehement an den Lippen zu hängen.

Aber es gibt noch mehr Spannendes dazu zu sagen, halten Sie sich fest: Hirnforscher haben herausgefunden, dass neunundneunzig Prozent unserer Wahrnehmung von unserem Gedächtnis bestimmt werden und lediglich ein einziges Prozent durch unsere Sinne hereinkommt. Anders gesagt: Wenn wir einen Raum, in dem wir uns zum ersten Mal befinden, wahrnehmen, konstruieren wir ihn zu einem Großteil aus unserer Erinnerung, weil wir eben schon viele andere Räume gesehen haben. Man könnte demnach fast sagen, dass wir in einer virtuellen Fantasy-Welt leben, weil sie ständig nur durch das konstruiert wird, was schon da und bereits abgespeichert ist. Der Grund ist die Bequemlichkeit: Es ist für das Gehirn nun mal angenehmer, auf bereits Vorhandenes zurückzugreifen – immer neu wahrzunehmen, wäre energieraubender. Leider macht es dieser Umstand aber extrem schwer für uns, Neues zu lernen, Angewohnheiten zu verändern oder die Realität so zu erkennen, wie sie auch andere Menschen sehen.

Nachhaltige Veränderungsarbeit durch Lernen zu leisten ist deshalb schwierig, weil wir in unseren Mustern verhaftet sind, da sich das Gehirn stets daran erinnert, wie es Probleme bisher gelöst hat. In der Steinzeit war das durchaus ein passendes System: Wir haben nur alle paar Tage einige Beeren gefunden, dann gab es ein Festmahl, und danach mussten wir wieder hungern und mit unserer Energie haushalten. Deshalb war es überaus hilfreich, wenn das Gehirn dabei geholfen hat, Kraft zu sparen. In unserer heutigen Gesellschaft aber haben wir genug Nahrung, alles im Überfluss, Technologie und Arbeitswelt verändern sich schnell und ständig, wodurch das an sich gute System von früher zum Problem werden kann.

Mythos 7: »Spiegelneuronen erklären unser Sozialverhalten.«

In unseren ersten Lebensjahren entwickeln sich sogenannte Spiegelneuronen in unserem Gehirn. Ursprünglich wurde das Mitte der 1990er-Jahre bei Affen entdeckt, als Hirnforscher mittels Elektroden die Aktivität der Nervenzellen gemessen haben. Dabei fanden sie zunächst heraus, dass im motorischen Cortex Bewegung herrschte, wenn die Affen nach einer Nuss griffen. Das wirklich Interessante passierte allerdings, als das wissenschaftliche Team Pause machen wollte: Die Elektroden blieben im Affenhirn stecken und so konnten die Forscher beobachten, dass sich auch im Hirn jenes Affen, der seinem Artgenossen lediglich dabei zusah, wie dieser eine Nuss in die Hand nahm, Aktivitäten vollzogen. Es war also plötzlich klar: Egal, ob wir etwas selbst tun oder nur dabei zusehen – es sind dieselben Regionen an Nervenzellen aktiv! Das erklärte, warum wir gähnen müssen, wenn jemand in unserer Umgebung gähnt, warum es uns allein beim Zusehen schier körperlich wehtut, wenn wir beobachten, dass jemand genäht wird oder warum Filme funktionieren: weil wir uns unheimlich gut hineinfühlen können, wenn wir anderen beim Lieben, Leiden oder bei Abenteuern zusehen. Ohne Spiegelneuronen wäre unser Leben demzufolge wesentlich weniger aufregend, um nicht zu sagen richtiggehend langweilig.

Was Gefühle wie Schmerz betrifft, spüren wir diese tatsächlich nach. So gesehen entspricht dieser Mythos auch der Realität. Es gibt allerdings neben den Spiegelneuronen noch etwas anderes, das unser Sozialverhalten bestimmt: das Verständnis. Empathie setzt sich aus Spiegelneuronen – dem Fühlen und Mitfühlen – und dem kognitiven Verstehen zusammen. Das ergibt eine Art Erfahrungslernen. Oft macht uns das allerdings Probleme: Wenn wir jemandem beim Weinen zusehen, können wir vielleicht mitfühlen oder es nachempfinden, aber deshalb wissen wir noch längst nicht, aus welchem Grund der andere weint. Zu begreifen, warum jemandem Tränen über die Wangen laufen, somit richtig einzuordnen, welche Absicht dahintersteht – ob die Tränen echt sind oder das Gegenüber nur damit erpresst werden soll, ob der Weinende Trost braucht oder seine Ruhe haben möchte –, ist ein kognitiver Prozess, den wir im Kindes- und Jugendalter durch Erfahrung erlernen. Die Spiegelneuronen allein reichen in Folge nicht aus, um das Verhalten von anderen zu erklären.

Sie können aber noch viel mehr als das bislang Beschriebene: Auch das Imitationslernen, das Kopieren anderer, wäre ohne Spiegelneuronen nicht möglich. Kinder lernen auf diesem Wege sogar Emotionen: Beobachtet ein kleines Mädchen seine Mutter dabei, wie diese vor einer Spinne erschrickt, spürt es deren Gefühle nach und *lernt* damit die Angst vor Spinnen. Deshalb überträgt es sich auch auf die ganze an einem Lagerfeuer sitzende Gruppe, wenn nur einer sich unwohl fühlt, weil es im Wald raschelt.

Eine ebenso spannende Erkenntnis: Emotionen sind nicht angeboren. Wir lernen sie, eignen sie uns an – und sie sind hochansteckend. Das macht Sinn, kann aber falsche Programmierungen verursachen, die zu übertriebener Angst vor Spinnen, Dunkelheit oder Höhe führen.

Spiegelneuronen sind sogar ein Stück weit für unseren Erfolg verantwortlich: Eine Studie aus Deutschland hat dargelegt, warum sozialer Aufstieg so schwer zu bewerkstelligen ist. Das Ergebnis, zu dem der Soziologe Michael Hartmann von der Universität Darmstadt kam, zeigt: Als Arbeiterkind kann man es durchaus zum Rechtsanwalts- oder Arztberuf schaffen. Aber die höchsten Kreise der Wirtschaft bleiben den meisten versperrt. Seit Jahrzehnten kommen vier von fünf Spitzenmanagern aus den oberen 3,5 Prozent der Bevölkerung. Grund dafür ist vor allem die Imitation von Sprache, Körpersprache, Gehabe und sonstigem Benehmen. In Österreich ist der soziale Aufstieg laut einer OECD-Studie von 2012 besonders schwierig. Das gilt für Kinder aus Arbeiterfamilien wie auch für Frauen im Allgemeinen. Nur jeder Vierte erreicht einen besseren Bildungsstand, als seine Eltern ihn hatten.

Sehen wir uns dieses Phänomen ein wenig genauer an: Wir alle haben bereits in der Schule Klassenkameraden, die weitgehend aus demselben sozialen Umfeld kommen und nehmen dadurch eine gemeinsame Körpersprache und Sprechweise an. Jemand, der in einer gehobenen Umgebung aufwächst, hält laut der genannten Studie sogar seinen Stift beim Schreiben um eine Nuance anders als jemand, der aus der wirtschaftlichen Unterschicht stammt – diese feinen Unterschiede nehmen wir unbewusst wahr und spüren dadurch sofort, ob jemand »dazugehört« oder nicht. Wer der vom Milieu her besseren Gruppe angehört, hat es leichter, weil er im Netzwerk ist und unterstützt wird, doch wer durch seine Signale verrät, nicht dazuzugehören, hat es schwer, in eine »höhere« Gruppe zu gelangen. Darum gelingt es schließlich nur drei bis fünf Prozent der Bevölkerung, wahrhaftig sozial aufzusteigen, wenn sie entweder trotz ihrer anderen Herkunft akzeptiert werden, weil sie irgendetwas Attraktives, Besonderes an sich haben, oder wenn sie es schaffen, den sprichwörtlichen Stift so zu halten wie die anderen.

Auch in den USA ist der Aufstieg vom Tellerwäscher zum Millionär mehr Mythos denn Wahrheit. Eine aktuelle Studie der Stanford-Universität belegt: Der wichtigste Erfolgsfaktor ist auch und gerade in den USA die Geburt, denn wer in Amerika aus gutem Hause kommt, verdient in den meisten Fällen auch selbst gut und kann sich daher von vornherein und dauerhaft in »besseren Kreisen« bewegen.

Einfacher gelingt ein sozialer Aufstieg naturgemäß nach einem Krieg oder einer Revolution. Zu solchen Ausnahmezeiten werden Leute in gehobenen Positionen gebraucht und mangels einer großen Auswahl kommen auch jene aus Gesellschaftsschichten zum Zug, denen dieser Weg in Friedenszeiten zumeist nicht offensteht.

Ein anderes Beispiel bildet die Technologiebranche: So war etwa die Computerbranche zu ihren Anfängen für die Reichen nicht besonders erstrebenswert, und dadurch konnten sozial weniger Begünstigte einen Aufstieg erlangen.

Wie wir sehen, sind Spiegelneuronen in erster Linie eine Art Lernzellen. Sie sind die Grundlage für jede Imitation. Und ein Großteil unseres Lernens beruht auf Imitation – beginnend mit Mimik, Gestik und Sprache. Dieses Lernen geschieht meist unbewusst und mühelos. Umso befremdlicher ist die Tatsache, dass fast alle Schul-, Aus- und Weiterbildungskonzepte nach einem anderen Prinzip funktionieren. Sie setzen auf das bewusste Wissen über Sprache. Und so werden wir viele Jahre auf der Schulbank sitzen mit Wissen nach dem Prinzip des Nürnberger Trichters vollgestopft. Das meiste haben wir deshalb spätestens nach der Matura schon wieder vergessen. Schade eigentlich.

Mythos 8: »Wir haben rund sechzigtausend bis achtzigtausend Gedanken am Tag.«

Dieser Satz findet sich in beinahe jedem Buch über Motivation, positives Denken und die Macht des Mentalen generell. Meist beruft sich die Aussage auf Studien, ohne dass diese genannt würden. Manchmal findet sich als Quelle ein Hinweis auf die National Science Foundation (NSF) in den USA. Doch diese ist keine eigene Forschungsstelle, sondern vergibt lediglich Forschungsstipendien. Auch der Mediziner Deepak Chopra wird in diesem Zusammenhang gerne zitiert. Wann und wo diese Studien gemacht worden sein sollen, kann allerdings auch bei ihm nicht nachgelesen werden. Das ist kein Wunder, denn wissenschaftliche Untersuchungen können diese Annahme schlichtweg nicht bestätigen.

Wie auch sollten solche Studien aussehen? Sollte man vielleicht Testpersonen bitten, ihre Gedanken zu zählen? Das wäre absurd. Vielmehr beruht diese Zahl auf bloßen Schätzungen. Und jene von ihnen, die zu dieser Aussage geführt haben, sind banal, denn dieses Ergebnis erhält man, wenn man von einem Gedanken pro Sekunde ausgeht und die Tiefschlafphasen abzieht. Dieser Rechnung liegt aber weder eine Studie noch eine andere wissenschaftliche Erkenntnis zugrunde. Eine ernstzunehmende genaue Zahl gibt es nicht, weil sie auf seriöse Art und Weise einfach nicht genannt werden kann.

Übrigens kann außerdem die Behauptung, wonach Männer angeblich alle sieben Sekunden an Sex denken würden, nicht bestätigt werden. Das kann man so nicht sagen – da werden die Männer zu Unrecht beschuldigt! Es heißt auch immer wieder, achtzig bis neunzig Prozent unserer Gedanken wären dieselben wie am Vortag, oder nur fünf Prozent wären positive Gedanken. Dazu gab es ebenfalls bislang noch keine ernstzunehmenden Untersuchungen, weshalb das als konkrete Zahl nicht verifiziert werden konnte.

Immerhin aber können wir eines sagen: Wir haben jeden Tag eine Menge Gedanken, und nur die Minderheit davon ist positiver Natur. Machen Sie dazu einfach ein kleines Selbstexperiment: Schätzen Sie die Anzahl der Gedanken, die Sie in den vergangenen fünf Minuten hatten und versuchen Sie nach bestem Wissen und Gewissen zu erfassen, wie hoch der Prozentsatz an Gedanken positiver Art waren. Seien Sie dabei ehrlich zu sich selbst!

Wenn Sie in diesen fünf Minuten nicht völlig anders drauf waren als sonst, wird dieser Wert schon einen guten Hinweis geben, denn: So wie wir Handlungsmuster haben, gibt es auch Denkmuster. Und wenn wir uns stark auf einen Gedanken versteifen, kommen wir ins Grübeln. Grübeln ist eine Form von Gedankenkreisen aus einer Anspannung heraus. Alles dreht sich um diesen einen Gedanken – wir sind geradezu blockiert. Und bekanntlich grübeln Gewinner nicht.

Mythos 9: »Wir sind multitaskingfähig.«

Wir haben es gerade geklärt: Ungefähr einen Gedanken pro Moment bzw. pro Sekunde sollen wir grob geschätzt produzieren. Manchmal meinen wir, wir können an zwei oder mehr Dinge gleichzeitig denken. Multitasking nennt sich diese Kunst und sie ist im heutigen Geschäftsleben eine gefragte Eigenschaft geworden. Immer wieder hören und lesen wir, Frauen wären multitaskingfähig, Männer nicht. Erneut werden die Männer völlig zu Unrecht an den Pranger gestellt. Denn in Wahrheit gibt es echtes Multitasking nicht – weder beim weiblichen noch beim männlichen Menschen.

Natürlich können wir zwei Dinge gleichzeitig tun – etwa Autofahren und Radio hören oder die Straße überqueren und Kaugummi kauen. Zumindest eine der beiden Tätigkeiten muss aber automatisiert, das heißt: ohne nachzudenken, stattfinden.

Wie ist das bei anspruchsvollen Tätigkeiten? Die französische Neurowissenschaftlerin Etienne Koechlin konnte zeigen, dass wir lediglich zwei anspruchsvolle Handlungen gleichzeitig verrichten können. Und »gleichzeitig« ist nicht mal ernst gemeint: In Wahrheit springen wir von einem zum anderen, wenn auch kurz hintereinander.

Begutachten wir das genannte Phänomen näher: Unter »multitasking« verstehen wir, von einem Gedanken zum anderen und wieder zurück zu springen. Das ist schwierig, kostet übermäßig viel Energie und führt de facto vor allem zu einem: zu Fehlern. Es wäre darum wesentlich geschickter, eine Sache nach der anderen zu erledigen, als ständig zwischen unterschiedlichen Aufgaben herumzuzappen wie mit der Fernbedienung zwischen verschiedenen Fernsehsendern. Mehrere Dinge gleichzeitig oder parallel abzuwickeln, funktioniert nur dann halbwegs gut, wenn eine Ebene aus bereits verinnerlichten Handlungen besteht – wie das etwa bei Gewohnheiten der Fall ist, weshalb wir eben durchaus ein Auto sicher lenken und zeitgleich zu einem Song aus dem Radio mitsingen können. In diesem Fall denken wir aber nicht an zwei Dinge gleichzeitig, sondern schalten unseren inneren Autopiloten ein: Wenn ich oft dasgleiche koche und darum bereits weiß, wie ein Thai-Curry zubereitet wird, brauche ich nicht mehr im Rezept nachlesen, mich nicht sonderlich konzentrieren, sondern kann nebenbei fernsehen oder ein Telefonat führen. Wenn ich erstmals Muffins backe, wäre es hingegen verheerend, meinen Fokus nicht gänzlich auf diesen Vorgang gerichtet zu haben, denn wenn ich statt der erforderlichen zehn Gramm Mehl plötzlich hundert nehme, wäre das Ergebnis wenig schmackhaft.

Das ständige Umschalten zwischen zwei oder mehreren Aufgaben ist wesentlich anstrengender, als eins nach dem anderen abzuarbeiten. Auch bleibt das Unerledigte so ständig im Mittelpunkt, wir fühlen uns gestresst und erschöpfen in Folge rasch. Multitasking wirkt sich nicht nur negativ auf die Leistung aus – der hohe Druck macht zudem unglücklich. Und nicht zuletzt kann uns die Ablenkung süchtig machen. Wenn das ständige Checken des E-Mail-Eingangs und das Lesen von WhatsApp-Nachrichten zu tiefsitzenden Gewohnheiten werden, entstehen suchtähnliche Phänomene: Wir werden unruhig, wenn wir das Handy zufällig zu Hause vergessen oder mal keine neue Facebook-Nachricht eintrudelt. Durch den Unterhaltungscharakter und unsere zeitgemäße Erwartungshaltung, es müsse ständig etwas Neues kommen und wir müssten rund um die Uhr erreichbar sein, führt ein fehlender oder fehlerhafter Handy- oder Internet-Empfang zu Entzugserscheinungen – wir werden ernsthaft nervös, gereizt und unruhig.

Im Arbeitsbereich werden wir ohnehin praktisch laufend gefordert: neue E-Mails, neue Computerprogramme, neue Kunden. Wenn wir in diesem Umfeld also mehrere Dinge gleichzeitig zu tun versuchen, passieren uns schnell Fehler. Dann kann es sein, dass eine halbprivate Nachricht an den Kollegen irrtümlich beim Chef landet – im schlimmsten Fall mit einer flapsigen Bemerkung über den gemeinsamen Abteilungsleiter. Das klingt im ersten Moment vielleicht amüsant, und sollte es geschehen, dass wir einen Kunden mit dem falschen Namen anschreiben, wird der es in den meisten Fällen entweder überlesen und gar nicht bemerken, weil er selbst während der Lektüre noch etwas anderes tut, oder aber es dem Absender nicht allzu krummnehmen, wenn es ihm doch auffallen sollte. Aber wenn eine Personalverrechnerin die Lohnverrechnung versehentlich an alle im Verteiler schickt, könnte es sie durchaus ihren Job kosten. Während eines wichtigen Meetings private Nachrichten zu verschicken, ist deshalb wenig empfehlenswert, da wir unterm Strich nun mal weniger gut im Multitasking sind, als es der Mythos behauptet.

Sind wir konzentriert bei der Sache, nennen Psychologen das Handlungsorientierung. Wir orientieren unsere Gedanken, unsere Aufmerksamkeit eben auf genau das, was zu tun ist. Verlieren wir den Fokus, rutschen wir in die Lageorientierung. Dann sind wir mit den Gedanken woanders. Ein gutes Beispiel bieten Sportler: Sobald ein Fußballer beim Elfmeter nicht mehr voll beim Torschuss ist, sondern an die Wichtigkeit des Spiels, an die Zuschauer, ans Wetter, an Ruhm oder was auch immer denkt, kippt er in die Lageorientierung. Der Elfmeter hat dadurch deutlich weniger Chancen, ins Netz zu gehen. Voll bei der Handlung zu bleiben, ist eine Schlüsseleigenschaft mental starker Menschen.

Wie bereits kurz angemerkt, macht Multitasking sogar unglücklich. Das Ändern der Aufmerksamkeit »verbraucht« – so eine Hypothese – den Botenstoff Serotonin. Serotonin ist wichtig für unsere Stimmung, unseren Schlaf und unseren Appetit. Depressive Menschen profitieren von einer Erhöhung ihres Serotonins durch Medikamente, die seine Verfügbarkeit im Gehirn erhöhen. Aber auch ein Glas Milch oder eine Tafel dunkle Schokolade können helfen, das Serotonin zu erhöhen. Harte wissenschaftliche Facts gibt es dazu aber nicht.

Mythos 10: »Es gibt guten und schlechten Stress.«

Das Wort »Stress« kommt aus dem Englischen und bedeutet in seinem ursprünglichen Sinn »Dehnung« oder »Beanspruchung«. Versuchen Sie doch einmal Folgendes: Nehmen Sie ein Glas Wasser in die Hand, während Sie Ihren Arm ausgestreckt nach vorne halten. Ist das Glas schwer oder leicht? Ob das Glas für Sie zur Last wird, hängt davon ab, wie lange Sie es nun so halten sollen. Nur wenn Sie sich zwischendurch ausruhen, um Ihrem Arm Erholung zu gönnen, ist die Übung machbar. Ansonsten wird es nicht klappen. Mit Stress ist es ganz ähnlich: Die Last entsteht vor allem dadurch, wenn Sie einer Sache zu lange ohne Erholungsphasen ausgesetzt sind.

Kennen Sie die Unterscheidung zwischen gutem und schlechtem Stress? Von Eu- im Gegensatz zu Distress ist diesbezüglich meistens die Rede. Das Ganze ist zwar ein interessantes Konzept, aber wissenschaftlich gesehen doch ein wenig überholt.

Die Idee vom guten und vom bösen Stress geht auf den Österreich-Kanadier Hans Selye zurück. Nach Selye gibt es einerseits den Eustress, innerhalb dessen eine Situation als Herausforderung erlebt wird, der man sich gern stellt, und andererseits den Distress, innerhalb dessen eine Angelegenheit als unangenehm, belastend oder sogar überfordernd erlebt wird.

Nach dem britischen Psychologen Jeffrey Alan Gray können wir auf eine Bedrohung mit »Fight – flight – freeze – fright« reagieren: Wir können kämpfen oder flüchten, oder alternativ wahrhaft starr werden, bis hin zur Totenstarre. Diese Reaktion ist überlebensnotwendig. Das bedeutet: Stress führt immer zur Ausschüttung von Adrenalin, Noradrenalin und Cortisol und bewirkt bestimmte zunächst belastende Reaktionen im Körper. Damit ist Stress grundsätzlich immer eine Art Bedrohung für den Organismus, der uns in den Überlebensmodus bringt. In einem solchen Zustand sind wir weniger kreativ, weniger produktiv und blockieren die Selbstheilungskräfte. Alles ist auf unser unmittelbares Überleben ausgerichtet. Nichtsdestoweniger kann die Bewältigung von Stress uns langfristig stärker machen – so wie eine Muskelverletzung nach einem harten Training in der Kraftkammer den Muskel wachsen lässt. Denn erst der Widerstand erzeugt Stärke, führt zu Anpassungsreaktionen. Doch diese Anpassungsreaktionen erfolgen in der Erholungsphase – und gerade diese kommt uns immer mehr abhanden: Erreichbarkeit rund um die Uhr durch Handy, Computer und

Tablet, mediale Reizüberflutung mit Schreckensnachrichten, rasante Veränderungen in der Gesellschaft – wir müssten das Glas Wasser zwischendurch öfter mal richtig abstellen und nicht nur ein wenig abstützen.

Mythos 11: »Glaubenssätze hindern uns daran, schlechte Gewohnheiten abzulegen.«

Falsche Glaubenssätze müssen für vieles herhalten: Indem wir Überzeugungen haben, die negativ oder einschränkend sind, verpassen wir viele Chancen, heißt es. Auch wenn das durchaus nicht falsch ist, greifen solche Erklärungen oftmals zu kurz. Berater, Coaches und Trainer sagen gern, es sei beispielsweise so schwer, eine Diät einzuhalten, weil wir die falschen Glaubenssätze verankert haben, und wenn man diese lösche, führe das unweigerlich zum Erfolg. An dieser Stelle sei festgehalten: Das stimmt so einfach nicht! Eine Gewohnheit sitzt in den Basalganglien, ist ein Muster und hat zunächst nichts mit Glaubenssätzen zu tun. Wenn wir uns etwas angewöhnt haben, das stark verankert ist, befinden wir uns damit fast wie im Schlaf oder sind wie ein Automat: Das Gehirn schaltet nahezu komplett ab und wir tun die betreffende Sache wie ein Schlafwandler.

Das Experiment rund um die Habit Loop (auf Deutsch: »Gewohnheitsschleife«) nach Charles Duhigg in »Die Macht der Gewohnheit« erklärt diesen Umstand besonders anschaulich: Ratten werden in ein Labyrinth gesteckt, das wie ein T geformt ist. Sie laufen los und haben bei der Gabelung zwei Wege zur Auswahl. Die Ratte beginnt, sobald die Tür aufgeht und es »Klack« macht, sich umzusehen, herumzuschnuppern und die Gegend auszuforschen. Irgendwann entdeckt sie, dass es auf dem linken Weg Futter gibt. Der Vorgang wird mehrmals wiederholt: Die Tür geht mit einem

»Klack« auf und die Ratte läuft hinein. Bald ist ihr sonnenklar, wo sich Fressbares befindet und sie rennt schnurstracks in die richtige Richtung. So weit so gut, das Spannende aber findet statt, wenn wir uns das Gehirn genauer ansehen. Diesen Lerneffekt hat man nämlich in Form von Hirnstrom gemessen. Dazu wurden in verschiedene Hirnregionen der Ratte Elektroden in Form von Metalldrähten gesteckt. Dabei konnte beobachtet werden, wie das Gehirn zunächst, im Moment des »Klack«, hochaktiv ist – und auch noch während der Futtersuche. Wenn die Ratte das Futter entdeckt, gibt es eine Spitze im Ausschlag, was die Aktivität des Gehirns betrifft. Die Ratte freut sich offenbar über diesen leckeren Fund. Doch je häufiger das Spiel ablief, desto stärker war zu beobachten, dass nur mehr während des Geräuschs und beim Auffinden der Nahrung viel Aktivität im Gehirn vor sich ging – in der Zeit dazwischen passierte hingegen deutlich weniger. Zunächst ist nur das räumliche Gedächtnis der Ratte besonders aktiv, während die Bewegungen irgendwann automatisch durchgeführt werden. Der Nager findet den Weg in den linken Arm des Labyrinths zum Futter irgendwann wie im Tiefschlaf. In dieser Phase leisten die Basalganglien die meiste Arbeit, also jene Region, in der Muster und Gewohnheiten gespeichert sind.

Stellen Sie sich unser Gehirn wie eine Zwiebelschale vor: Tief drinnen, in einer der innersten Schichten, liegen diese Basalganglien. Was für die Ratte gilt, findet bei uns Menschen ganz ähnlich statt. Auch bei uns sind diese Basalganglien wesentlich für unsere Muster, Gewohnheiten und Routinen. Das wirkt sich auf unser gesamtes Leben aus: Wenn wir regelmäßig in ein Kaffeehaus gehen, um dort eine bestimmte Torte zu essen, werden wir das eines Tages beinahe automatisch tun, ohne darüber nachzudenken und ohne die Entscheidung, ob wir das tun möchten, jemals neu zu überdenken. Dieser Umstand hat allerdings nichts mit einem Glaubenssatz zu tun. Glaubenssätze zu ändern bringt hierbei ungefähr so viel, wie die Versorgung einer Hand gegen den kurzen, aber intensiven Schmerz, wenn man sich den Fuß gestoßen hat. Es handelt sich nun mal nicht um Glaubenssätze allein, sondern um ein erlerntes Muster, das ganz tief sitzt. Wenn wir dagegen ankämpfen möchten, müssten wir darum fast übermenschliche Kräfte haben, um den Sieg davontragen zu können, denn der Kampf ist wie bei David gegen Goliath, nur mit dem wenig biblischen umgekehrten Ergebnis: die an der Oberfläche sitzende Großhirnrinde gegen tiefliegende Basalganglien. Wir müssen da ansetzen, wo das Gehirn überaus aktiv ist und wo wir gut mit dem Bewusstsein zugreifen können.

Solche Muster sind wie Autobahnen im Gehirn. Was tun Sie, um einen neuen Weg zu etablieren? Sie können die Autobahn abreißen. Das ist mühsam, teuer und aufwändig – mit normalem Haushaltswerkzeug auch gar nicht zu schaffen. Und die neue Straße haben Sie dadurch trotzdem nicht. Besser ist es, eine Umleitung einzurichten und die Autofahrer auf die neue Straße zu locken. Im Gehirn werden aus Trampelpfaden Wege, aus Wegen Straßen, aus Straßen Autobahnen – bis Sie irgendwann den fünfspurigen Super-Highway haben. Bauen Sie also eine neue Straße! Dazu müssen Sie ein neues Signal setzen, ein neues Muster erlernen und es statt des alten wirken lassen. Um im Beispiel des Ratten-Experiments zu bleiben, könnte man sagen: Das »Klack« muss ersetzt werden.

Mythos 12: »Wir treffen unsere Entscheidungen auf Grundlage rationaler Überlegungen.«

Wir Menschen legen gemeinhin viel Wert auf vernünftige, überlegte Entscheidungen. Schon für Aristoteles zeichnete sich der Mensch durch eine vernunftbegabte Seele aus: die Anima rationalis.

Lange Zeit waren Gefühle eher verpönt – übrigens nicht nur bei uns, auch in der asiatischen Kultur, wo mit Gefühlsausbrüchen eher zurückhaltend umgegangen wird. Erkenntnisse gewinnt man bei uns seit der griechischen Antike vor allem durch Nachdenken, Entscheidungen trifft man aufgrund der Argumente, und überhaupt: durch den Mut, den eigenen Verstand zu gebrauchen – frei nach Immanuel Kant –, glaubten die Aufklärer des 18. Jahrhunderts, alle Probleme lösen zu können. Mister Spock aus »Raumschiff Enterprise« war so jemand, der immer logisch denken wollte – und ganz ohne Gefühle entscheiden – und dabei auf liebenswerte Weise doch auch emotionale Regungen zeigte.

Die Hirnforschung hat gerade in den vergangenen Jahren einen ähnlichen Weg wie der Vulkanier Spock zurückgelegt: Sie hat bewiesen, dass es letztlich ohne Emotionen doch nicht geht. Wir können ohne Gefühle keine Entscheidung treffen, keine Motivation erlangen, keinen Geschäftserfolg erzielen – und diese emotionalen Regungen entstehen in unserem Unbewussten. Seit Sigmund Freud gilt die These, dass das Unbewusste überdimensional stark ist. Doch wie machtvoll es tatsächlich ist, zeigt sich in der Wissenschaft seit den 1980er-Jahren. Und aktuell wissen wir: Wenn wir ein Haus kaufen, glauben wir zwar, wir würden es nach äußeren, überlegten Kriterien tun, indem wir uns seine Lage ansehen, die Umgebung bewerten, Preisvergleiche anstellen und somit rationale Fakten zusammentragen. In Wahrheit bewerten wir aber all diese Dinge hochemotional, weshalb man nicht wirklich von einer bewussten, rein rationalen Entscheidung sprechen kann. Im Grunde ist es so: Wir bewerten verschiedene Argumente nach ihrem emotionalen Gehalt. Zum Beispiel kann ein hoher Preis Schmerz im Gehirn verursachen, eine Prestigemarke Stolz bewirken, eine freundliche Verkäuferin Sympathie auslösen. Die Entscheidung setzt sich aus dem Gegeneinanderabwägen all dieser Impulse zusammen. Und nun kommt's: Diese Impulse sind großteils unbewusst. Oftmals werden nur starke Impulse bewusst – etwa wenn uns der Laden, in dem wir einkaufen, zu groß ist, oder der Verkäufer unsympathisch auf uns wirkt, weil er uns an jemanden erinnert, den wir nicht mögen.

Stellen Sie sich unser unbewusstes Gehirn wie eine »Black Box« vor: Da werden Dinge miteinander verknüpft, bewertet und verrechnet. Ihr Bewusstes erfährt nur das Ergebnis dieser Prozesse, aber nicht, *wie* das Ergebnis zustande gekommen ist. Werden wir danach gefragt, dann »erfinden« wir meist etwas Plausibles. Das Ganze ist so ähnlich wie bei einer mathematischen Rechnung, wo Sie nur das Ergebnis, nicht aber den Weg dorthin kennen. Zum Beispiel die Zahl »8«: Sie kann durch »2 × 2 × 2« oder »2 × 4« oder auch durch »1 × 8« zustande gekommen sein. Wir treffen die Entscheidung emotional begründet und wissen sie rational zu erklären. Das Bewusstsein sagt uns beispielsweise: »Ich habe mir den BMW gekauft, weil er gute Motorwerte hat«, doch in Wirklichkeit handelt es sich um einen emotionalen Kauf, weil ihm ein Statusproblem zugrunde liegt oder man sich während einer Krise einfach besser fühlen möchte. »Ich habe dieses Haus gekauft, weil mir die Lage gut gefällt«, »Mir hat die Ausstrahlung dieser Frau auf Anhieb gefallen«, »Ich möchte Raumfahrer werden, weil ich die Erde mal gerne von oben sehen möchte« – meistens steht hinter solchen und ähnlichen Aussagen ein Körnchen Wahrheit, aber viele darunterliegende Motive, die zu der Entscheidung beigetragen haben, bleiben uns verschlossen.

Beim Kaufen ist es daher so: Wir kaufen im Grunde etwas danach, wie wir uns gerne fühlen möchten: Wären wir gerne sportlicher, entscheiden wir uns für das Sport-Coupé, fühlen wir uns gerne als Familienmensch, wird es der Family-Van. Genau genommen ist es so: Nicht nur spielen Emotionen und Impulse aus dem Unbewussten immer eine Rolle –

sie werden auch umso stärker, je mehr wir unter Zeitdruck agieren oder je komplexer eine zu treffende Entscheidung ist. Ein Hauskauf um eine halbe Million Euro ist eine emotionalere Entscheidung als die Milchpackung im Supermarkt um 1,50 Euro – weil es bei einem Haus viel zu berücksichtigen gilt: Lage, Infrastruktur, Nachbarschaft, Substanz, Raumanordnung, Heizung, Garten ... Das wird zu komplex für unseren Verstand, und darum gibt uns das Unbewusste die Intuition dazu.

Zusammengefasst: Rein vernünftige Entscheidungen sind nur in wohldefinierten und engen Spezialfällen möglich – bei mathematischen Berechnungen oder logischen Schlüssen mit klaren Regeln. In unserem Alltag geht es allerdings immer um Gefühle, und unsere Gedanken sind eng mit unseren Gefühlen verzahnt. Eine klare Trennung zu erlangen, ist daher eine Illusion. Wir entscheiden auf Grundlage der Bewertungen unseres Unbewussten. Kommen wir zu stark ins Grübeln, torpedieren wir übrigens diesen Prozess – wir sind dann ungünstig im Denken verhaftet und der Ball geht hin und her zwischen Bewusstsein und Unbewussten, wie bei einem Ping-Pong-Spiel.

Mythos 13: »Das Gehirn versteht keine Verneinungen.«

Denken Sie nicht an einen rosafarbenen Elefanten! Voila – schon ist er da. Das Gehirn versteht keine Verneinung, wird oft behauptet. Und tatsächlich: Derartige Beispiele zeigen das auch. Oder? Nun, ganz so einfach ist es nicht. Während einer Hypnose etwa, in deren Zustand der Zugang zum Unbewussten besonders gut funktioniert, gibt es haufenweise Anweisungen wie »Du kannst deinen Arm nicht mehr bewegen«, »Du kannst deine Augen nicht mehr öffnen« oder »Du weißt deinen Namen nicht mehr«. Wir müssen also aufklären: Selbstverständlich versteht unser Gehirn Verneinungen! Aber bei starken Bildern sind eben zuerst die Bilder selbst im Kopf, bevor das »Nein« oder ein »Nicht« ergänzt werden kann. Darum ist es grundsätzlich durchaus sinnvoll, auf Verneinungen zu verzichten. Sie ersparen sich damit einen Arbeitsschritt, der in kritischen Situationen den entscheidenden Unterschied machen kann. Seinem Kind zuzurufen: »Pass auf, dass du nicht hinfällst!« ist tatsächlich weniger effektiv als ein »Achte auf deine Füße!«

Forscher der San Francisco State University haben im Jahr 2015 genau sechsunddreißig Probanden Symbolbilder wie eine Sonne, ein Herz und ein Fahrrad gezeigt. In weiterer Folge wurden die Teilnehmer angewiesen, nicht an das Wort und die Anzahl der Buchstaben zum jeweiligen Bild zu denken. Das Ergebnis: Bei der Sonne dachten achtzig Prozent an das Wort »Sonne«, rund fünfzig Prozent zählten auch noch die Buchstaben. Im Durchschnitt mussten dreiundsiebzig Prozent an das jeweilige zugehörige Wort denken, ein Drittel zählte die Buchstaben. Der Psychologe Ezequiel Morsella schlussfolgerte daraus, dass unsere Gedanken stark von äußeren Einflüssen abhängen und wir sie gegen diese Einflüsse nur schwer kontrollieren können. Die Studie zeigt aber auch, dass die Bilder verführerischer waren als die Anweisungen und dass es offenbar besonders starke Bilder gibt, derer wir uns kaum entziehen können, sie auch in Gedanken zu verarbeiten, wie allen voran das Bild der Sonne.

In der Zeitschrift »Psychological Sciences« wurde dazu passend eine Studie veröffentlich, die Folgendes belegt: Verneinungen, die den Sinn eines Satzes umkehren, verlangsamen die Arbeit des Gehirns. Ein Beispiel: »Rotwein in Maßen ist nicht ungesund.« Wir brauchen um bis zu vierhundert Millisekunden länger, um diesen Satz zu verstehen, als wir benötigen würden, hieße er »Rotwein in Maßen ist gesund«. Denn »doppelte Verneinungen oder Schachtelsätze sind [...] besonders schwer zu verstehen«, erläutert Gert Rickeit, Psycholinguist an der Universität Bielefeld in einem »Standard«-Interview.

Zusammengefasst lässt sich sagen: Unser Gehirn versteht Verneinungen, sinnliche Bilder entfalten eine starke Wirkung auf uns und beeinflussen unsere weiteren Gedanken. Demzufolge können wir uns ihrer auch trotz des Vorhabens, nicht daran zu denken, kaum entziehen. Komplizierte Formulierungen mit Verneinungen bremsen unser Denken regelrecht aus – wir brauchen dann länger, um den Sinn zu verstehen. Das bedeutet: Wir sind stark beeinflussbar durch Bilder und folglich können bildhafte Verneinungen wie trojanische Pferde wirken, denn uns wird zwar gesagt, dass etwas nicht so ist, aber das Bild selbst prägt sich trotzdem ein. Ein gut inszeniertes Gerücht ist darum schwer aus der Welt zu schaffen und ungeschickte Dementi von Politikern bewirken genau das Gegenteil von dem, was beabsichtigt war.

Ein Streifzug durchs menschliche Gehirn – wie Gedanken wirken

Das Gehirn als hochflexibler Partner

Was im Gegensatz zu den meisten Mythen der Wahrheit entspricht: Das Gehirn ist enorm wandel- und veränderbar. Das bedeutet auch: Wenn wir eine Gegend im Gehirn stärker nutzen, wird diese messbar größer. Untersuchungen an Londoner Taxifahrern haben ergeben, dass bei Personen dieser Berufsgruppen eine spezielle Hirnregion vergrößert ist: der Hippocampus. Dieser ist unter anderem für die räumliche Orientierungsfähigkeit zuständig und fungiert daher wie ein neuronal-mentales Navigationssystem in diesem Gewirr von gut fünfundzwanzigtausend Straßen.

Umgekehrt gilt aber auch: »Use it or lose it!« Ein Mangel an neuronaler Aktivität führt zum Abbau der Nervennetze. Diese Nervenverknüpfungen funktionieren nämlich ähnlich wie Muskeln: Durch Gebrauch werden sie stärker, ohne Gebrauch verkümmern sie. Diesbezüglich haben Taxifahrer wertvolle Einblicke geliefert: Nach der Pensionierung nimmt der Hippocampus wieder an Größe ab! So haben Eleanor A. Maguire vom University College London und ihre Kollegen während der langen Ausbildungsphase jener Taxifahrer aus London beobachtet, dass das Areal für räumliches

Vorstellungsvermögen vergleichsweise größer ist – ganz einfach, weil es ständig trainiert wird. Dafür sind andere Bereiche kleiner oder werden vernachlässigt und schließlich verdrängt, indem Nervenzellen zusammenrücken, um für dieses eine forcierte Areal Platz zu machen. Wenn diese Menschen eines Tages in Rente gehen und sich entgegen ihrer bisherigen durch den Beruf bedingten Gewohnheiten vorrangig um ihren Garten kümmern oder weite Wanderungen unternehmen, wird das einst bevorzugte Gebiet wieder kleiner. Dieser Verdrängungswettbewerb ist wie bei einem Muskel durchwegs plastisch zu sehen: Das, was wir nutzen, wird größer – das, was wir weniger nutzen, wird kleiner.

Das Gehirn eines erwachsenen Menschen galt lange Zeit als völlig starr und mit fortschreitendem Alter als immer unbeweglicher. Wir kommen mit rund hundert Milliarden Nervenzellen auf die Welt, die sich in unseren jungen Jahren verschalten und verknüpfen. Ab dann verlieren wir Nervenzellen unter Stress, Alkoholeinfluss oder durch einen Schlaganfall wieder – so das Credo noch vor wenigen Jahren. Modernere wissenschaftliche Erkenntnisse zeigen jedoch, dass dem nicht so ist. Das Gegenteil ist sogar der Fall: Wir bleiben lernfähig und beweglich. Dieses erfreuliche Phänomen wird Neuroplastizität genannt. Unter Neuroplastizität verstehen wir genauer gesagt die Eigenschaft von Synapsen – also Nervenenden, die den Kontakt zu anderen Nervenzellen herstellen –, Nervenzellen oder auch ganzen Hirnbereichen, sich in Abhängigkeit ihrer Verwendung zu verändern und in ihrer Funktionalität anpassen zu können.

Was bedeutet das? Im Grunde zunächst einfach nur, dass unser Gehirn sich immer weiterentwickelt, egal wie alt wir sind. Die erste wichtige Grundlage für diese Entdeckung bildete die Forschungsarbeit des kanadischen Psychologen Donald Olding Hebb. Er entdeckte das Prinzip »What fires together that wires together«, was so viel bedeutet, wie dass sich aktive Nervenzellen stärker miteinander verknüpfen und so neue Verbindungen im Gehirn bilden. Durch den Gebrauch von Nervenzellen werden die sogenannten neuronalen Netze gestärkt.

Bereits in den 1960er-Jahren konnte der U.S.-Neurowissenschaftler Michael Merzenich zeigen, dass es neben der kritischen Entwicklungsphase in der Kindheit noch eine weitere Epoche der Gehirnentwicklung gibt, die lebenslang anhält: Das Gehirn erwachsener Affen, die lernen, Aufgaben mit einem Löffel zu lösen, weist ein vergrößertes Areal im sensomotorischen Bereich genau da auf, wo die Signale für die Fingerkuppen verarbeitet werden. Doch nicht nur die Region für die Sensomotorik der Finger verändert sich – auch andere Bereiche, die mit der jeweiligen Aufgabe in Zusammenhang stehen, passen sich an, etwa Körperhaltung und Bewegung. Insgesamt hat allein diese Greifübung Auswirkungen auf rund zwanzig Gehirnareale. Die Trainierbarkeit von Gehirnbereichen durch Aufmerksamkeit und Gebrauch findet sich auch beim Menschen und begleitet uns bis zum Tod. Sie ist mittlerweile als etabliertes Wissen zu verstehen und hat die Sicht auf unser Gehirn tiefgreifend revolutioniert.

Neuroplastizität gezielt nutzen

Wie lässt sich Neuroplastizität nun gezielt nutzen? Den Schlüssel dazu hat Michael Merzenich wieder anhand eines Versuchs mit Affen geliefert: Die Versuchstiere wurden an den Fingern mittels gerillter Drehscheibe stimuliert und zeitgleich dazu hat man ihnen über Kopfhörer Töne präsentiert. Mithilfe von Fruchtsaft als Belohnung hat man die Affen darauf trainiert, sich entweder auf das Taktile oder das Akustische zu konzentrieren. Das faszinierende Ergebnis: Nur wenn die Aufmerksamkeit auf der Berührung lag, wurde der entsprechende für Berührungswahrnehmung zuständige Cortex im Gehirn vergrößert. Lernten die Affen, sich auf Töne zu konzentrieren, tat sich in diesem Gehirnbereich nichts – obwohl sie weiterhin auch den Berührungen ausgesetzt waren. Es gilt folglich: Da, wo die Konzentration hingeht, wird die dazugehörige Gehirnregion entsprechend verändert. Unserer Aufmerksamkeit kommt damit eine besonders wichtige Rolle zu.

Wie oft achten wir eher auf den einen Fehler statt auf die anderen richtig gelösten Aufgaben? Wie oft sind wir in Gedanken bei Problemen statt bei Lösungen? Wenn wir unser Gehirn verändern wollen, müssen wir unsere Aufmerksamkeit gezielt einsetzen. Sowohl mentales Training, also die innere Aufmerksamkeit auf bestimmte Dinge in der Vorstellung zu richten, als auch jene Konzentration, die wir Dingen im Außen widmen, können das Gehirn physisch verändern. Das Ergebnis hat gewaltige Auswirkungen auf unser Leben. Ein Beispiel: Es gibt Menschen, die verlieren einen geliebten Angehörigen und nach einer Trauerphase von einem halben bis zu einem Jahr haben sie diesen Verlust weitgehend verarbeitet. Es gibt aber genauso Menschen, die ihre Trauer nicht verarbeiten können, ihren Verlust irgendwie über viele Jahre oder sogar für den Rest ihres Lebens nicht überwinden. Wissen Sie, was diese beiden Menschentypen voneinander unterscheidet? Es gibt mehre Dinge, aber auffallend ist eines: Jene, die über eine auffällig lange Zeit trauern und besonders stark leiden, haben häufig die Bilder zu der Situation im Kopf, als dieser Mensch starb. Jene, die sich nach einer natürlichen und wichtigen Trauerzeit wieder am Leben erfreuen können, denken vorwiegend daran, wie dieser Mensch gelebt hat. Ein kleiner Unterschied mit gewaltigen Auswirkungen.

Doch nicht nur echte Handlungen können das Gehirn verändern. An der Harvard University wurde es beim Erlernen eines Musikstücks erforscht: Eine Gruppe von Versuchspersonen musste ein Klavierstück üben. Eine andere Gruppe ging die Fingerbewegungen an der Tastatur lediglich im Geiste durch. Das Ergebnis: Bei den tatsächlichen Klavierspielern hat sich das Hirnareal für Fingerbewegung vergrößert. Dieses Experiment stimmt mit den Ergebnissen von Merzenich demnach überein. Aber – und jetzt kommt's: Bei jenen, die das Stück mental trainiert haben, war das Gehirn in gleicher Weise verändert wie es bei denen, die praktisch geübt haben, der Fall war. Allein Gedanken können also das Gehirn verändern!

Was bedeutet das für die Praxis? Die beiden Wissenschaftler Guang H. Yue und Kelly J. Cole haben Versuchspersonen, die Fingermuskeln praktisch trainiert haben, mit Probanden, die sich das Muskeltraining nur vorgestellt haben, verglichen. Das Resultat: Bei einem realen Training erhöht sich die Muskelkraft um dreißig Prozent, bei mentalem Training um immerhin zweiundzwanzig Prozent. Wir sehen: nicht nur das Gehirn wird verändert, sondern auch die tatsächliche körperliche Leistung. Da nicht unendlich viel Platz vorhanden ist, können jene Gebiete, die anwachsen, das nur auf Kosten anderer tun, die sich zurückbilden und weniger Raum einnehmen. Wenn junge Menschen beispielsweise besonders viel mit ihren beiden Daumen am Smartphone herumtippen und -wischen, wird diese Fertigkeit regelmäßig trainiert. Je mehr Emotionen mit der betreffenden Tätigkeit verbunden sind, desto schneller und einfacher wächst das dazugehörige Zentrum im Gehirn übrigens an.

Unser Gehirn, aber auch die Aktivität unserer Gene passen sich der Umgebung an. Zur Umgebung gehört aber nicht nur das, was außen passiert – auch unsere inneren Bilder wirken. Da wir sie nach Belieben gestalten können, wenn wir unsere Vorstellungskraft entsprechend trainiert haben, sind sie vielleicht der wichtigste Stoff für ein erfolgreicheres, gesünderes und zufriedeneres Leben. Mentales Training ist das gezielte Konstruieren und Nutzen dieser inneren Bilder, also der eigenen Vorstellungskraft: Wir können mit seiner Hilfe Situationen, Erlebnisse und Erfahrungen im Kopf durchspielen. Und wenn unsere Aufmerksamkeit so stark dort liegt, dass wir das Äußere ausblenden, entfaltet dieses Kopfkino seine Wirkung. Eine Vielzahl an Studien belegt: Am besten ist die Kombination aus praktischem und mentalem Training, um optimale Leistungsverbesserungen herbeizuführen. Die Wirksamkeit unserer Vorstellungskraft ist damit wissenschaftliche Realität! Spitzensportler nutzen diese Form des Trainings schon seit vielen Jahren, und seit einiger Zeit werden Visualisierungen auch im Business, in der Medizin und bei Persönlichkeitstrainings systematisch angewendet.

Die Entdeckung der ausgesprochen hohen Flexibilität des Gehirns hat im Denken der Neurobiologie eine echte Revolution eingeläutet. Das Gehirn vermag offenbar zeitlebens neue anatomische Strukturen zu bilden. Was wir denken, bestimmt die Struktur, und die Struktur bestimmt, was wir denken. Anders gesagt: Die Software beeinflusst die Hardware und die Hardware umgekehrt auch die Software. Spektakuläre Beispiele für das gewaltige Potenzial der Neuroplastizität sind Personen, die mit nur einer Gehirnhälfte ein praktisch völlig normales Leben führen können. Auch Menschen mit Trisomie 21, bei denen das einundzwanzigste Chromosomenpaar fehlerhafterweise drei statt zwei Chromosomen aufweist – früher unter dem Begriff »Down-Syndrom« bekannt –, können weit mehr, als lange angenommen. Durch die richtige Förderung kann sich auch hier das Gehirn entsprechend entwickeln und so eine normale Leistungskraft entfalten. Ein Beispiel dafür ist der davon betroffene Spanier Pablo Pineda, der ein Studium abgeschlossen hat, erfolgreich als Lehrer arbeitet und Vorträge hält.

Nun stellt sich die Frage: Können wir unser Gehirn bewusst verändern? »Mit der Zeit nimmt die Seele die Farbe der Gedanken an«, meinte einst Marc Aurel. Dieses Zitat ist im Lichte moderner Hirnforschung höchst aktuell. Die Entwicklung und Veränderbarkeit unserer Persönlichkeit sind Gegenstand intensiver Untersuchungen. Neurowissenschaften liefern wertvolle Erkenntnisse, wie wir Alltag und Business erfolgreicher gestalten können. Visualisierungsübungen wurden bereits in der ersten Hälfte des zwanzigsten Jahrhunderts wissenschaftlich beschrieben. Viele Spitzensportler schwören auf Mentaltraining. Hieß es bei den Vorgängern noch »Brauchen wir nicht!«, hat Teamchef Marcel Koller 2012 einen Mentaltrainer ins Boot der österreichischen Nationalmannschaft geholt. Die Fußballer zeigten danach sichtlich eine neue »Mentalität«: Die Mannschaft ist zunächst immerhin von Platz 71 in die Top Ten der Welt geklettert! Bei der EM 2016 gab es dann allerdings einen herben Rückschlag und erst die Zukunft wird zeigen, ob die Mannschaft daraus lernen und gestärkt hervorgehen oder daran »zerbrechen« wird.

Immer mehr Studien belegen jedenfalls den Nutzen von Mentaltraining. Und auch wenn praktisches Training auf Dauer durch nichts zu ersetzen ist: Die Kombination aus realem und mentalem Üben ist unschlagbar. Darum greifen Chirurgen, Piloten und Manager zunehmend auf die Kraft aus dem Kopf zurück.

Der aus Österreich stammende Nobelpreisträger Eric Kandel zeigt, dass bei Denkvorgängen Gene in Nervenzellen aktiv sind, die neue Verbindungen mit anderen Nervenzellen fördern. Mit anderen Worten: »Denkende« Nervenzellen haben eine erhöhte Plastizität, also die Möglichkeit, Größenverhältnisse von Gehirnbereichen durch Nutzung zu verändern. Diese Resultate bieten ein molekularbiologisches Modell für die Wirkung von Gedanken – und eine grundlegende Erklärung, warum mentales Training wirkt. Über vierhundert wissenschaftliche Studien geben mittlerweile Hinweise, welche mentalen Strategien besonders erfolgsversprechend sind. Die meisten Daten kommen naturgemäß aus dem Sport. Berücksichtigen wir diese Ergebnisse in Zusammenhang mit der Forschung zur Neuroplastizität, ergeben sich neue spannende Ansätze, um bei Menschen die Weichen auf »Erfolg« zu stellen.

Michael Merzenich, mit dem wir bereits Bekanntschaft gemacht haben, hat aus seinen Forschungen Trainings für Kinder mit Lernproblemen sowie für ältere Personen mit beginnender Demenz entwickelt. Die Ergebnisse mit diesen Computerprogrammen sind vielversprechend, wenn sie auf spezielle, für den Alltag relevante Aufgaben zugeschnitten sind. Unter den Mythen haben wir gezeigt, dass klassisches Gehirnjogging nicht besonders effektiv ist. Derzeit laufen auch Trainings zur Verbesserung bei Autismus und Schizophrenie. Bei solchen Gehirnübungen kommt es offenbar auf das Detail an: Ausmaß, Übungen, Zielgruppe.

Der amerikanische Arzt Ed Taub wendet das Wissen um die Neuroplastizität in der Rehabilitation von Schlaganfallpatienten an. Bei halbseitiger Lähmung neigen diese dazu, nur noch die nicht beeinträchtigte Seite zu verwenden. Dadurch wird das Gehirn natürlich nicht gefordert. Um die Genesung der gelähmten Seite zu fördern, steckt Taub die gesunde Hand der Patienten in einen großen impraktikablen Handschuh. Dadurch werden sie gezwungen, ihre in Mitleidenschaft gezogene Hand zu stimulieren und in weiterer Folge auch zu verwenden. Das Gehirn bekommt Impulse – neue Areale übernehmen die Bewegungssteuerung. Die Ergebnisse dieser »constraint-induced movement therapy« sind beeindruckend.

Der aus Indien stammende und in den USA forschende Neurologe Vilayanur Ramachandran behandelt Phantomschmerzen erfolgreich mit einer Spiegelillusion. Dabei lässt er die vorhandene Hand des Patienten in einem Spiegel abbilden und suggeriert so, die amputierte Hand wäre noch vorhanden. Der Patient stellt sich vor, wie der Phantomschmerz in Bewegung kommt – und dieser verschwindet mit dem Training zunehmend.

Bei Angst- und Zwangserkrankungen gibt es einen Schaltkreis, der zu erhöhter Besorgnis und einem Fokus auf das Negative führt. Der amerikanische Psychiater Jeffrey Schwartz arbeitet mit dem sogenannten Achtsamkeitskonzept, um Patienten in eine Position des »unparteiischen Beobachters« zu führen und sie realisieren zu lassen: »Das ist nur mein Gehirn. Und dieses Gehirn kann ich verändern.« Sein Programm lenkt das Augenmerk vom Problem weg und zu heilsamen Gedanken hin.

Richard Davidson, ein US-amerikanischer Professor der Psychologie in Wisconsin, beschäftigt sich ebenfalls mit der Frage, wie wir unser Gehirn gezielt umformen können. Er hat im Zuge dessen untersucht, wie die Achtsamkeitsmeditation, bei der die Aufmerksamkeit auf das Hier und Jetzt gerichtet wird, das Gehirn verändert. Dazu absolvierten fünfundzwanzig gestresste Mitarbeiter einer High-Tech-Firma ein achtwöchiges Meditationstraining. Danach fühlten sich alle zufriedener und weniger angespannt. Ihre Gehirnfunktion hatte sich ebenfalls nachhaltig verändert: Nach dem Training waren die Hirnströme des linken Präfrontalhirns deutlich ausgeprägter als vor der Schulung, während die Hirnaktivität im rechten Stirnhirn eher abnahm. Die rechte Stirnlappenseite steht im Verdacht, die positiven Bewertungen der linken Seite zu unterdrücken. Davidson untersuchte übrigens auch, wie sich die Unterschiede in der bioelektrischen Aktivität beider Hirnhälften auf das Immunsystem auswirken. Das Ergebnis: Die meditierenden Probanden produzierten deutlich mehr Antikörper gegen Grippeviren als die Teilnehmer in der nicht meditierenden Kontrollgruppe.

Zur posttraumatischen Stresserkrankung gibt es interessante Verbesserungen, wenn Patienten den Blutdrucksenker Propranolol – einen Betablocker – nehmen und sich an ihr Trauma erinnern. Bei Erinnerung wird die Plastizität der entsprechenden Hirnregionen erhöht. Der Blutdrucksenker dämpft die Wirkung des Stresshormons Adrenalin unter anderem auch in der Amygdala, die ja eine wichtige Rolle bei der Speicherung negativer Ereignisse spielt. Ähnlichen Prinzipien dürften auch Klopftechniken wie die Emotional Freedom Technique, bei der man verschiedene Punkte am Körper »beklopft«, während man ein Problem laut ausspricht, und Eye Movement Desensitization Response bzw. Wingwave®, bei dem man die Augen in bestimmter Weise bewegt, während man an ein Problem im Körper denkt, folgen. So seltsam solche Techniken zunächst anmuten mögen – aus neurobiologischer Sicht machen sie Sinn.

Die unermessliche Macht der Vorstellung

Aus diesen und vielen anderen therapeutischen Befunden können wir ableiten, wie mentales Training auf verschiedene andere Bereiche übertragen werden kann. Es meint dabei immer das systematische Durchspielen im Kopf von Bewegungen, Verhaltensweisen oder sogar physiologischen Prozessen des Körpers. Wie bei Merzenich können Computerprogramme den Trainingsnutzen erhöhen. Der Ansatz von Ed Taub zeigt, dass es nicht nur ums »Stärken der Stärken« geht. Manchmal müssen die Stärken sogar unterbunden werden, um die Schwächen so entwickeln zu können, dass wieder Basisleistungen möglich werden. Mit Veränderungen der Wahrnehmung und Sinnestäuschungen lassen sich Schmerzen und andere Probleme überwinden. Diese können auch im Kopf durchgespielt werden. Achtsamkeitsübungen sind etwas, auf das kaum ein mentales Training verzichten kann. Und offenbar lassen sich negative Erfahrungen überwinden, in denen die Erinnerungen mit einer Entspannung der Amygdala kombiniert werden.

»Gebt mir einen festen Punkt und einen genügend langen Hebel, und ich werde die Erde aus den Angeln heben«, sagte einst Archimedes nach der Entdeckung des Hebelgesetzes. In unserem Gehirn gibt es ebenfalls wichtige Punkte für Erfolgshebel. Wir kennen es aus der Schulzeit: Kraft mal Kraftarm ist gleich Last mal Lastarm. Denken wir nur einmal an Ruderer: Sie setzen immense Kraft am kurzen Ende ein, um einen weiten Weg am langen Ende des Ruders zurücklegen zu können. Ein kurzer Hebel gibt also Speed. Es geht aber auch umgekehrt: Wir können einen weiteren Weg zurücklegen, um eine schwere Last beinahe mühelos zu heben. Ein langer Hebel gibt demnach Stärke. Unser Gehirn funktioniert nach einem ähnlichen Prinzip: Wir müssen am richtigen Punkt mit dem richtigen Hebel ansetzen. Wie das geht, dazu hat die moderne Hirnforschung wichtige Erkenntnisse geliefert. Einfache Beispiele für solche Punkte bzw. Hirnregionen und deren Hebelwirkung sind die Amygdala, welche für das Entstressen blockierender Emotionen zuständig ist, die Basalganglien, mit deren Hilfe wir Gewohnheiten verändern können, und das Stirnhirn, mit und in welchem sich Glaubenssätze umschreiben lassen. Zu jedem Punkt und zu jeder Hebelwirkung gibt es den richtigen Hebel oder anders gesagt: die richtige mentale Technik. Wie beim Hebelgesetz entscheiden Kraft bzw. Emotion und Last bzw. Ausdauer sowie Wiederholung.

Als ein Kursbesucher einmal einen älteren Mitstudenten fragte, wie er auf die Idee gekommen sei, in seinem Alter noch eine Ausbildung zum Mentaltrainer zu machen, erzählte dieser augenzwinkernd seine erstaunliche Geschichte: »Im Grunde fing alles mit dem Klavierspielen an. Als ich älter wurde, resümierte ich mein Leben und hatte auf einmal das Bedürfnis, noch einmal etwas völlig Neues anzufangen. Die Welt hatte sich doch gerade erst für mich erschlossen. Ich sah Dinge, die ich als junger Mensch niemals wahrgenommen hatte, und alles war so viel schlüssiger und wertvoller für mich geworden. Ich fragte mich, was ich eines Tages wohl bedauern würde, wenn ich es nicht getan hätte, und die Antwort war ganz eindeutig: Klavier spielen. Ich fand eine tolle

Lehrerin und fing an. Damals war ich Mitte fünfzig. Durch diese Entscheidung veränderte sich mein ganzes Leben. Ich legte fortan alles, was ich tat, alle eingefahrenen Rituale und Strukturen, alles, was automatisch ablief, noch einmal auf den Prüfstein und mir wurde klar, dass ich mich insgesamt komplett umorientieren wollte. Auch beruflich. Das Klavierspiel, das mir übrigens wirklich gut liegt, gab mir den Mut, mir auch andere Veränderungen zuzutrauen. Darüber bin ich heute sehr glücklich.«

Womöglich liegt Ihnen inzwischen folgende Frage auf der Zunge: Gibt es neben dem Gebrauch von Nervennetzen und der Vorstellung auch andere Faktoren, die Synapsen stärken? Der Göttinger Neurobiologe und Autor zahlreicher populärwissenschaftlicher Bücher Gerald Hüther betont in seinen Vorträgen immer wieder die Begeisterung als Schlüssel und Motor für die eigene Weiterentwicklung. Emotionalität spielt für den Wachstumsprozess eine ausgesprochen große Rolle: Je emotionaler ich bin, je lieber ich etwas tue oder mich mit einer Sache beschäftige, umso mehr neurosynaptische Wachstumsfaktoren werden produziert – und verändern das Gehirn. Der Hirnforscher nennt diese Moleküle »Dünger für das Gehirn«. Für die Weiterentwicklung sind übrigens positive Emotionen besser als negative! Negatives kann mich wachrütteln, aber nur unzureichend motivieren, denn Angst führt zu Vermeidung. Untersuchungen von Klaus Grawe, einem deutschen Psychologen, der 2005 verstorben ist, haben belegt, dass die wahre Motivationskraft in den positiven Emotionen liegt. Kurzfristig ist das Vermeiden von etwas Negativem eine starke Kraft, langfristig aber ist das Hin-zu wesentlich effektiver.

Mentales Training ist – wenn wir uns die Erkenntnisse der Hirnforschung ansehen – kein Luxus, der Spitzensportlern und ehrgeizigen Managern vorbehalten ist. Bei den geschätzten – wenn auch wissenschaftlich nicht belegten – zigtausend Gedanken, die jeden Tag auf unser Gehirn und unseren Körper einwirken, sollte Mentaltraining wie Zähneputzen zur täglichen Hygiene gehören. Ziel des Mentaltrainings ist es dabei immer, die Gedanken auf Ziele auszurichten und so Menschen zu helfen, selbstbestimmt ein erfolgreiches, glückliches und gesundes Leben zu führen.

Die Vorstellung, sowohl durch Gedanken als auch durch Gefühle Strukturen und Funktionen des Gehirns – und damit rückwirkend auch wieder Gedanken und Gefühle – verändern zu können, ist bahnbrechend in seiner Bedeutung. Sie ermöglicht, noch mehr Selbstverantwortung zum einen für die eigene Gesundheit, zum anderen für die eigene Persönlichkeitsentwicklung zu übernehmen – und zwar unabhängig vom Lebensalter des erwachsenen Menschen. Neuroplastizität ist der Schlüssel dazu und erklärt auch, warum psychologische Therapien und Mentaltraining überhaupt funktionieren können. Sie bietet damit eine wissenschaftliche Beschreibung für Prozesse, die verschiedene Kulturen schon seit tausenden Jahren praktizieren: das Kultivieren positiver Gedanken in uns selbst.

Der berühmte Psychotherapeut Milton H. Erickson ist im Alter von achtzehn Jahren an Polio, also Kinderlähmung erkrankt und war dadurch fast komplett bewegungsunfähig. Da er sich nichts sehnlicher wünschte, als ohne Hilfe zum Fenster gelangen zu können, stellte er sich in seiner Verzweiflung Tag für Tag aufs Neue die Bewegung dorthin vor – bis plötzlich, nach und nach, kleinste Muskelbewegungen möglich wurden. Erickson schaffte es mit unendlicher Geduld und unaufhörlicher Übung tatsächlich, wieder mobiler zu werden. Einige Jahre später konnte er sogar wieder laufen! Nur das Hinken seines linken Beines blieb ihm, bis er im hohen Alter erneut Symptome entwickelte und 1980 mit neunundsiebzig Jahren verstarb. Doch zuvor hat Milton Erickson das Konzept von Vorstellung und Suggestion weiterentwickelt und wurde so einer der wichtigsten Begründer der modernen Hypnotherapie.

Vielleicht kennen Sie das Pendelexperiment: Ein von einer Hand festgehaltenes Pendel schwingt leicht hin und her, ohne dass die Finger bewusst bewegt werden. Allein die Vorstellung einer Bewegung bringt das Pendel zum Schwingen! Sie können es selbst ausprobieren und zum Beispiel aus einer Beilagscheibe und einer Schnur ein Pendel basteln. Nur durch Ihren Willen allein wird nichts gehen. Wenn Sie sich eine Bewegung von links nach rechts vorstellen, wird sich das Pendel entsprechend in Bewegung setzen. Oder wenn Sie sich die Bewegung im Uhrzeigerkreis vorstellen: Ihr Körper folgt der Vorstellung und Ihre Gedanken werden gleichsam sichtbar. Je intensiver Sie sich die Bewegung vorstellen, desto stärker ist der Effekt. Das Rätsel um diese Pendelbewegungen wurde schon 1852 gelüftet: Der Carpenter-Effekt beschreibt, dass jede Vorstellung einer Bewegung zu minimalen Muskelbewegungen führt.

Viele weitere Versuche zeigen: Der Carpenter-Effekt ist ein Prinzip, das nicht nur für Muskelbewegungen gilt. Die Wissenschaft nennt dieses Phänomen den ideo-dynamischen Effekt. Das bedeutet: Ein Gedanke führt zu einer Vorstellung, die Vorstellung zu einer körperlichen Reaktion und die körperliche Reaktion äußert sich in der Physiologie, im Verhalten und Wohlbefinden. Stellen Sie sich etwa Zimt konkret vor, macht sich tatsächlich ein Zimtgeruch bemerkbar – das ist auch im Gehirn in der Region für Gerüche messbar!

Im Kopf lässt sich vieles durchspielen, mit dem Kopf lässt sich vieles steuern. Im Grunde ist es so: Wenn Sie sich Ihr Ziel intensiv vorstellen, wird Ihre Physiologie auf dieses Ziel ausgerichtet. 1981 hat die Harvard-Psychologin Ellen Langer ältere Menschen in ein Umfeld gebracht, das mit der typischen Einrichtung, Musik und damals bekannten Magazinen die Zeit von 1959 simulierte. Das Verblüffende: Die Versuchspersonen wiesen physiologisch tatsächlich messbar jüngere Werte auf. Das zeigt: Unser Körper reagiert auf die Umwelt und eine starke Vorstellung kann diese Umwelt nachahmen.

Die Reaktionen werden übrigens nicht nur über das Nervennetz im Gehirn vermittelt, sondern auch über die Art und Weise, wie die Gene in den Zellen reguliert werden. Das passiert in der Gegenwart und ist auf die Zukunft ausgerichtet. Von William James, einem der Begründer der modernen Psychologie, soll folgendes Zitat stammen: »Beginne jetzt zu sein, was du in Zukunft sein willst!« Im Lichte der modernen Hirnforschung kann die Vorstellungskraft der Startpunkt für diese neue Zukunft sein.

Leider sind wir aber meistens in alten Mustern verhaftet und blicken dadurch in die Vergangenheit statt in die Zukunft. Wir haben bereits erläutert, dass neunundneunzig Prozent unseres aktuellen Erlebens aus dem Gedächtnis kommen und beeinflussen, wie wir das Gegenwärtige wahrnehmen und bewerten. Oft passiert etwas völlig Harmloses – wir bekommen etwa den extra reservierten Tisch im Restaurant nicht – und wir reagieren überaus stark und emotional darauf, weil Gefühle wie Ärger, Wut oder Trauer in uns hochkommen. Wir nehmen etwas persönlich, das überhaupt nichts mit uns zu tun hat. Was passiert da also? Es entsteht ein regelrechtes Feuerwerk im Gehirn: Eine Nervenzelle aktiviert die andere, ein Nervennetz beeinflusst das andere. Ein kleines Ereignis heute kann Emotionen aus der und Erinnerungen an die Kindheit wachrufen. Anders gesagt: Das Kind in uns meldet sich, ist irritiert, beleidigt, gekränkt oder wütend. Wir reagieren infolge unangemessen und kindisch. Im Grunde ist aber jede dieser Situationen eine großartige Chance, sich mit seinen eigenen Themen auseinanderzusetzen und an der eigenen Weiterentwicklung zu arbeiten. Wenn uns ein Autofahrer einen Parkplatz vor der Nase wegschnappt, kochen unsere Emotionen dazu womöglich hoch: Wir sind wütend und fühlen uns in unserem »Überleben« angegriffen. So etwas kann in extremen Fällen mit Mord und Totschlag enden – weil unter starken Gefühlen Stress entsteht und wir auf Kampf oder Flucht programmiert sind. Daher ist die Arbeit an unseren Emotionen unglaublich wichtig.

Zugriff auf unsere Emotionen haben wir über unsere Gedanken, die zu Bildern werden, welche in weiterer Folge zu Körperempfindungen führen. Es ist tatsächlich ein Gedanke, der diese neuronale Explosion auslöst! Und wenn ein Gedanke das Problem ist, kann vielleicht auch ein Gedanke die Lösung sein? Tatsächlich wäre vieles einfacher, wenn es kein anderer Mensch wäre, der uns im Straßenverkehr schneidet. Wenn wir uns in einer unangenehmen Situation während des Autofahrens beispielsweise vorstellen, dass die Person, die uns gerade gefährlich überholt und dann geschnitten hat, es mit ihrem Verhalten nicht auf uns abgezielt hat, sondern einfach dringend ins Spital muss, oder wenn wir uns vorstellen, das betreffende Auto vorne wäre fahrerlos und leer, würde unser Ärger auf schier wundersame Weise sofort wesentlich gemäßigter werden. Sie mögen das jetzt für einen mentalen Trick halten, aber eigentlich ist es das gar nicht! Denn die Wahrheit ist: Das Auto, das uns schneidet, ist im übertragenen Sinne immer leer. Es sind unsere Gedanken, unsere Interpretationen, unsere Gefühle, die ein Problem erst so richtig aufkochen lassen und dazu führen, dass wir eben nicht so agieren, wie wir es bräuchten, um erfolgreich, gesund und zufrieden zu sein.

Meistens reagieren wir auf Computer oder Zufälle wesentlich gelassener als auf unsere Mitmenschen, weil sie uns weniger Grund liefern, das Geschehene persönlich zu nehmen. Nur in rasender Wut über den Drucker, der seit Tagen nicht funktioniert, schlagen wir auf ihn ein und denken uns »Dir werde ich es zeigen!« Dadurch machen wir aus diesem Drucker eine Person, nehmen ihm übel, dass er nicht tut, was wir wollen, und reagieren, als wäre der Drucker aus persönlichen Gründen gegen uns – ein infantiles Weltbild, erzeugt durch Stress, hohe Emotionalität und Themen aus der Vergangenheit.

Auch bei Schmerz ist es übrigens nicht anders. Wenn wir Schmerz »persönlich« nehmen, hohe negative Emotionen dazu entwickeln, speichert er sich tief im Gehirn ab – er wird chronisch. Überhaupt können wir Schmerz recht schnell »erlernen«. Ein Team um Markus Ploner von der Technischen Universität München konnte veranschaulichen, dass langandauernder Schmerz im Gehirn emotionaler verarbeitet wird als einer von kurzer Dauer. Das Verblüffende: Bereits über wenige Minuten kann sich die subjektive Schmerzwahrnehmung verändern, obwohl der objektive Schmerzreiz gleich bleibt. Ergo: Unser Gehirn beginnt ausnehmend rasch, Schmerzen im Kopf zu verändern, neu anzulegen und letztlich zu konstruieren. Entscheidend ist dabei die Beteiligung der Emotion. Wenn wir uns den kleinen Zeh am Sessel stoßen, tut es kurz weh. Wenn uns aber ein anderer Mensch mit der gleichen Stärke auf unseren Zeh schlägt, ist der Schmerz intensiver und länger. Die Emotion wirkt und verstärkt ihn geradezu. Chronischer Schmerz ist somit ein Schmerz unter Beteiligung negativer Emotionen. Das Fazit: Wenn wir gelassener an Begebenheiten herangehen und Umstände weniger persönlich nehmen, ist das eine überaus gelungene Form der Schmerzprävention.

Vieles nehmen wir nur nebenbei wahr, haben dann womöglich ein Bauchgefühl dazu, aber können nicht genau zuordnen, wo es herkommt, weil wir die Ursache dafür nicht bewusst erlebt haben. Unser Bewusstsein ist im Verhältnis zum Unbewussten eben nur so groß wie eine Briefmarke auf einem Fußballfeld. Uns wird darum zwar das Ergebnis bewusst, nicht aber wie dieser Eindruck überhaupt entstanden ist und worin er sich begründet. So erklären sich beispielsweise Situationen, in denen uns jemand unsympathisch ist, ohne dass wir wissen, woran das liegt. Nur eines ist sicher: Irgendein Signal hat es gegeben, das unser Gehirn als unangenehm eingestuft hat, wenn wir etwa bei einem Verkäufer den Eindruck haben, er wolle uns etwas aufschwatzen.

Alles, was wir denken, fühlen, tun, wie wir den Alltag oder auch konkret unseren Beruf gestalten, basiert auf der Grundlage unserer Nervenzellen. Rund hundert Milliarden von ihnen, so schätzen Forscher, bilden unser Gehirn. Sie sind miteinander vernetzt und tun eigentlich nur eines: ein Signal aktiv übertragen – oder nicht. In Summe führt diese Masse an Nervenzellen, unterstützt von Gliazellen, die sie ernähren und wie ein Isolierkabel umwickeln, zu dieser hochkomplexen Struktur zwischen unseren beiden Ohren.

Zürich, in einem Kellerlabor der Universität: Mäusen wird eine Substanz verabreicht, die sie mutig machen soll. Unbehandelte Mäuse sind im zur Verfügung stehenden Labyrinth, das gut einen Meter hoch ist, auffallend scheu. Sie erkunden es vorsichtig, schnüffeln übermäßig, bewegen sich immer wieder zum Ausgangspunkt zurück. Eine halbe Stunde, nachdem die Mäuse die Substanz erhalten haben, ist alles anders: Ohne Angst wandern sie im Labyrinth umher. Die Substanz: Diazepam, ein Beruhigungsmittel, bekannter unter dem Handelsnamen Valium. Beim Menschen funktioniert es auf die gleiche Weise: Es löst Ängste und entspannt. Unser Gehirn lässt sich somit beeinflussen – durch Substanzen, Situationen, andere Menschen, aber auch durch Gedanken und Gefühle. Letzteres unterscheidet uns vermutlich von Tieren.

Was steckt dahinter? Es ist keine Magie. Was wir denken, fühlen, tun passiert auf der Grundlage unserer Nervenzellen. Diese verdichten sich zu einem Tofu ähnlichen, eineinhalb Kilogramm schweren Etwas unter der Schädeldecke. Unser Gehirn und der Strang innerhalb der Wirbelsäule – das Rückenmark – bilden zusammen unser zentrales Nervensystem. Der restliche Körper wird von einem vegetativen Nervensystem durchzogen, das entweder aktivierend (sympathisches Nervensystem) oder beruhigend (parasympathisches Nervensystem) wirken kann. Die meisten von uns haben das in der Schule gelernt. Aber Hand aufs Herz: Wie oft ignorieren wir diese Tatsache und vergessen, dass selbst unsere lebendigsten Gedanken, Gefühle und unser wichtigstes Verhalten auf biologisch-chemisch-physikalischen Reaktionen von Nervenzellen beruhen? Auch wenn es um unseren Erfolg geht, unterschätzen wir meist die Rolle des Gehirns. Doch Erfolg, Gesundheit und Glück sitzen in unserem Gehirn, das wie eine Kommandobrücke unser Schiff steuert. Daher ist die Hirnforschung einer der faszinierendsten Ansätze, um uns selbst besser verstehen und positiv verändern zu können.

Der Aufbau unseres Gehirns

Werfen wir mal einen Blick in unseren Kopf. Grob können wir das Gehirn von unten nach oben in Hirnstamm – als direkte Fortsetzung des Rückenmarks –, Zwischenhirn und Großhirn einteilen. Hinten hängt noch das Kleinhirn dran, das unsere Bewegungskoordination und Feinmotorik ermöglicht. Das Großhirn trägt eine dünne äußere Schicht von wenigen Millimetern: die Großhirnrinde. Sie stülpt sich wie eine Badekappe über unser Gehirn. In ihr finden unsere bewussten Gedanken und Verknüpfungen statt. Der für unsere weiteren Betrachtungen wichtige Bereich im Großhirn umfasst den Stirnlappen oder präfrontalen Cortex. Dieser verläuft von direkt hinter der Stirn bis zum Beginn der Ohren. In diesem großen Bereich finden wir neben dem Arbeitsgedächtnis, der Planung und dem inneren Probehandeln auch die Kontrolle unserer Impulse. Der Stirnlappen bewahrt uns unter anderem davor, unserem Chef gehörig die Meinung zu geigen. Wir wägen durch ihn ab, spielen Szenarien im Kopf durch, die vielleicht gerade nicht so gut sind. Im Stirnhirn gestalten wir uns. Wir zeigen uns nach außen so, wie wir gerne gesehen werden möchten und wie wir uns selbst gerne sehen. Was ganz tief in uns brodelt, ist wieder eine andere Sache.

Im präfrontalen Cortex werden auch unsere inneren Haltungen auf Basis unserer Lebensgeschichten abgespeichert. Mit anderen Worten: Unsere Glaubenssätze, die uns antreiben oder blockieren, sitzen dort fest verankert. Glaubenssätze, von denen wir bereits im Mythen-Kapitel zu Beginn gehört haben, sind bewusste oder unbewusst wirkende Verallgemeinerungen und Überzeugungen. »Ich kann das nicht«, »So etwas macht man nicht« oder »Das geht nicht« sind die Klassiker unter den einschränkenden Glaubenssätzen. Wir haben bereits diskutiert, dass Glaubenssätze nicht an allem schuld sind, dass die Basis falscher Routine woanders zu suchen ist. Dennoch: Begleiten uns negative Glaubenssätze über einen längeren Zeitraum intensiv, torpedieren wir mit ihnen auf Dauer durchaus auch unseren Erfolg.

Im Zwischenhirn, das unter dem Großhirn eingebettet liegt, finden wir unter dem in der Mitte liegenden Thalamus, unserem »Tor zum Bewusstsein« – denn der Thalamus entscheidet, was wichtig genug ist, um ins Bewusstsein zu gelangen –, den Hypothalamus. Dieser Bereich ist das Regulationszentrum für Atmung, Herzschlag, Kreislauf, Nahrungs-, Flüssigkeits- und Wärmehaushalt und immunologische Reaktionen. Zusammen mit dem Hirnstamm ist der Hypothalamus jene grundlegende Struktur, die für unser unmittelbares Überleben wichtig ist. Hirnstamm und Hypothalamus sind die Basis unserer Existenz und finden sich in ähnlicher Form bei allen Wirbeltieren. Wenn wir etwas über das Gleichgewicht hören, dann ist dieser Teil gemeint, der ganz wesentlich für diese innere Balance – wissenschaftlich auch Homöostase genannt – zuständig ist. Am Hypothalamus hängt eine Drüse – die Hypophyse –, die für die Stressverarbeitung und die zwischenmenschliche Bindung wichtige Neuropeptide in den Körper und in andere Bereiche des Gehirns sendet.

Das limbische System gilt als Sitz des Psychischen: Unsere unbewussten Gefühle, Motive und Ziele halten sich hier auf, werden hier verarbeitet, bevor sie als ein »Ergebnis« ins Bewusstsein kommen. Es handelt sich dabei um keine zusammenhängende anatomische Struktur, sondern vielmehr um eine funktionelle Einheit. Unser Gefühlszentrum bildet einen Gürtel um die Basalganglien und den Thalamus und zieht sich wie eine Schleife um Teile des Großhirns und Hirnstamms. Der cinguläre Gyrus, die Amygdala und der Hippocampus sind wichtige Teile des limbischen Systems. Auch das Lernen sitzt im limbischen System. Gefühle und Lernen gehören zusammen, man könnte sagen: Gefühle sind zum Lernen da. Aktuelle Studien weisen darauf hin, dass der anterioren cingulären Cortex auch ein Aktivitätssystem für Schmerz ist. Sowohl körperlicher als auch sozialer Schmerz ist mit höherer Nervenzellaktivität im anteriore cinguläre Cortex verbunden. Wir sehen: Unser Schmerzzentrum im Hirn unterscheidet gar nicht so stark zwischen Zahnweh und dem Schmerz, alleingelassen zu werden. Erst die Zuordnung, wo der Schmerz liegt und was wir über ihn denken, macht daraus einen Unterschied.

Wie ein Datenspeicher für Emotionsreaktionen vergleicht die Amygdala äußere Reize mit bereits Erlebtem und schlägt bei möglicher Gefahr wie einer finsteren Straße Alarm, löst also Angst in uns aus. Angstlösende Substanzen wie das bereits erwähnte Diazepam beruhigen sie. Der Hippocampus wiederum ist unser Sitz des Lernens und unseres Gedächtnisses sowie für den Übergang vom Kurzzeit- ins Langzeitgedächtnis zuständig. Was wir tagtäglich erleben, wird zunächst dort abgespeichert und dann je nach Bedeutung für uns ins langfristige Gedächtnis übermittelt. Der Hippocampus vermag auch im Erwachsenenalter neue Nervenzellen zu bilden – jeden Tag siebenhundert neue – und weil wir zwei Gehirnhälften haben, sind das über eine halbe Million neuer Nervenzellen pro Jahr. Psychische Störungen wie Stresserkrankungen und Depression werden übrigens mit dem Hippocampus in Verbindung gebracht.

Die Basalganglien stellen Groß- und Zwischenhirnkerne dar, also Klumpen von Nervenzellen, die unterhalb der Großhirnrinde sitzen. Wenn wir aufstehen, uns waschen, die Zähne putzen, mit dem Auto zur Arbeit fahren, machen wir all das relativ automatisiert – rund fünfundvierzig Prozent unserer Tätigkeiten jeden Tag beruhen auf solchen Automatismen. Und dafür sind die Basalganglien zuständig. Sie bereiten unser Verhalten vor und speichern unsere Bewegungsmuster und Gewohnheiten wie eine Art Handlungsgedächtnis ab.

Unser Gehirn ist eine vielschichtige Struktur, in dem viele Teile zusammenarbeiten, um zu bewirken, was wir »denken«, »fühlen« und »handeln« nennen. Wenn wir Erfolg aus der Sicht des Hirnforschers betrachten, müssen wir also lernen, vernetzt und ganzheitlich zu denken, denn es gibt nicht das *eine* Zentrum für Erfolg in uns. Wohl aber gibt es Bereiche, die besonders wichtig sind und uns helfen, das Phänomen besser zu verstehen und zu nutzen.

Um Nervenzellen miteinander – und damit das Gehirn mit dem Körper – zu verbinden, haben wir zwei verschiedene Sprachen: die elektrische und die chemische. Wenn Nervenzellen aktiv sind, übertragen sie elektrische Ladungen – wir sagen: »sie feuern«. Unser Gehirn ist praktisch ständig »unter Strom«. Wir haben hundert Milliarden Nervenzellen, die bis zu zehntausend Kontaktstellen zu anderen Nervenzellen haben. Jede Nervenzelle hat im Prinzip eine Entscheidung zu treffen: feuern oder nicht feuern. Die Anzahl möglicher Kombinationen, die sich daraus im Gehirn ergibt, liegt bei etwa eins hoch einer Million, also einer Eins mit einer Million Nullen. Dieses theoretische Potenzial ist schlichtweg unfassbar und jenseits jeder Vorstellungswelt. Zum Vergleich: Die Anzahl der Atome in unserem Universum liegt bei geschätzten eins hoch achtzig, also einer Eins mit achtzig Nullen.

Die Sprache der Neurochemie

Zusätzlich zu dieser fast als »unendlich« zu beschreibenden vielfältigen morseähnlichen Sprache hat das Nervensystem noch ein anderes hocheffektives Kommunikationsmittel, nämlich die Chemie über Neurotransmitter – Informationsweitergabe von Nervenzelle zu Nervenzelle – und Neurohormone – Information über größere Distanzen. Diese Chemie ist für unsere Gesundheit überaus wichtig, da hier das Nervensystem auch mit anderen Systemen wie unserem Immunsystem oder den Organen »spricht«. Was wir immer bedenken sollten: Das Gehirn ist auch Teil des Körpers und wechselwirkt mit dem restlichen Körper ständig und umfassend. Werfen wir daher noch einen Blick auf die wichtigsten chemischen Stoffe im Nervensystem.

Actelycholin und Noradrenalin reagieren sofort auf Stress. Sie helfen uns, auf die Gefahr bzw. das Problem zu fokussieren. Das ist bei akuten Risikosituationen wichtig, kann uns aber bei Dauerstress zu stark ins Problemdenken und Grübeln bringen. Cortisol ist das Stresshormon der Nebennierenrinde. Durch Signale aus dem Gehirn wird mehr vom Stresshormon produziert, um die Energiereserven des Körpers anzuzapfen. Auch das ist kurzfristig gut, führt aber langfristig zu Erschöpfung und Krankheit. Das Kuschelhormon Oxytocin, das bei Berührungen durch Menschen, die wir mögen oder denen wir vertrauen, ausgeschüttet wird, ist ein Anti-Stresshormon. Vermehrte Oxytocin-Produktion erklärt, warum wir auf viele Behandlungen – von der Akupressur bis zur Massage – mit Wohlgefühl reagieren und eine Erleichterung verspüren. Auch die raschen Erfolge durch Psychotherapie und viele alternative Heilmethoden sind großteils auf das Oxytocin zurückzuführen. Es beeinflusst auch das Dopamin, Serotonin und Endorphine. Dopamin ist der Botenstoff der Vorfreude. Wenn wir uns Freitagmittag schon aufs Wochenende freuen, rührt das vom Dopamin her. Es ist unser Motivator Nummer eins. Durch mentales Training können wir uns ein Ziel bereits im Kopf vorstellen. Was passiert? Wir genießen schon mal eine »Probefahrt im neuen Ich« – es wird Dopamin produziert, das die Motivation, das Ziel tatsächlich zu erreichen, erhöht. Serotonin macht uns gute Stimmung. Auch ein gesunder Schlaf und ein normaler Appetit sind Aufgaben, die von ihm übernommen werden. Und Endorphine sind unsere eigentlichen Glückshormone. Wenn wir unsere Erwartung im Kopf übertreffen, durchfluten sie uns. Sie stillen Schmerz und machen ein angenehmes Sättigungsgefühl. Wir sind rundum zufrieden.

Die Herrschaft des Unbewussten

Schauen wir noch näher hin: Die äußerste Schicht des Gehirns, die Großhirnrinde, ist unsere ganze Pracht. Allerdings dringt nur ein Bruchteil dessen, was den ganzen Tag auf uns hereinströmt, durch sie durch und damit in unser Bewusstsein. In jeder Sekunde kommen über elf Millionen Bits an Information über die Sinnesorgane in unser Gehirn – allein durchs Sehen sind es zehn Millionen Bits pro Sekunde. Manfred Zimmermann vom Physiologischen Institut der Universität Heidelberg kommt zu dem Ergebnis, dass unser Bewusstsein dagegen nur vierzig Bits pro Sekunde an Informationen verarbeiten kann. Die Bandbreite schwankt in der Literatur und von Forscher zu Forscher naturgemäß ein wenig.

Die 2011 verstorbene deutsche Motivationstrainerin und Sachbuchautorin Vera Birkenbihl hat versucht, die Längen des Unbewussten und Bewussten in uns bekannten Maßeinheiten zu messen. Laut ihrer Ergebnisse ist das Bewusstsein eineinhalb Zentimeter und das Unbewusste im Vergleich dazu elf Kilometer lang. Egal wie die Größenverhältnisse von Bewusstsein und Unbewusstem im Detail wirklich aussehen – faszinierend ist vor allem die riesige Diskrepanz zwischen den über die Sinnesorgane aufgenommenen Informationen und den vom Bewusstsein letztendlich verarbeiteten. Was wir an dieser Stelle verraten müssen: Letztlich ist das Eisberg-Modell nach Freud überholt. Unser Bewusstsein ist nicht die Spitze des Eisbergs, sondern – wenn man so möchte – lediglich ein einzelner Eiswürfel. Das Unbewusste ist im Vergleich noch viel gigantischer, als man es sich zu Sigmund Freuds Zeiten vorstellen hätte können. Das macht auch Sinn. Unser Verstand wäre rasch überfordert, wenn zu viele Informationen ins Bewusstsein kämen. Wir würden schlichtweg verrückt werden.

Eine der Hauptaufgaben unseres Gehirns ist es darum, zu filtern, was wichtig genug ist, ins Bewusstsein gelangen zu dürfen und was nicht. Es sorgt dafür, Informationen derart portionsgerecht zu gestalten, dass sie von uns erfasst werden können. Immerhin fünf bis sieben Informationseinheiten pro Moment können so wirklich verarbeitet werden. Wenn wir uns etwa eine Telefonnummer merken sollen, funktioniert das gut, wenn sie aus fünf bis sieben Ziffern besteht. Sobald sie aber mehr Ziffern aufweist, müssen wir diese in einzelne Portionsgrößen verpacken: Statt drei und sieben prägen wir uns dann die Kombination, also siebenunddreißig ein, damit es für uns merkbar wird. Noch besser kann sich das menschliche Gehirn Dinge merken, wenn sie mit Bildern und Geschichten verknüpft werden. So arbeiten Gedächtniskünstler und Zauberer: Sie merken sich zu jeder Zahl ein bestimmtes Zeichen oder Symbol und erzählen sich innerlich eine Geschichte dazu. Das kann so aussehen, dass man sich für die Eins eine Stehlampe merkt, sich die Zwei durch einen Baumstamm einprägt, die Drei als Hocker abspeichert und die Vier als Auto und so weiter. Die Geschichte dazu könnte lauten: »Ich stehe vom Hocker auf und steige ins Auto ein« – und schon hat man sich drei und vier gemerkt und kann das jederzeit abrufen.

Weil das Fassungsvermögen des Bewusstseins verhältnismäßig gering ist, geht die Forschung davon aus, dass wir die Dinge unbewusst bewerten und so unsere Entscheidungen ebenso unbewusst treffen. Dabei hat das Bewusstsein allerdings eine Art Veto-Funktion, indem es bildhaft gesprochen sagen kann »Moment! Ich könnte jetzt zwar dorthin gehen, aber irgendwie mag ich trotzdem nicht, ich denke also nochmal drüber nach.« Manche Hirnforscher gehen allerdings sogar davon aus, dass das Bewusstsein nicht mal diese Veto-Funktion hat, sondern lediglich wie ein Regierungssprecher fungiert: Ihrer Meinung nach erzählt es uns nur das Ergebnis und findet dafür eine Begründung.

Unter der Großhirnrinde gibt es verschiedene tieferliegende Schichten. Hier befinden sich unter anderem das limbische System – das Gefühlszentrum –, das Belohnungs- sowie Lernzentrum und die Basalganglien, wo unsere Gewohnheiten abgespeichert sind. All das wird in der Wissenschaft zusammengefasst. Besonders interessant dabei ist die Amygdala: Wenn wir in eine gefährliche Situation gelangen – beispielsweise eine Schlange sehen –, geht es hier sofort rund, indem dieser Teil des Gehirns Alarm schlägt. In einem zweiten Schritt haben wir die Möglichkeit, zu überprüfen – da können wir noch erkennen, dass es sich nur um einen Stock handelt, der wie eine Schlange ausgesehen hat, und darauf reagieren. In so einem Fall signalisiert uns die Großhirnrinde »Entspann dich, alles ist in Ordnung!« Es dauert trotzdem eine Zeit lang, bis wir uns tatsächlich entspannen, weil der Weg von der Großhirnrinde nach unten in die tieferen

Schichten kein kurzer ist. Zudem gibt es weniger Verbindung und Beeinflussung als in die andere Richtung, also von unten nach oben. Der Kreislauf funktioniert immer gleich: Die erste Reaktion kommt von unten. Die Amygdala verbreitet Angst, es setzt die Stressreaktion ein, es werden Informationen an den Hypothalamus geschickt, in der Hirnanhangdrüse werden Hormone gebildet, die in die Nebenhirnrinde gelangen, wodurch das Stresshormon Cortisol entsteht. Das Cortisol wirkt dann im Gehirn – im Hippocampus – zurück, dockt dort an und übermittelt die Information »Jetzt haben wir uns aufgeregt, das ist okay, und jetzt können wir uns wieder abregen!« Wenn das alles vom Ablauf her richtig zusammenwirkt, ist das ein großer Vorteil. Wurde allerdings in der frühkindlichen Zeit der Stress der Mutter an das ungeborene Kind übermäßig abgegeben und dadurch dieser Kreislauf nachhaltig gestört, funktioniert er nicht mehr so gut: In diesem Fall regen sich Menschen zwar sehr schnell auf, können sich aber nicht ebenso rasch wieder abregen und beruhigen. Daraus wiederum entsteht das, was wir als Dauerstress empfinden: Ein Stressereignis knüpft gefühlt ans andere an, bis ein Tropfen zu viel das Fass zum Überlaufen bringt und wir krank werden – die Betroffenen rutschen ins Burnout, werden psychisch oder physisch krank. Heutzutage gehen Mediziner davon aus, dass neunzig Prozent der Erkrankungen stressbedingt entstehen. Wenn Stress nicht schon die Ursache war, verstärkt er die Beschwerden zumindest.

Der Ratschlag eines Gynäkologen an eine Schwangere, sich in ihrem Zustand möglichst nicht zu stressen und auch nicht aufzuregen, ist also ein durchaus sinnvoller, wenn man bedenkt, welche Auswirkungen das auf das komplette Leben des Nachwuchses haben kann!

Wir können auf verschiedene Art und Weise auf das Gehirn einwirken. So über Sprache, Bilder, Geschichten, aber auch über Erlebnisse. Worte können uns stärken oder schwächen. Wir können tröstende Worte verwenden, motivierende, irritierende oder provozierende. Wissenschaftler in Jena konnten zeigen, dass nicht nur schmerzhafte Erfahrungen, sondern ebenso Worte das Schmerzgedächtnis alarmieren können. Thomas Weiß und sein Team fanden heraus, dass Worte für sich bereits Schmerzen verursachen können. Aber auch Bilder und Geschichten wirken auf das Gehirn ein. Sie aktivieren direkt unsere Vorstellung und können unmittelbar starke Körperempfindungen und Emotionen auslösen. Bilder und Geschichten werden manchmal als »Sprache des Gehirns« bezeichnet. Es gibt in der Tat viele Hinweise darauf, dass Bilder einen stärkeren und direkteren Effekt erzeugen als abstrakte Begriffe. Für die US-Psychologin Wilma Bucci sind Bilder der Vermittler zwischen Wörtern bzw. Worten und Körperempfindungen. Worte können bildhaft sinnlich sein – dann entstehen starke Bilder im Kopf – oder abstrakt und rational. Diese müssen erst »übersetzt« werden. Welchen Unterschied kann es machen, einen Menschen eher instruktiv-rational oder eher intuitiv-bildhaft anzusprechen?

Wenn jemand Rückenprobleme hat, hört man von den Betroffenen häufig, die Mutter habe ihnen eingetrichtert: »Brust raus, Schultern zurück, sitz gerade!« Weil wir in Stresssituationen dazu neigen, in alte Muster zurückzufallen, machen wir aber trotzdem stets ein Hohlkreuz, wenn wir uns unter Druck fühlen. Der richtige Weg wäre, eine Sprache zu finden, die tatsächlich stark und nachhaltig auf das Gehirn wirkt, damit sich die Haltung verbessert. Gut gemeinte Ratschläge appellieren an die Großhirnrinde, sie sind die Sprache des Verstands. Besser ist es, mit kraftvollen Bildern zu arbeiten, die starke Körperempfindungen auslösen. Indem wir uns vorstellen, wer oder was gerade steht – ein Baum, eine Giraffe oder ein bestimmter Mensch mit gerader Haltung zum Beispiel.

Wir können uns aber auch schwere Engelsflügel am Rücken vorstellen, die den Körper automatisch geraderichten, weil die Schultern zurückgehen und der Kopf sich gerade nach oben ausrichtet. Wer das regelmäßig – drei bis fünf Minuten pro Tag – übt, bis es verinnerlicht werden konnte, kann großartige Ergebnisse erzielen. Das hilft wesentlich mehr, als wieder nur an der Oberfläche zu kratzen, indem wir uns bewusst denken »Ich sollte gerade stehen!« Auch mit Bohnensäckchen zu arbeiten, kann Verbesserungen herbeiführen: Wie bei einem Model wird zum Training ein solches Bohnensäckchen auf dem Kopf balanciert, wodurch der Gang langsamer und aufrechter wird. Wer das schon ausprobiert hat, weiß, dass man das Bohnensäckchen nach nur fünf Minuten auf dem Kopf noch zehn, fünfzehn Minuten nach dem Runternehmen nachspürt, als läge es nach wie vor drauf. So eine Erfahrung wirkt nach und prägt sich im Gehirn ein. Ganz locker und unbewusst, ohne viel Nachdenken und Grübelei. Auch über Entspannung und Stresslösung kann übrigens viel gemacht werden, was dazu beiträgt, Kreuzschmerzen in den Griff zu bekommen. Wir wissen: In achtzig Prozent aller Fälle findet der Arzt keine körperliche Ursache, wenn der Patient über Rückenprobleme klagt. Wenn es also keine Diagnose gibt, wird es mit der Therapie schwierig. Leider helfen Massagen ohnedies nur kurzfristig. Die Lösung liegt demnach an anderer Stelle: Psychosomatisch nennen Mediziner das. Oder einfacher gesagt: Die Verspannung kommt aus dem Kopf. Wenn *Ver*spannung aus dem Kopf kommt, muss man auch bei ihm ansetzen, was die *Ent*spannung betrifft. Mental daran zu arbeiten, dass die Probleme sich weniger belastend anfühlen, ist deshalb wesentlich zielführender, als sich regelmäßig durchkneten zu lassen.

Wie kommt es zu einer regelrechten Epidemie an Rückenschmerzen? Viel zu sitzen und sich zu wenig zu bewegen – das ist schon mal eine negative Voraussetzung dafür. Dass wir Stress erleiden und diesen körperlich nicht »herauslassen«, ist das andere Problem. Vor allem aber geht es bei unbewussten Prozessen immer um Vorbilder. Bis zum vierten Lebensjahr lernen wir rein durch Imitation, erst danach kommen über die Sprache auch Instruktionen dazu. Imitation ist unbewusst-intuitiv, die Sprache hingegen bewusst-rational. Wir kommen mit einer gesunden Haltung auf die Welt – außer wir haben eine angeborene Erkrankung, die das Skelett betrifft –, doch die Spiegelneuronen verursachen, dass wir das, was wir sehen, sofort nachahmen. Wir schauen uns die falsche Haltung also von den Eltern ab und imitieren damit das, was dauerhaft zu Rückenproblemen führt. Imitationen führen zu unbewussten Programmen – im Denken, Fühlen und Handeln, aber ebenso in der Körperhaltung. Es macht daher wenig Sinn, solche unbewussten Programme allein durch Anweisungen verändern zu wollen.

Maja Storch, eine deutsche Psychologin, die in der Schweiz lebt und arbeitet, hat beim Verfolgen der TV-Sendung »Germany's next Topmodel« im Jahr 2007 festgestellt, dass die Teilnehmerin Mandy nicht nur vom Wesen introvertiert war, sondern auch von ihrer Körperhaltung her eher verkrampft gewirkt hat. Der Trainer Bruce meinte dazu: »Mandy, jetzt sei mal lockerer, geh mal aus dir raus, mach mal das!« Mit dieser Instruktion an der Hirnoberfläche konnte sie leider nichts anfangen. Bruce hätte ihr Bilder anbieten sollen, mit denen sie hätte arbeiten können. Denn wenn jemand nicht aus sich herausgehen kann, hilft auch die Aufforderung, er möge doch stärker aus sich herausgehen nichts, weil sie der Empfänger nicht übersetzen kann. Man hätte an ihrer Haltung arbeiten müssen, dann Ressourcen in ihr finden, durch die sie einen Zugang zur Lockerheit und Extrovertiertheit bekommen hätte können. Die pure Instruktion allein reicht in solchen Fällen nicht. Im Gegenteil wurde Mandy noch verkrampfter, weil sie es versucht hat und es nicht gelingen wollte. Der Druck hat ihr nichts gebracht, ihre Ausstrahlung samt Körperhaltung hat sich nicht verändert.

Genauso hilft ein »Bleib cool!« nicht, um eine Person zu beruhigen. Wenn man ihr hingegen James Bond als Vorbild mitgibt, den sie sich vorstellen kann, wenn es darum geht, gelassen zu agieren, ist das etwas anderes. Schauspieler holen sich die richtigen Gefühle, die sie für ihr Spiel brauchen, hervor, indem sie in eine Rolle schlüpfen, die sie sich vorher bildlich vorgestellt haben. Dadurch werden sie authentisch. Modernes Coaching ist im Prinzip nichts anderes. Wir Menschen lieben Geschichten, Bilder und die dazugehörigen Emotionen – sie führen zu Körperempfindungen und prägen sich im Gehirn ein. Deshalb sollten wir genau damit arbeiten, wenn wir etwas verändern wollen.

Die Macht der Gewohnheit – und wie wir sie für uns nutzen können

Es gibt Gewohnheiten, derer wir uns gern entledigen würden, weil wir wissen, dass sie uns letztendlich schaden: zu rauchen oder uns ungesund zu ernähren etwa. Das ist allerdings gar nicht so einfach, denn Gewohnheiten haben sich tief im Gehirn – in den Basalganglien – eingenistet. Durch sie gehen wir teilweise beinahe schlafwandlerisch durchs Leben, worauf unter anderem Buddhisten schon seit Jahrtausenden hinweisen, wenn sie sagen, dass wir das Leben wie einen Traum begehen. Heute wissen wir, dass das an den Basalganglien liegt.

Schlechte Gewohnheiten können nicht gelöscht werden

Zunächst die schlechte Nachricht: Eine schlechte Angewohnheit können wir nicht löschen. Überhaupt ist »löschen« im Zusammenhang mit dem Gehirn eine immens schwierige Angelegenheit: Glaubenssätze löschen, Ängste löschen, Blockaden vollständig lösen – es wird in diese Richtung viel angeboten, vieles versprochen. Was wir persönlich wahrnehmen und glauben und was tatsächlich im Gehirn passiert, sind aber zwei Paar Schuhe. Vielleicht kennen Sie Geschichten von Menschen, die der Ansicht waren, ein Gefühl oder eine Erinnerung überwunden zu haben. Doch dann kommt einiges zusammen und plötzlich ist das bereits erledigt geglaubte Problem wieder da. Wer sich mit Hirnforschung beschäftigt, sieht das alles vom Blickwinkel des Lernens aus, und was wir einmal tief abgespeichert haben, das ist erlernt und bleibt auch mehr oder weniger bestehen. Freilich: Was nicht mehr gebraucht wird, schwächt sich immer mehr ab. Wir können aber vor allem Neues »drüberlernen«, also etwas neu erlernen, das über diese alte Gewohnheit gelegt wird – und dieses Neue stärken. Mit anderen Worten: Wir können Erlerntes – und damit auch Angewohnheiten – überschreiben.

Um das erfolgreich angehen zu können, ist es von Vorteil, zu wissen, wie eine Gewohnheit aufgebaut ist, wie sie funktioniert: Sie besteht aus drei Elementen: dem Reiz, dem Auslöser, dem Verhalten an sich, der Routine, und der Belohnung, also dem, was unser Gehirn als »Erfolg« definiert. Wir haben dieses Konzept nach Charles Duhigg beim Mythos der Glaubenssätze bereits kennengelernt. Sehen wir uns das anhand des Rauchens einmal näher an: Der Anreiz, sich eine Zigarette zu genehmigen, wird vielleicht durch den Duft des Kaffees am Frühstückstisch ausgelöst, oder durch eine Situation, in der sich der Raucher angespannt oder nervös fühlt. Manche rauchen immer dann, wenn sie etwas Alkoholisches trinken, andere, wenn ihnen langweilig ist, wieder andere, wenn sie unter Leuten sind, weil sie sich als gesellige Gesellschaftsraucher empfinden. Viele Raucher schildern durchaus überzeugend, eine Zigarette würde sie entspannen. Das ist insofern ein interessanter Aspekt, als in einer Zigarette an die dreitausend verschiedene Chemikalien enthalten sind, von denen die meisten den Körper vergiften und dadurch stressen – aber keine einzige, die entspannend wirken könnte. Vermutlich liegt dieser an sich falsche Eindruck daran, dass ein solcher Raucher-Typ ansonsten keine Möglichkeit für sich findet, während des Tages innezuhalten und sich kurz Zeit für sich zu nehmen. Folglich übersetzt er seine Emotion in Bezug auf die Zigarette falsch, weil er sie eins zu eins mit einer Pause gleichsetzt, die ihn entspannt. Zudem ist das Nicht-Rauchen für Nikotinabhängige stressig, da sie während einer Abstinenz schier unentwegt das Verlangen nach einer Zigarette verspüren. Und wer raucht, atmet dabei tiefer. Eine Rauchpause kann also durchaus als Entspannungsübung (miss)verstanden werden. Was immer der Hintergrund des Drangs, zu rauchen ist: Der Raucher zündet sich eine Zigarette an. Das Erlebnis selbst bringt zumindest die gefühlte, eingebildete belohnende Entspannung – wenn auch die stimulierende und aufputschende Wirkung des Nikotins wahrscheinlicher ist –, wodurch sich das Gehirn merkt: Wenn es stressig ist, folgt ein Relax-Moment in Form einer Zigarette. Und schon sind »Stress« und »Zigarette« miteinander verknüpft, woraus schnell eine Gewohnheit wird.

Wir wissen, dass fünfundvierzig Prozent unserer Verhaltensweisen am Tag, die wir im Wachzustand ausüben, Gewohnheiten sind. Das hat eine Studie aus den USA gezeigt, die von der Psychologin Wendy Wood durchgeführt wurde. Wir sind demnach extrem stark in Mustern verhaftet. Wir glauben, in solchen Situationen bewusst und frei zu entscheiden, doch das ist ein Irrtum. Der Auslöser passiert und zack: Wir funktionieren wie im Schlaf. Denken Sie nur an die Ratte im Labyrinth, die wir bereits bei den Neuro-Mythen kennengelernt haben! Gehen wir der Gewohnheit nach, reagiert das Gehirn mit Belohnung und schüttet Endorphine aus. Darum ist es auch immens schwer, alte Gewohnheiten zu verändern. In Ratgebern dazu heißt es häufig »Du musst ein altes Muster auflösen, damit du glücklich werden kannst!« Die unangenehme Antwort der Neurobiologie darauf: Das ist unmöglich! Deshalb gibt es so viele dieser Geschichten, von denen wir alle mindestens eine kennen: Wenn jemand, der zwanzig Jahre lang keine Zigarette geraucht hat, aus irgendeinem Grund rückfällig wird und erstmals wieder einen Zug macht, ist er sofort wieder ein Raucher. Oder jemand, der äußerst motiviert ist, was das regelmäßige Laufen betrifft, erkältet sich, fällt darum für eine Woche aus und ist damit wieder im alten Muster gefangen, aus dem heraus das Sofa wesentlich mehr lockt als die Laufstrecke.

Machen Sie Ihren Schweinehund zum Verbündeten!

Trotzdem gibt es Möglichkeiten, beispielsweise zum aktiven Sportler zu werden: Wenn wir es uns zur neuen Gewohnheit machen möchten, regelmäßig laufen zu gehen, müssen wir ein neues Signal setzen und damit das alte Muster durchbrechen. Konkret bedeutet das: die Laufschuhe an einen bestimmten Ort stellen, an dem wir sie immer gleich im Blickfeld haben, stets zur gleichen Tageszeit beginnen, uns mit einer bestimmten Musik einstimmen oder sonst etwas tun, das uns in die jeweils selbe Emotion bringt. Auch was wir davor machen, sollte möglichst gleich bleiben. Gut ist es darum, etwa sofort nach dem Aufstehen, nach dem ersten Kaffee oder direkt nach der Arbeit laufen zu gehen, wenn wir uns angewöhnen möchten, regelmäßig Sport zu betreiben.

Im Grunde ist es so: Statt dass sich eine Gewohnheit unbewusst durch Wiederholung einschleift, wird hier eine Gewohnheit ganz gezielt und bewusst angelegt und verankert.

Nutzen wir das Wissen aus der Neurobiologie zu unserem Vorteil! Eine der Erkenntnisse diesbezüglich lautet: Unser Gehirn liebt Rituale. Sie geben uns in einer von ständigen Veränderungen und Gefahren erfüllten Welt Sicherheit. Es ist darum unumgänglich, ein Ritual aufzubauen, wenn man sich selbst und den eigenen Schweinehund überlisten will. Eine weitere hilfreiche Zutat sind andere Menschen, Verbündete, die uns dabei unterstützen, eine gute Gewohnheit aufzubauen oder eine schlechte loszulassen. Anonyme Alkoholiker und Weight Watchers machen es vor: Zusammen ist man stärker, gemeinsam lässt es sich leichter durchhalten. Gehen Sie darum in der Gruppe oder zumindest mit einer zweiten laufwilligen Person joggen!

Auch ist es empfehlenswert, es mit der neuen Gewohnheit nicht zu übertreiben. Langsam zu beginnen und sich schrittweise zu steigern ist besser, als der sprichwörtliche Sprung ins kalte Wasser. Wir vermeiden auf diese Weise, dass das Gehirn »laufen« zu stark mit Anstrengung und Stress verknüpft und schummeln das neue Muster ganz allmählich rein: vom schnellen Gehen übers leichte Joggen hier und da, bis vielleicht mal zum Power-Marathonlauf in unter drei Stunden. Scheibchenweise zum Erfolg: Die Salami-Taktik wirkt!

Wir brauchen zu Beginn außerdem eine externe Belohnung, um eine neue Gewohnheit effektiv abzuspeichern. Das dürfte im Falle des Vorsatzes, Sport in unseren Alltag einzubauen, paradoxerweise sogar ein Stück Schokolade sein, wenn wir vom Laufen zurückkommen. So kontraproduktiv das klingen mag, wenn es die Hauptmotivation ist, schlanker zu werden – es wird am Anfang helfen. Denn das Gehirn wird zunächst signalisieren: »Ich bin doch nicht blöd! Das macht ja gar keinen Spaß!« Aber wenn es die Schokolade als Belohnung mit dem Laufsport für uns verknüpft, kann dieses Gefühl übertaucht werden und wir schaffen es so, uns zu unserem eigenen Wohlergehen zu überlisten. Anders gesagt: Das ist ein Trick, um dem Gehirn zu sagen: »Sporteln macht Spaß!«, damit es die Aktivität des Laufens mit einer Belohnung verbindet. Die innere, körpereigene Belohnung meldet sich nämlich erst nach eineinhalb bis zwei Wochen, um durch die intrinsische Motivation in Form von Endorphinen für weiteren Antrieb und Durchhaltevermögen zu sorgen. Wenn diese Phase erreicht ist, wird es dafür nicht mehr sonderlich schwerfallen, die Süßigkeit als Belohnung nach der Bewegungseinheit wegzulassen, denn dann wird die interne Motivation weit genug herangewachsen und attraktiv genug sein, um das neue Verhalten beibehalten zu wollen. Nach rund drei bis sechs Monaten wird es sogar möglich, zur üblichen Fernsehzeit laufen zu gehen – bis dahin ist das Netz stark genug aufgebaut, um es Oberhand gewinnen zu lassen.

Bierwerbung beispielsweise setzt bei exakt diesen Dingen an: Die Leute im Spot sind beim Fußballspielen zu sehen. Das setzt den Reiz »Fußball im Fernsehen = Bier trinken« und soll so zur Gewohnheit werden. Außerdem wird das gesellige Zusammensein betont. An dieser Stelle kommen wir auf die Anonymen Alkoholiker zurück, die ebenfalls auf diesen verlässlichen Zug aufspringen: Anstatt abends allein in eine Bar zu gehen, um Gleichgesinnte zu treffen und zu trinken, trifft man sich dort als Ersatzprogramm, um sich in geselliger Runde austauschen zu können – selber Reiz, selbe Belohnung, aber ein anderes Verhalten.

Mit einer Diät oder Ernährungsumstellung verhält es sich ähnlich, was das vehemente Ankämpfen gegen die eigenen Vorlieben betrifft: Je stärker das schlechte Gewissen, wenn man sich mal nicht daran hält, je härter man gegen das alte Verhalten ankämpft, desto häufiger passieren Rückschläge. Alte Essgewohnheiten etwa sollte man darum nicht bekämpfen, sondern sie akzeptieren, während man neue erlernt. Das ist wesentlich erfolgsversprechender.

Sie fragen sich vielleicht: Wie kann es sein, dass es sich meistens um die schlechten Gewohnheiten handelt, die wir ohne Probleme in unseren Alltag aufnehmen können, während die guten so schwer antrainierbar sind und ebenso schwer beibehalten werden können? Dazu müssen wir zu unserer Verteidigung festhalten, wie gut und hilfreich viele jener Gewohnheiten sind, an die wir jetzt gar nicht denken, weil sie so selbstverständlich für uns sind: Dass wir etwa nicht jeden Tag hochkonzentriert sein müssen, wenn wir uns auf den Weg in die Arbeit machen, weil wir ihn uns schon gut gemerkt haben, erleichtert uns das alltägliche Leben ungemein! Wir müssen so nicht täglich neu lernen, wo es Ampeln gibt, wann wir die Kreuzung queren oder vom Gaspedal gehen müssen. Dadurch hat das Hirn Ressourcen für andere Dinge frei und wir können uns im Radio die Nachrichten anhören, einem Hörspiel lauschen oder telefonieren (selbstverständlich nur über die Freisprechanlage), während wir unterwegs sind. Würden wir nicht derart viele Dinge automatisch bewerkstelligen können, wäre das nicht möglich. Auch Muster haben durchaus ihr Gutes: Denken Sie nur an den Arzt, der schon viele Patienten vor sich hatte und aus seinen Erinnerungen und Erfahrungen heraus schnell die richtige Diagnose stellen kann, was ohne eine gewisse Routine nicht funktionieren würde. Ebenso kann sich der Surfer, der bereits zahlreiche Wellen in seinem Leben bezwungen hat, auf das Wetter und die Umgebung konzentrieren und einstellen, weil er das Wellenreiten selbst schon beherrscht, während ein Anfänger noch viel nachzudenken und zu beachten hat, bis er es verinnerlichen wird können.

Sie sehen: Es sind gar nicht nur die schlechten Gewohnheiten, die sich schwer ablegen lassen bzw. sind viele unserer Gewohnheiten unsere Freunde im Alltag. Die schlechten sind bloß so präsent und mächtig, weil sie uns stören und schwer loszuwerden sind. Dagegen anzukämpfen, macht sie trotzdem nicht besser. Unser Gehirn lernt Gewohnheiten durch ständige Wiederholung – völlig egal, ob die Wiederholung Sinn macht oder nicht, ob sie uns guttut oder schadet. Besonders clever ist es, eine angestrebte Gewohnheit nur langsam in den Alltag einzuführen, um sich nicht zu überfordern. Psychologen nennen das »Habituation«. Wer zu viel zu schnell möchte, scheitert eher als jemand, der etwas Neues langsam und damit Schritt für Schritt verankert. Dieser Prozess geschieht überwiegend unbewusst und führt zu Mustern im Denken und Handeln. Kommen wir diesen Mustern nach, ist alles okay: Das Gehirn reagiert mit Endorphinen, sprich mit Belohnung. Kommen wir den Gewohnheiten allerdings nicht nach, werden wir rasch »unrund«. Bereits eine einfache Umleitung auf dem Weg zur Arbeit kann der Auslöser für etwas Unangenehmes sein: Wir sind durch sie gezwungen, einen anderen Weg zu nehmen und müssen deshalb mehr denken, besser aufpassen und bei allem konzentrierter sein. Tief in uns ist verankert, dass Veränderung eine potenzielle Gefahr bedeutet. Die Amygdala, unsere Alarmanlage, springt darum an – und der Stresslevel erhöht sich. Das ist auch ein Grund, warum viele Veränderungsprozesse in Unternehmen nicht wirklich funktionieren. Die Mitarbeiter reagieren gestresst auf Änderungen, gehen mental nicht mit, weil es ihren bisherigen Gewohnheiten widerspricht und das Gehirn Alarm signalisiert. Außerdem nehmen wir Veränderungen wie beispielsweise jene, wenn ein bisheriger Kollege plötzlich unser direkter Vorgesetzter wird, persönlich. Ein Hauptgrund dafür liegt nach dem US-Trainer Timothy Gallwey darin, dass wir nicht wissen, wer wir sind. Wir definieren uns zu stark und in Wahrheit sogar vorwiegend über unsere Rolle, unsere Funktion, und wenn sich diese ändert, geht es für uns natürlich um unsere Person. Jede Veränderung wird dann zu einem Identitätsproblem, verursacht anders gesagt einen kleinen Tod. Und das tut weh. Selbsterkenntnis ist auch hier richtig und wichtig: Weniger das »Was?« und das »Wie?« unserer Tätigkeit sollten im Vordergrund stehen, sondern das »Warum?«. Doch wir zäumen das sprichwörtliche Pferd oft von hinten auf und stehen uns damit selbst im Weg. Dass der erste richtige Schritt beim »Warum?« beginnt, hat der US-amerikanische Unternehmensberater Simon Sinek dargelegt. Für ihn sind Firmen dann besonders erfolgreich, wenn sie mit der »Warum?«-Frage starten. Denn Menschen kaufen nicht, *was* man macht – sie kaufen, *warum* man etwas macht.

Simon Sinek nennt als Beispiel für diesen Umstand Apple. Die Mission und damit der Erfolg von Apple begannen damit, dass sich die Apple-Gründer Steve Jobs, Steve Wozniak und Ron Wayne nicht länger mit dem Status quo zufriedengeben wollten. Wer Gewohnheiten ändern will, sollte daher auch das »Warum?« miteinbeziehen: Warum will ich mit dem Rauchen aufhören oder mit dem Laufen beginnen? Tu ich etwas ohne größeren Sinn dahinter, ist es zum Scheitern verurteilt. Darum geht das mit der letzten Zigarette bei Schwangeren plötzlich ganz schnell – der dahinterliegende Grund, also das »Warum?«, ist enorm kraftvoll.

Der goldene Käfig ist ein schönes Bild dafür, dass wir fast die Hälfte unserer wachen Lebenszeit in Routinehandlungen gefangen sind: Wir fühlen uns durchaus wohl, wenn wir unseren lieben Gewohnheiten nachgehen. Ein kurzer Endorphin-Schub aus dem Belohnungszentrum im Gehirn sorgt für ein Sättigungsgefühl. Nur werden wir gleich sehen, dass wir oftmals die freien Kapazitäten im Gehirn mit Tagträumerei verbringen – und mit entsprechenden Nachteilen. Genauso ist Routine zu wenig, um die ganze Freiheit der menschlichen Existenz auszukosten und sich weiterzuentwickeln. »Und täglich grüßt das Murmeltier« hat schon 1993 den US-Schauspieler Bill Murray in seiner Rolle als zynischer, arroganter TV-Wetterreporter beinahe zum Wahnsinn getrieben, als er in einer Zeitschleife festsaß und immer und immer wieder den ewig selben Tag durchleben musste. Diese erfolgreiche Komödie zeigt in unterhaltsamem Stil, welch Alptraum es ist, stets dasselbe zu erleben. Darum: Gehen wir bewusster durchs Leben und gestalten wir aktiver unseren Alltag! Dazu gehört, diese Muster zu durchschauen und dann gezielt zu verändern. Denn Erfolg ist letztlich eine Mischung – ein Balanceakt aus Routine und Wachstum.

Willenskraft – ein Muskel, der rasch ermüdet

Wenn es um Erfolg geht, wird der Wille gern als *der* Schlüsselfaktor genannt. Keine Frage: Ganz ohne Willen geht es nicht. Aber wie wichtig ist die Willensstärke tatsächlich? Sie kann kurzfristig helfen, zum Ziel zu gelangen. Wenn sich etwa ein Leistungssportler für einen Wettbewerb verausgabt, obwohl er nicht mehr besonders viel Lust hat, sich erneut anzustrengen. Aber mittels Willensstärke gegen eine alte Gewohnheit vorzugehen, ist kontraproduktiv. Unsere Willenskraft ist wie ein Muskel, den wir aufbauen und trainieren können. Ein Muskel, der allerdings auch schnell ermüdet. Damit hat sich die Psychologin Kelly McGonigal aus den USA beschäftigt. Sie hat beschrieben, wie die menschliche Willensstärke, die im präfrontalen Cortex zwischen der Stirn und den Ohren sitzt, mit nicht gerade naheliegenden Verhaltensweisen trainierbar ist. So beeinflusst etwa die Erhöhung der Stundenanzahl, die wir pro Nacht schlafen, die Willensstärke erheblich: Schläft jemand statt sieben auf einmal regelmäßig acht Stunden, so hat das die Auswirkung, dass sich der innere Schweinehund einfacher dominieren lässt. Er bleibt auch eher im Hintergrund, wenn Menschen meditieren, sich in Achtsamkeit üben, bei ihrer Ernährung auf eine vorwiegend vegetarische oder einen niedrigen glykämischen Index achten, indem sie vorwiegend zuckerarm essen, oder aber wenn sie moderaten Sport betreiben.

Lassen Sie sich das mal auf der Zunge zergehen: Wenn Sie gesünder essen, bewegen Sie sich häufiger, dann stärkt das den Muskel der Willenskraft, wodurch es wiederum einfacher wird, eine vernünftige Ernährung einzuhalten und Sport zu treiben! Ein positiver Kreislauf! Umgekehrt aber zeigt das, warum gestresste Menschen mit wenig Schlaf und Bewegung so schwer aus ihrer Situation herauskommen.

Wir sehen: Der Wille kann uns kurzfristig ins Tun bringen oder beim Durchhalten helfen, wenn es aber um das Ändern von Gewohnheiten geht, spielen noch andere, wichtigere Faktoren mit. Überhaupt ist das mit dem Erfolg so eine Sache ... Henry Ford meinte einmal, Erfolg sei es, genau die Eigenschaften zu haben, die im Moment gefragt sind. Mit anderen Worte: Manchmal scheitern wir, weil wir das Falsche tun. Theorien wie jene über die Talentlüge wollen uns einreden, dass wir alles tun können, wenn wir es nur wirklich wollen. Doch ein ausgeprägtes Wollen führt nicht zwangsläufig zu einem wahrhaftigen Können.

Der deutsche Arzt und Comedian Eckart von Hirschhausen bringt in einem seiner Sketches das Pinguin-Bild ins Spiel: Wenn man einen Pinguin übers Eis watscheln sieht, wirkt er überaus unbeholfen und ungeschickt – der Betrachter entwickelt vielleicht sogar ein Mitleidsgefühl für dieses tollpatschige Wesen. Sobald der Meeresvogel allerdings ins Wasser springt und zu tauchen beginnt, verändern sich seine Körperhaltung und seine Wirkung auf uns. Plötzlich erkennt der Beobachter, wie grandios der Kiefermäuler unterwegs ist. Sie werden es schon ahnen: Wir alle sind im Prinzip wie Pinguine! Wir haben gewisse Neigungen und Talente, unser Fleiß kann sogar fehlende Begabungen besiegen, wir können weit mehr, als wir annehmen würden, aber nun mal nicht *alles*. Wenn ein Pinguin die falsche Strategie wählen oder ein nicht erreichbares Ziel anstreben würde, indem er versuchte, schneller als eine Raubkatze zu laufen oder weiter als ein Affe zu springen, dann scheiterte er kläglich. Besinnt er sich aber auf sein Können und seine Qualitäten und versiert deshalb das langatmige Tauchen an, kann er nur als Sieger aus der Challenge hervorgehen.

Als Menschen sind wir nicht so in unseren Möglichkeiten eingeengt und derart spezialisiert wie Tiere – durch den Einsatz von Werkzeugen ist für uns wesentlich mehr machbar und zu schaffen als für unsere Freunde aus dem Reich der Fauna –, aber alles können wir dennoch nicht erreichen. Völlig untalentiert für eine Sache zu kämpfen oder an etwas zu arbeiten, für das wir nicht die Anlagen haben, ist darum verlorene Liebesmüh und wir sollten uns lieber auf das konzentrieren, wo wir realistische Chancen haben, erfolgreich zu sein. Man mag den deutschen Musikproduzenten Dieter Bohlen unsympathisch oder unsensibel in seinen Urteilen den jeweiligen Bewerbern seiner Casting-Shows finden, aber er tut den Anti-Talenten, die sich mit ihrem Auftritt vorwiegend zum Affen machen, einen Gefallen, wenn er ihnen sagt: »Du kannst nicht singen! Lass es!« Sein Erfolg gibt ihm außerdem Recht. Und seine manchmal hart wirkenden Beurteilungen treffen den Kern der Sache: Wir müssen unsere Stärken und Schwächen kennen und mit beidem arbeiten, denn nur die Stärken zu stärken, muss nicht zwangsläufig von Erfolg gekrönt sein, wenn die Schwächen echte Hindernisse darstellen. Erfolg ist damit auch immer eine strategische Entscheidung.

Warum Zähneputzen unglücklich macht und wie uns ein Wolf davor bewahren kann

Nochmal zurück zum schlafwandlerischen Dasein durch Gewohnheiten. Sie kennen das vielleicht: In Zeiten des Umbruchs und der Veränderung – wenn man etwa übersiedelt, einen neuen Job angeht oder ein Kind erwartet – fühlt sich eine bestimmte Zeitspanne äußerst kurz an. Die Zeit scheint in Windeseile zu vergehen, weil wir so viel Neues erleben und lernen. In Phasen des Hamsterrads, in denen wir tagtäglich dasselbe machen und das womöglich zur gleichen Uhrzeit, haben wir nur selten das Gefühl, richtig am Leben zu sein, weil alles so eintönig ist. Im Urlaub aber spüren wir den Sand ganz bewusst unter und zwischen unseren Zehen, wir schauen uns den Sonnenuntergang voller Bewunderung an, lauschen dem Wellenrauschen des Meeres, sind insgesamt viel mehr im Moment und genießen mit allen Sinnen, weil wir aus Erfahrung wissen, wie schnell die Ferienzeit wieder vorbei sein wird. Darum sind Reisen etwas, das wir nicht so leicht vergessen, an das wir uns besonders gut erinnern können, weil wir alles so bewusst erlebt haben. Im Alltag hingegen fahren wir hundertmal am selben Schild vorbei und nehmen es nie wahr, können uns gar nicht daran erinnern, weil alles so automatisiert abläuft. So kommt es, dass wir auf einer Strecke, die wir regelmäßig gehen oder fahren, irgendwann vielleicht ein scheinbar neues Haus entdecken – einfach, weil wir es bis dato noch nie bewusst wahrgenommen haben, obwohl es schon immer (jedenfalls seit wir diesen Weg kennen) hier stand. Wenn wir also jeden Tag unserem Nine-to-Five-Job nachgehen, täglich ritualisiert dasselbe essen (oder unsere Speisen nur selten variieren), dann am Sofa vorm Fernseher liegen und regelmäßig dasselbe Programm ansehen, fühlt es sich so an, als wäre das Leben richtiggehend langweilig. Aus diesem Grund ist es für die Psyche so gesund, mal aus dem Alltagsleben auszubrechen, etwas völlig Neues auszuprobieren, zu lernen oder zu erleben, weil wir uns dadurch so richtig lebendig und am Leben fühlen!

Übrigens können wir diesbezüglich überaus viel von Kindern lernen: Sie sind ganz in ihrem Spiel drinnen, können sich in einer Sache verlieren, in etwas vertiefen und insgesamt besser fokussieren. Das wieder zu erlernen ist nicht nur ein guter Weg in Richtung Erfolg, sondern auch zum Glück und zur Zufriedenheit. Im Buddhismus wird das durch bestimmte Meditationen zu erreichen versucht. Dabei geht es – simpel auf den Punkt gebracht – darum, etwas zu beobachten, ohne es zu bewerten oder verändern zu wollen, und darum, sich auf eine einzige Sache einzulassen. Denn wir sollten nicht die Einkaufsliste im Kopf durchgehen, während wir das Abendessen zubereiten, oder uns gedanklich mit dem vergangenen oder kommenden Meeting beschäftigen, während wir das Geschirr abwaschen, sondern uns einzig auf das konzentrieren, was wir gerade tun, um die Achtsamkeit im Alltag zu üben. Das entspannt den Geist und die Seele. Und dazu kommen wir später noch genauer.

Die Weisheit der Hawaiianer als Vorbild

Die Tatsache, dass wir mehr im Moment sein sollten, ist keine neue Erkenntnis. Nicht nur im bereits erwähnten Buddhismus werden Übungen zur Achtsamkeit – dem wertfreien Beobachten der Gegenwart – empfohlen. Auch die Hawaiianer wissen schon lange, wie wichtig der jeweils gegenwärtige Moment ist: Das MANAWA ist deren viertes Prinzip, welches besagt, das Jetzt sei der Augenblick der Macht. Die Basis der hawaiianischen Philosophie bilden die sieben HUNA-Prinzipien, die auch Sicht der modernen Hirnforschung überaus spannend sind. Sehen wir Sie uns genauer an!

- *Prinzip 1 – IKE. Die Welt ist, wofür du sie hältst:* Das bedeutet übersetzt: Es gibt aus Sicht der Kahunas, wie die Hawaiianer ihre Schamanen nennen, keine objektive Wirklichkeit. Unsere Wahrheit ist im Prinzip ein Ergebnis unserer Wahrnehmung, unserer Einstellung und der emotionalen Färbung – eine Position, die wir im Konstruktivismus nach Paul Watzlawick wiederfinden. Aber auch die Hirnforschung zeigt, dass wir die Wirklichkeit in unserem Gehirn nachbilden und konstruieren – jeweils stark beeinflusst von unserer bisherigen Erfahrung. Denken wir nur an die neunundneunzig Prozent unserer Wahrnehmung, die aus dem Gedächtnis (und damit der Vergangenheit) kommen!
- *Prinzip 2 – KALA. Es gibt keine Grenzen:* Damit ist die Unendlichkeit des Kosmos gemeint, aber auch die starke Vernetzung und Verbindung aller Dinge. Die traditionelle Wissenschaft trennt stark in Subjekt (Beobachter) und Objekt (die Welt »draußen«). Ebenso im Denken setzen wir gerne Trennungen und Grenzen, möchten am liebsten alles gewissen Schubladen zuordnen. Durch einschränkende Vorstellungen beschneiden wir unser eigenes Potenzial und reduzieren unsere Wahrnehmung und das, was wir in Angriff nehmen. Ein bisschen ging auch Ludwig Wittgenstein in seinem »Tractatus« in diese Richtung, wenn er schreibt: »Die Grenzen meiner Sprache sind die Gren-

zen der Welt.« Jeder Gedanke, jedes Gefühl hat Auswirkungen, am allermeisten auf uns selbst. Aus Sicht der Wissenschaft ist klar: Der Mensch ist eingebunden in ein soziales System, strebt nach Verbundenheit und Anerkennung und ist im Stoffaustausch mit seiner Umwelt. Ob alles mit allem verbunden ist und wie diesbezüglich die Quantenphysik und Kosmologie zu interpretieren sind, ist aus wissenschaftlicher Perspektive derzeit noch Spekulation. Forscher wie Stephen Hawkings sind jedenfalls auf der Suche nach dieser Weltformel, einer mathematischen Gleichung und Theorie, die alles umfasst und beschreibt.

- *Prinzip 3 – MAKIA. Energie folgt der Aufmerksamkeit:* Die alten Hawaiianer gehen davon aus, dass unsere Gedanken eine Energie darstellen und dass diese dorthin fließt, wo unser Fokus ruht. Der Satz »Energie folgt der Aufmerksamkeit« wird gerne und häufig in esoterischen Kreisen verwendet und ist daher leider auch schon überstrapaziert. Modern lässt sich sagen: Focus is Power! Wir haben schon gesehen, dass Aufmerksamkeit der Schlüssel zur Neuroplastizität ist. Da, wo wir unsere Konzentration hinrichten, verändern wir dafür zuständige Bereiche in unserem Gehirn. Wir füttern demnach mit unserer Aufmerksamkeit das, womit wir uns positiv oder negativ intensiv beschäftigen. Sind wir mehr im Problem oder in der Lösung? Dass unser Körper gerne unserer Aufmerksamkeit folgt, kennen Sie vielleicht vom Autofahren: Wo wir hinschauen, lenken wir auch hin. Sie können aber ebenso folgendes Experiment machen: Stehen Sie auf und verlagern Sie Ihr Gewicht aufs linke Bein. Dann kreisen Sie mit Ihrem rechten Fuß im Uhrzeigersinn. Während der Fuß weiter kreist, strecken Sie die rechte Hand nach vorne und malen Sie eine große, dicke Sechs in die Luft – und beobachten Sie dann, was Ihr Fuß macht: Ihre Bewegung folgt ganz automatisch Ihrem Fokus. Je mehr wir an Probleme denken, desto mehr richten wir uns nach diesen aus. Viele kennen das bei Schmerzen: Richten wir unsere Aufmerksamkeit auf Zahnschmerzen, werden diese noch intensiver – denken wir hingegen an etwas anderes, werden sie leichter. Darum ist der Rat der Zahnarztassistentin, an etwas Schönes zu denken, nicht nur gut gemeint, sondern auch goldrichtig.

- *Prinzip 4 – MANAWA. Im Jetzt liegt die Kraft:* Dieses Prinzip meint, dass der gegenwärtige Moment der einzige ist, in dem wir wirklich wirksam werden können. Die Vergangenheit gibt es nicht mehr, die Zukunft ist ungewiss. Unsere Gedanken auf die Gegenwart zu richten bedeutet, uns auf das zu konzentrieren, wo wir tatsächlich aktuell etwas tun können. Offenbar führt ein solches Denken zu mehr Lebensqualität. Achtsamkeit, das bewusste Beobachten des Moments, kann tatsächlich eine wirksame Methode zu mehr Wohlbefinden sein. Etwas später werden wir uns genauer diesem hilfreichen Thema widmen.
- *Prinzip 5 – ALOHA. Lieben heißt, glücklich zu sein mit …:* Für Hawaiianer ist Liebe eine grundlegende Eigenschaft, die immer da ist, aber manchmal verdeckt wird. Bewertungen können das Gefühl überlagern. Aus Sicht der Hirnforschung erinnert das ein wenig an unsere Lebensfreude und Neugierde, die wir als Kinder haben, die aber durch schlechte Erfahrungen beschädigt werden können. Auch die Freude am Lernen und Wachsen gehört dazu, die oft mit dem Eintreten in die Schule blockiert wird. Hirnforscher und Psychiater Manfred Spitzer kritisiert in diesem Zusammenhang immer wieder das Schulsystem und betont, dass positive Gefühle vor allem zum Lernen da seien. Wir können dieses Prinzip aber vielleicht

auch im Sinne der »positiven Psychologie« im modernen Licht sehen. Indem wir proaktiv positive Gedanken und Gefühle stärken, können wir ein gesünderes und glücklicheres Leben führen!

- *Prinzip 6 – MANA. Alle Macht kommt von innen:* Das klingt stark nach »Star Wars« und »Die Macht ist mit dir«. Damit ist aber auch gemeint: Der Mensch verfügt bereits häufig über die Ressourcen, die er braucht. Genau das ist der Ansatz beim Coaching, aber auch beim mentalen Training. Wir kennen das: Eine Unterhaltung mit Freunden läuft locker – wir sind witzig, kreativ und voller Ideen. Dem folgt ein Gespräch mit dem Chef – und all die Coolness ist weg. Jeder hat die Autorität für alles, was ihn betrifft, niemand kann besser wissen, was sich für ihn richtig anfühlt. Selbst wenn es manchmal sinnvoll sein kann, unsere Autorität für spezielle Bereiche zu delegieren, entbindet uns das dennoch nicht unserer eigenen Verantwortung. Auch in der Psychotherapie spielt der Aspekt der inneren Möglichkeiten eine große Rolle. Die »Ressourcenaktivierung« ist nach dem deutschen Psychotherapie-Forscher Klaus Grawe der Schlüsselfaktor für erfolgreiche Psychotherapie überhaupt. Die Hypnose funktioniert nach diesem Prinzip. Und in der Medizin gibt es ebenso Ansätze, die Selbstwirksamkeit von Patienten in den Vordergrund zu stellen: Stichwort »Patienten-Empowerment«. Mangelnde innere Stärke bedeutet infolgedessen, dass wir durch Störungen wie zu häufiges Grübeln oder negative Gefühle nicht unsere bestmögliche Leistung abrufen können.
- *Prinzip 7 – PONO. Wirksamkeit ist das Maß der Wahrheit:* Das letzte der HUNA-Prinzipien besagt, dass die Sichtweisen und Methoden, mit denen jemand gut zurechtkommt, letztlich seine persönliche Wahrheit ausmachen. Wirklichkeit ist etwas Subjekti-

ves, das haben wir vorhin schon gesehen. Jeder muss für sich das Denkmodell finden, mit dem er sich wohlfühlt, gesund bleibt, seine Ziele erreicht und sein Leben sinnvoll gestaltet. Hier geht es also stark um Selbstbestimmung, Offenheit und Toleranz. Viele Sprichwörter folgen dieser Richtung: »Leben und leben lassen«, »Viele Wege führen nach Rom«, »Go with the flow«. Aber auch das esoterisch-lapidare »Wer heilt, hat recht« meint nichts anderes – wobei gerade das so freilich nicht stimmt. Denn ein Zufall oder Glücksfall ist kein Argument, um viel Geld und Zeit in eine Methode zu stecken. Wirksamkeit als Maß der Wahrheit erfordert eben eine tatsächliche Wirksamkeit, die sich über wissenschaftliche Studien und Untersuchungen an vielen Menschen am besten belegen lässt.

Wissenschaft bestätigt Mystik

Das Leben im Hier und Jetzt finden wir in allen Traditionen und bei allen großen spirituellen Lehrern – nicht nur im buddhistischen Achtsamkeitskonzept. So wird auch in der christlichen Mystik oder im Sufismus auf die Bedeutung der aktuellen Gegenwart hingewiesen. Intuitiv hat die Menschheit also längst erfasst, was nun die Wissenschaft bestätigen kann. Die berühmte Science-Publikation dazu heißt »A wandering mind is an unhappy mind« und stammt von den beiden US-Psychologen Matthew A. Killingsworth und Daniel T. Gilbert aus dem Jahr 2010. Schon ihr Titel bringt die Sache auf den Punkt. Die beiden haben mithilfe von iPhone-Apps mehr als zweitausend hauptsächlich in den Staaten lebende Erwachsene in Bezug auf deren Gedanken getestet. Die Probanden haben dabei über den Tag verteilt Nachrichten bekommen, in denen sie gefragt wurden, was sie gerade machen. Sie mussten also einerseits bewerten, ob sie tagträumten bzw. an etwas Vergangenes oder Zukünftiges dachten oder aber gedanklich im aktuellen Moment waren – und andererseits, wie sie sich dabei fühlen. Das Ergebnis war eindeutig. De facto sieht unser Leben völlig anders aus, als es diesbezüglich gut für uns wäre: Die Studie konnte zeigen, dass wir fast fünfzig Prozent unserer Zeit damit verbringen, nicht bei der Sache zu sein. Das heißt anders gesagt: Beinahe die Hälfte unserer Lebenszeit sind wir gedanklich nicht im Hier und Jetzt, sondern in der Vergangenheit oder in der Zukunft. Unsere kognitive Leistung ist dadurch naturgemäß wesentlich schlechter, als sie es sein könnte – und je mehr wir mit unseren Gedanken nicht in der Gegenwart sind, desto unglücklicher fühlen wir uns laut der Studienergebnisse.

Jene Versuchspersonen, die mit ihren Überlegungen häufiger im Gestern und Morgen verhaftet waren, beurteilten sich als signifikant weniger glücklich als jene, die vorwiegend an etwas Gegenwärtiges dachten. Man könnte schlussfolgern, das läge daran, dass man eben gedanklich oft mit etwas Negativem beschäftigt ist. Doch das Sensationelle kommt erst: Durch die Studie konnte außerdem ermittelt werden, dass dem nicht so ist! Es ist nämlich völlig unbedeutend, ob wir an etwas Schönes oder Trauriges, an etwas Gutes oder Schlechtes, an etwas Glückliches oder Unglückliches denken – allein der Umstand, dass wir uns auf etwas Vergangenes oder Künftiges statt auf etwas Aktuelles konzentrieren, reicht aus, um auf Dauer unzufrieden zu werden!

Die konkreten Ergebnisse lauten: Wenn die Tagträume mit etwas Angenehmem zu tun hatten, hat sich die Stimmung nicht verändert. Wenn sie neutral waren, hat sie sich schon leicht verschlechtert. Und bei unangenehmen Dingen war eine dramatische Verschlechterung zu beobachten. Um das noch einmal auf den Punkt zu bringen, weil wir das für eine wahrhaft bedeutsame Erkenntnis halten: Es geht nicht darum – wie man meinen könnte –, dass wir traurig werden, wenn wir an etwas Schönes, Vergangenes denken. In eine melancholische Stimmung zu verfallen, weil man sich der Dinge oder Menschen erinnert, die wir verloren haben, ist wenig überraschend. Ebenso ist es nachvollziehbar, dass uns Gedanken an tatsächliches oder mögliches Zukünftiges ängstliche und sorgenvolle Gefühle bescheren – gerade wenn wir uns beispielsweise vorstellen, wie es eines Tages sein wird, wenn wir alt geworden sind und geliebte Menschen bereits gestorben sein werden. Das Essentielle ist allerdings: Es reicht schon aus, nicht im Jetzt, sondern mit einem völlig *neutralen* Gedanken woanders zu sein! Denn es macht uns Menschen schlicht weniger glücklich, die Gegenwart gedanklich zu verlassen. Und positive Tagträumerei verbessert die Stimmung eben nicht – sie ist ein Nullsummenspiel.

Das bedeutet nicht zwangsläufig, dass wir keine positiven Gedanken pflegen oder nur noch in der Gegenwart leben sollen. Ganz im Gegenteil: Es ist sinnvoll, unser Bewusstsein auch mal auf Urlaub zu schicken und ihm etwas Erholung zu gönnen, indem wir uns gedanklich treiben lassen. Bei den Mythen haben wir schon das »default network« kennengelernt, das wir im Gehirn aktivieren, wenn wir uns Tagträumereien hingeben. Hier schöpfen wir durch Erinnerungen und Zukunftsbilder neue Ideen. Wie so oft kommt es auf die Dosis an, denn wenn wir Dinge tun, sollten wir sie öfter bewusst machen – um uns nicht zu sehr in der Vergangenheit, der Zukunft und an andere Orte zu verlieren. Darum werden wir uns später noch intensiver mit dem Thema »Achtsamkeit« auseinandersetzen.

Die Studie ergab übrigens außerdem, dass Körperpflege etwas ist, wobei wir rasch mit unseren Gedanken abschweifen. Der Akt des Zähneputzens ist zum Beispiel damit verbunden, an etwas komplett anderes als den Putzvorgang zu denken, was auf Dauer unzufrieden oder gar unglücklich machen kann. Gerade wenn wir Routinearbeiten verrichten und vom Automatismus profitieren, neigen wir zum Abschweifen und Grübeln. Als unangenehmer Nebeneffekt davon, dass die Grübelei an sich schon unrund macht, ist noch zu nennen, dass durch das Überdenken von negativen Erlebnissen die dazugehörige Emotion wieder aufgewärmt wird: Wir ärgern uns nochmal über den egoistischen Autofahrer, der uns vorhin den Parkplatz weggeschnappt hat, sind erneut frustriert, weil wir die gewünschte Beförderung nicht erhalten haben oder machen uns wiederholt Sorgen, ob wir fürs Meeting morgen gut genug vorbereitet sind. Aus unseren Gedanken entstehen zunächst Bilder und die führen zu Gefühlsregungen, die Emotionen der Angst, der Wut, des Ärgers, der Sorge auslösen, die wiederum körperliche Reaktionen bewirken. Unserem Körper ist es relativ egal, ob wir eine Gefahrensituation real erleben oder ob wir sie uns nur vorstellen – es kommt gleichermaßen etwas in Gang, und zwar das, was wir im Kapitel über Stressreaktionen bereits besprochen haben.

Paradox, aber wahr: Angst bewirkt Gefahr

Wenn wir keine Gelegenheit auslassen, um zu grübeln, und uns Sorgen um eine ungewisse Zukunft machen oder konkret Angst vor einem Flugzeugabsturz oder einem fiktiven Krieg haben, schadet uns das auf zweierlei Ebenen: Einerseits handeln wir so, wie es nicht unbedingt optimal ist. Nach den Terroranschlägen am 11. September 2001 in den USA etwa haben viele Menschen eine immense Angst vor Flugreisen entwickelt. Darum sind erheblich mehr Personen als sonst mit dem Auto gefahren, anstatt wie zuvor das Flugzeug zu nehmen. Das führte dazu, dass die Anzahl der Verkehrstoten um tausendsechshundert gestiegen ist, weil mit dem Auto zu fahren statistisch gesehen trotzdem gefährlicher ist, als eine Flugreise zu unternehmen.

Die zweite Sache ist die, dass wir durch die Angst vor Terroranschlägen – um beim Beispiel zu bleiben – ständig Stress ausgesetzt sind: Plötzlich fürchten wir uns bei Großveranstaltungen, haben ein mulmiges Gefühl, wenn wir mit öffentlichen Verkehrsmitteln fahren und trauen uns nicht mehr auf große Plätze zu gehen. Das alles führt dazu, dass sich Anspannung und Stress hochschaukeln, was auf Dauer enorm schädlich für uns sein kann. »Früher war alles besser«, denken wir dann oft mit etwas Wehmut und Trauer. In einem Video der »Tagesschau«-Redaktion des deutschen Fernsehsenders ARD zeigt Moderatorin Charlotte Gnändinger, dass Terror keineswegs ein neues Thema ist: Von 1972 bis 1986 gab es jährlich bis zu knapp vierhundertfünfzig Terrortote in Westeuropa, 2015 standen wir bei rund hundertfünfzig Terroropfern. Diese Zahlen liegen laut Daten des deutschen statistischen Bundesamts deutlich unter den Todesfällen durch Ersticken beim Essen (rund fünfhundert pro Jahr). Aber in den Nachrichten und sozialen Medien sind die Bilder des Terrors allgegenwärtig, werden in einer Dauerschleife wiederholt, bis sie sich ganz fest in unserem Gehirn eingeprägt haben.

Sorgen machen sich Menschen oftmals ganz automatisch, wenn sie mit ihren Gedanken von dem, was sie gerade tun, abdriften, um unbewusst Zeit fürs Grübeln zu schaffen. Am wenigsten schweifen unsere Gedanken übrigens ab, während wir Sex haben – in dieser Situation fällt es Menschen am leichtesten, einfach nur glücklich in der Gegenwart zu sein.

All das kann natürlich nicht bedeuten, dass wir uns nie mit Vergangenem oder Zukünftigem beschäftigen dürfen oder sollen. Dass wir das können, birgt ja einen Riesenbonus für uns: Wir können eine Situation durchdenken – etwas, das wir Menschen evolutionär durch unser Bewusstsein erworben haben und uns durchaus Gutes bringt. Probehandeln, etwas planen können, fähig zu sein, zu überlegen, was passiert, wenn wir etwas tun, sind wichtige Fähigkeiten, die uns Vorteile verschaffen. Unterschiedliche Varianten einer Sachlage durchspielen zu können, um dadurch abzuwägen, was gewinnbringender oder weniger gefährlich ist, und um letztlich die richtige Entscheidung treffen zu können, hilft uns zu überleben. Die Kehrseite davon ist der emotionale Nachteil: Durch diese Gedankenherumschieberei verlieren wir den Kontakt zum Moment und dadurch zur Fähigkeit, glücklich zu sein.

Darum kommt es auf die Ausgewogenheit an: Es ist durchaus ratsam, etwas aus der Vergangenheit zu beleuchten – entweder um es zu analysieren und daraus lernen zu können oder um es zu verarbeiten und loszulassen bzw. sich seinen Ängsten in Bezug auf die Zukunft zu stellen oder im positiven Sinn einfach Pläne zu machen. All das kann unsere Großhirnrinde, denn sie ist für das Organisatorische und Planerische zuständig. Auch dieses Denken und Überlegen, das Sigmund Freud »inneres Probehandeln« nennt, hat seine Berechtigung, wenn es uns hilft, uns auf Situationen vorzubereiten, indem wir deren Möglichkeiten gedanklich durchgehen und auf diese Weise zu richtigen Entscheidungen gelangen. Andererseits hat uns die Großhirnrinde aber aus dem Zustand der »ewigen Meditation« hinausgeworfen: Wir haben symbolisch gesprochen vom Baum der Erkenntnis gegessen, und ein Zuviel davon macht uns unglücklich. Tiere sind im Unterschied zu uns Menschen ständig in der Gegenwart, wie sich schön beobachten lässt: Eine Katze sorgt sich nicht, ob sie morgen ihr Futter bekommen wird – wir hingegen schon. Ein Hund möchte einfach nur spielen und denkt nicht darüber nach, ob er durch das Spielen wertvolle Zeit verliert, die er für etwas anderes aufbringen sollte – wir aber schon. Das bewusste Auseinandersetzen mit und Hinterfragen von Gedanken ist darum eine wichtige Sache, die unsere Lebensqualität nachhaltig beeinflussen kann.

Die gute Nachricht: Wir können lernen, zu fokussieren und schädliche Gedanken auszublenden, denn gegen den negativen Effekt des Grübelns und sich Sorgens können wir nach der Devise »Achtsam ist heilsam« arbeiten: Je geübter wir darin sind, achtsam im Moment zu verweilen, desto automatisierter gelingt uns das im Alltag. Perfektioniert haben das Spitzensportler: Ein Slalomfahrer ist immer bei der aktuellen Stange, nicht aber bei der Angst, er könne ausscheiden oder sich verletzen, ja nicht einmal bei der übernächsten Stange. Er weiß genau: Mit der Sorge, er werde nicht gewinnen, würden sich die Muskeln sofort anspannen, er wäre abgelenkt, weniger konzentriert und es wäre tatsächlich schwieriger, als Sieger aus dem Rennen hervorzugehen. Achtsamkeit ist demnach Spiritualität auf höchstem wissenschaftlichem Niveau. Denn Achtsamkeit und ihre Wirkung sind mittlerweile wissenschaftlich gut erforscht. Und Achtsamkeitsübungen sind der erste und beste Weg aus der Sorge und ins Glücklichsein.

Achtsamkeit als Schlüssel zum Glück

Ganz simpel können wir Achtsamkeit trainieren, wenn wir ein Glas Wasser austrinken – indem wir in uns hineinspüren und uns darauf konzentrieren, wie sich das Gefäß in der Hand und das Getränk in der Kehle anfühlt, wie es schmeckt, wie warm oder kalt es ist und vieles mehr. Es geht im Grunde um ein Beobachten, ohne zu bewerten.

Rosinen eignen sich laut des Mindfulnes-based-stress-reduction-Programms nach Jon Kabat-Zinn, einem US-Professor, der es sich zur Aufgabe gemacht hat, Menschen mithilfe von Achtsamkeitsmeditationen von Stress, Ängsten und letztlich Krankheiten zu befreien, bestens, um komplett im Moment zu verweilen: Wenn wir uns vorstellen, Außerirdische zu sein, die zum ersten Mal auf die Erde kommen und folglich erstmals auf Rosinen stoßen, können wir gedanklich einige Fragen zu diesem Nahrungsmittel beantworten, indem wir es erforschen: Wie schwer ist dieses kleine runzelige Ding in der Hand, wie fühlt es sich an? Welche Temperatur hat es, welche Form? Wie sieht es aus, welche Farbnuancen erkenne ich? Kann ich es zerdrücken, ist es elastisch, welche Konsistenz hat es? Wie hört sich die Rosine an, wenn ich sie an mein Ohr halte und sie hin und her bewege? Wie riecht sie, wie schmeckt sie, wie liegt sie auf der Zunge, wie fühlt sie sich in den Zähnen an, wenn ich sie zerkaue? Wie ist es, wenn ich sie schlucke? Mindestens fünfzehn Qualitäten sollten wir uns bewusst machen, während wir uns mit einer solchen Rosine beschäftigen. Dann haben wir Achtsamkeit bestens geübt. Was wir dabei lernen, ist aus der Bewertung zu gehen und nur im Beobachten zu verweilen. Dadurch blenden wir einiges aus, da zu bewerten mit Gefühlsregungen verbunden ist, während wir im Beobachten optimal fokussiert sind.

Derartige Übungen lassen sich ausgezeichnet in den Alltag integrieren: Während wir auf jemanden warten, der sich ein wenig verspätet, können wir eine Achtsamkeitsminute einlegen anstatt, wie heutzutage üblich das Smartphone zur Hand zu nehmen. Der Tag bietet viele passende Möglichkeiten: während wir an einer Ampel stehen, in der U-Bahn sitzen, staubsaugen – oder unsere Zähne putzen.

Ein starker Grübler sollte allerdings ein systematisches Training absolvieren, um sich von seiner »Sucht« zu befreien. Nach achtwöchigen Achtsamkeitsprogrammen werden die Leute gelassener, Depressionen nehmen in ihrer Symptomatik ab und die Betreffenden fühlen sich insgesamt glücklicher – das haben Studien zu diesen Programmen klar gezeigt.

Auch Konzentrationsübungen helfen, um das Grübeln dauerhaft in den Griff zu bekommen. Hierbei eignet es sich bestens, eine Kerze anzuzünden und deren Flamme bewusst fokussiert zu beobachten, um möglichst alles wahrzunehmen, was sich in ihr tut. Das ist insofern ideal, als uns Licht ohnehin guttut – weil Feuer etwas ist, das wir aus der Steinzeit kennen und uns an reizvolle Lagerfeuerabende erinnert – und sich die Flamme bewegt, weshalb das Ganze für Auge und Geist halbwegs interessant ist. Es reicht jedoch, einen Punkt im Raum zu fixieren und ihn anzustarren. Auch so lernen wir, Gedanken zu stoppen und auszublenden. Wenn wir das ernsthaft versuchen, gelingt es irgendwann gar nicht mehr, an etwas anderes als diesen Punkt zu denken. Sportarten wie Klettern erlauben gar nicht erst, an etwas anderes zu denken – liegt der Fokus nicht eindeutig auf dem gegenwärtigen Tun, fällt man hinunter. Deshalb eignet sich Klettern besonders gut, um sich geistig zu erholen. Dasselbe gilt fürs Reiten: Ein Pferd merkt sofort, wenn wir mit den Gedanken woanders sind. Auch Qi Gong oder Tai-Chi bieten Vorteile, denn sie erfordern komplexe Bewegungsabläufe, auf die man sich konzentrieren muss. Machen Sie es sich also ruhig kompliziert, wenn es mit dem Entspannen nicht klappt!

Bemerken Sie trotz regelmäßiger Achtsamkeits- und Konzentrationsübungen Grübelattacken im eigenen Kopf, sollten Sie die negativen Gedanken innerlich kurz willkommen heißen und dann wie Wolken am Himmel weiterziehen lassen. Sie abzulehnen, erschwert ihr Loslassen hingegen, wie uns allen sicherlich schon aufgefallen sein wird. Wenn wir uns bewusst machen, dass wir nicht unsere Gedanken *sind*, sondern sie nur denken, womit wir uns in die distanzierte Beobachterrolle begeben, ist das eine wunderbare Methode, um vom Grübler zum bewussten Denker und Wahrnehmer zu werden.

Bei den Indianern gab es eine weit verbreitete und lange überlieferte Geschichte von zwei Wölfen, die den jungen

Nachkommen vom Häuptling oder Medizinmann erzählt wurde: »Es gibt zwei Wölfe, die in uns leben. Der eine ist böse und erzeugt Krankheit in uns. Er ernährt sich von Angst, Wut, Trauer und Zweifel. Es gibt aber auch einen guten Wolf in uns. Er lebt von Liebe, Güte, Demut und Dankbarkeit. Die beiden kämpfen gegeneinander.« Eines der zuhörenden Kinder wollte der Legende nach wissen, welcher der Wölfe siegreich aus dem Kampf hervorgehen würde, woraufhin der Stammesälteste meinte: »Ist das nicht offensichtlich? Es gewinnt natürlich der, den du nährst!«

Alles ist möglich – leider auch der Kater danach

Nochmal zurück zu unseren Gefühlen und dem Unbewussten: Wir haben weiter vorne bereits erfahren, wie wir Entscheidungen treffen und dass ein großer Anteil in Bezug auf Entscheidungssituationen von unseren Empfindungen herrührt. Es geht allerdings noch weiter: Selbst in wen wir uns verlieben, ist unterm Strich eine Sache des Unbewussten! Wir merken recht schnell, ob wir jemanden mögen oder nicht, und dann setzt unsere Fantasie ein: Das Gehirn konstruiert neunundneunzig Prozent unserer Wahrnehmung aus dem Gedächtnis. Das haben wir schon festgestellt. Der Anblick eines fremden Gegenübers erinnert uns an Menschen, die wir längst kennen – das kann sogar jemand aus dem Fernsehen oder ein Filmstar sein –, was an Mimik, Gestik oder bestimmten Körperbewegungen liegen kann. Hinzu treten die Situation und der Ort des Kennenlernens. Das alles formt den Eindruck. Wir haben diesbezüglich recht romantische Vorstellungen, die durchs Kino und bereits Erlebtes geprägt sind: Sich im Supermarkt zu begegnen, erscheint uns passender und ehrenwerter, als sich in einer Bar aufreißen zu lassen oder über ein Tinder-Date zueinandergefunden zu haben. Wer möchte schon gern abgeschleppt werden, weil der andere es bereits im Vorfeld darauf angelegt hatte? Der richtige Ort wertet das Ereignis auf und so verliebt es sich leichter, wenn wir zufällig mit dem Einkaufswagen des anderen zusammenkrachen oder im Regal nach demselben

Produkt greifen, als wenn wir in einem schummrigen Nachtlokal angesprochen werden. Außerdem triggern starke negative Emotionen wie Angst, weshalb es so empfehlenswert ist, mit der neuen Eroberung einen Horrorfilm oder Psychothriller anzuschauen, mit der Hochschaubahn zu fahren oder auf einer immens hohen Brücke zu stehen, um gemeinsam von ihr in den Abgrund zu blicken. Das bringt nicht nur Frauen dazu, sich vor Schaudern an den männlichen Begleiter zu kuscheln oder gar zu klammern – in einem Zustand von Angst ist zudem unsere Wahrnehmung stark eingeschränkt, was dazu beiträgt, Verliebtheitsgefühle zu empfinden: Wir sehen nicht mehr so scharf wie gewöhnlich, wir nehmen den anderen daher eher schemenhaft wahr. Darum macht der Spruch »Liebe macht blind« aus wissenschaftlicher Sicht durchaus Sinn, denn wir sehen den geliebten Menschen beinahe wie in Zeitlupe. Wir nehmen ihn zudem besonders intensiv wahr, was dazu führt, dass das Bindungshormon Oxytocin verstärkt gebildet wird, wodurch wir uns tatsächlich leichter verlieben.

Dazu gibt es das berühmte Brücken-Experiment: 1974 veröffentlichten die amerikanischen Psychologen Donald Dutton und Arthur Aron in der Zeitschrift »Journal of Personality and Social Psychology« ein Experiment, das sie auf zwei Fußgängerbrücken über dem Capilano Canyon in North Vancouver durchgeführt hatten. Das Ergebnis: Ein und dieselbe Frau erschien auf einer wackligen Hängebrücke attraktiver als auf einer festen, stabilen Brücke – sie bekam mehr Anrufe von Männern, die sie daten wollten. Unser Gehirn verbindet nämlich irrtümlich das Herzklopfen, das von der hohen Hängebrücke herrührt, mit dem anderen Menschen.

Liebe als Folge einer unbewussten Entscheidung, eines Irrtums oder blinder Wahrnehmung – das klingt banal und unromantisch, ist aber so! Seite an Seite erlebte Emotionen verstärken eine Bindung. Sich gemeinsam in der Geisterbahn zu fürchten, kann genauso hilfreich sein, wie zusammen über andere im Lokal anwesende Gäste herzuziehen, einander lange und tief in die Augen zu sehen oder einen sexuellen Höhepunkt zu teilen. Je intensiver wir also mit dem anderen fühlen, desto fester wird die Bindung, desto mehr sehnen wir uns nach der Verschmelzung. Das haben auch bestimmte Speed-Dating-Firmen in den USA mitbekommen, weshalb sie Events namens »Eye Glace Partys« anbieten, bei denen sich die potenziellen Paare nicht unterhalten, sondern lediglich längere Zeit anschauen. Der Erfolg gibt ihnen recht!

Männer verlieben sich übrigens schneller als Frauen, weil sie etwas weniger abwägen und überlegen, sondern sich leichter ins Neue hineinstürzen. Das dürfte vorrangig gesellschaftliche, aber auch biologische Hintergründe haben: Frauen sind wählerischer, weil vom Falschen schwanger zu werden eine gewisse Gefahr darstellt, weshalb sie mehr innere Bremsen verspüren, wenn es darum geht, ihr Herz zu schnell zu verschenken.

Über Benjamin Franklin, der im 18. Jahrhundert den Blitzableiter erfunden hat, wird folgende Geschichte erzählt: Ein junger Mann soll ihn um Rat gefragt haben, welche zweier möglicher Frauen er heiraten solle. Franklin riet ihm der Überlieferung nach, zu jeder Frau die Vor- und Nachteile aufzulisten, diese mit einem Zahlenwert zu gewichten und anhand der Liste über eine einfache Rechnung zu entscheiden. Gesagt, getan. Es gab eine eindeutige Siegerin: Frau A hatte deutlich weniger Nachteile und viel mehr Vorteile. Froh, diese Liste gemacht zu haben, ging der Mann zur Partnerwahl über – und entschied sich für Frau B! Wir sehen: Alle guten Argumente sind nicht so stark wie die Macht der Gefühle.

Menschen als irrationale Wesen?

Gefühle unterscheiden sich von Gedanken dadurch, dass sie Körperempfindungen auslösen. Und das erklärt, warum sich beim Fühlen weit mehr tut als beim Denken.

Der portugiesische Hirnforscher António Damásio hat das Konzept der somatischen Marker kreiert: Es beschreibt zwei Patienten mit gravierenden Schädigungen des Stirnhirns bzw. präfrontalen Cortex. Ein gewisser Phineas Gage geriet im 19. Jahrhundert bei Schienenarbeiten in eine Explosion. Dabei durchbohrte eine Eisenstange den vorderen Teil seines Gehirns und riss ein Stück davon heraus. Gage blieb trotz dieses schweren Unfalls bei vollem Bewusstsein und wurde zum Arzt gebracht, der das Hirnstück wieder einsetzte und die Wunde versorgte. Obwohl sich der Patient rasch erholte, war er nicht mehr derselbe. Er traf von nun an Entscheidungen gegen seine eigenen Interessen und konnte nicht mehr vernünftig planen. Ähnlich erging es Elliot: Er hatte einen Tumor im Stirnhirn. Davon war seine Entscheidungsfähigkeit gestört – er beklagte einen Mangel an Körperempfindungen und Gefühlen. Die Entscheidungsunfähigkeit war es auch, die Damásio schließlich zur Theorie der somatischen Marker führte. Der Neurowissenschaftler vermutete nämlich, dass Gefühllosigkeit uns daran hindert, verschiedenen Handlungsalternativen emotionale Werte beizumessen, die Menschen normalerweise bei der Entscheidungsfindung helfen. Manche Menschen können nicht mal im Supermarkt zwischen Waschmitteln wählen. In einer abgeschwächten Form geht es uns allen so: Je weniger wir in der Lage sind, unseren Körper wahrzunehmen, unsere Gefühle zu erleben, bei uns zu sein, desto schwieriger wird es, eine Entscheidung zu treffen. Offenbar sind Gefühle für Entscheidungen aller Art wesentlich. Die Conclusio: Vernunft und Gefühl wirken zusammen, um uns auf den richtigen Weg zu führen.

Unser Bewertungssystem diesbezüglich ist simpel: gut oder schlecht. Die Angst im Nacken haben, kalte Füße bekommen, Schmetterlinge im Bauch spüren – in unseren Redensarten ist der Zusammenhang von Gefühlen und Körper längst enthalten. Finnische Forscher um Lauri Nummenmaa konnten indes zeigen, dass Gefühlsregungen wie Angst, Aufregung, Freude oder Überraschung mit konkreten Empfindungen in bestimmten Körperregionen verbunden sind – es gibt in uns sozusagen eine Landkarte der Gefühle.

Die Verknüpfung von Gefühlen mit gesteigerter oder umgekehrt verminderter körperlicher Aktivität in bestimmten Körperbereichen folgt dabei klaren Regelmäßigkeiten – und zwar bei allen Menschen, egal ob sie in Finnland, Österreich oder Taiwan leben. Dabei korrespondieren laut der Forschungsergebnisse sämtliche körperliche Empfindungen von Gefühlen mit einem der sechs Grundgefühle, die da sind: Wut, Furcht, Ekel, Freude, Trauer und Überraschung.

Der Brustbereich scheint übrigens für unsere Gefühle zentral zu sein: Die meisten von ihnen sorgen jedenfalls für eine gesteigerte körperliche Empfindung im oberen Brustbereich. Das könnte mit einer Veränderung der Atemfrequenz und des Herzschlags zu tun haben, konstatiert das Forscherteam. Gesteigerte Empfindungen im Bereich der oberen Gliedmaßen treten am stärksten bei Wut und Freude auf. Lange waren Gefühle in bestimmten Bereichen unserer Gesellschaft allerdings eher verpönt und galten als unschicklich – so vorrangig im Business-Bereich. Die Grundhaltung dahinter: Sie stören und führen dazu, dass einer den anderen über den Tisch ziehen will. Dem Harvard-Konzept zufolge, das eine Methode des sachbezogenen Verhandelns darstellt, gilt es deshalb, bei Verhandlungen die Sach- von der Beziehungsebene zu trennen. Ziel dieses Ansatzes ist es, eine konstruktive und friedliche Einigung in Konfliktsituationen mit einem Win-win-Ergebnis zu erzielen. Klingt logisch – wünschen wir uns doch rational und objektiv das beste Verhandlungsergebnis. Doch gerade das ist aus Sicht der Hirnforschung nicht möglich. Auch das Marketing hat sich vom Homo oeconomicus bereits verabschiedet: Neuromarketing und limbisches Verkaufen liegen voll im Trend.

Legendär ist in diesem Zusammenhang der Geschmackstest »Coca-Cola versus Pepsi-Cola«. Was schmeckt besser? Sowohl das Werbepsychologen-Team Leslie de Chernatony und Malcom McDonald bereits im Jahr 1992 als auch Neuro-Marketingforscher Franz-Rudolf Esch 2004, konnten zeigen: Im Blindtest hat Pepsi leicht die Nase vorn. Aber sobald die Probanden wissen, welches Getränk sie kosten, gewinnt Coca-Cola den Test um Längen. Überrascht? Die Sachlage ist damit klar: Starke Marken verfügen über eine besondere emotionale Schubkraft, die mit den echten Produktmerkmalen nicht unbedingt übereinstimmen müssen.

Überhaupt sind wir viel irrationaler, als es den Anschein hat. Ein einfaches Experiment dazu ist das Ultimatum-Spiel: Spieler A bekommt in dieser fiktiven Situation einen bestimmten Geldbetrag – sagen wir 100 Euro. Er soll nun einem anderen – Spieler B – eine Teilung des Betrags zwischen beiden vorschlagen. Spieler B kann annehmen, dann geht der Deal durch, oder ablehnen – in diesem Fall bekommt keiner der beiden etwas. Was wäre Ihre Reaktion, wenn Spieler A Ihnen die Hälfte des Betrags anbieten würde? Wahrscheinlich würden Sie freudig annehmen. Was aber, wenn Spieler A von einer Summe von 100 Euro ganze 80 Euro für sich behalten möchte und Sie nur 20 Euro bekommen sollen? Viele Menschen lehnen dann ab – und so gut wie alle lehnen ab, wenn Spieler A vom vorhandenen Betrag von 100 Euro tatsächlich 99 Euro behalten will und ihnen nur einen einzigen Euro anbietet. Objektiv gesehen ist ein Euro freilich besser als nichts. Aber so ticken wir nun mal nicht! Wir sind soziale Wesen, wünschen uns Fairness und Gerechtigkeit. Ist der andere nicht so, wie wir das erwarten, wollen wir es ihm heimzahlen. Auf das Beispiel umgemünzt: Dann freuen wir uns, wenn der andere überhaupt nichts bekommt – selbst, wenn wir ebenfalls leer ausgehen.

Dass das Ganze mit Fairness zu tun hat, kann leicht bewiesen werden: Bietet uns ein auf Zufall beruhendes Computerprogramm einen Euro an, nehmen wir ihn. Schließlich war das ja kein Mensch, der uns ungerecht behandelt! Wir sind also gerade, wenn es um andere Menschen geht, höchst emotional und sensibel. Und Fairness und Gerechtigkeit sind Werte, die stark mit Impulskontrolle zu tun haben. Beim Ultimatum-Spiel unterbreiten ältere Kinder häufiger faire Angebote, während jüngere zwischen beiden Spielen kaum Unterschiede machen. Je älter die Kinder in den Testläufen waren, desto stärker wurde der laterale präfrontale Cortex aktiv. Dass Kinder selbst dann nicht fair teilen, wenn es strategisch klug wäre, hat nach Ansicht der Forscher demnach nichts mit mangelndem Verständnis zu tun. Dieses Phänomen erklärt sich hingegen aus der späten Entwicklung dieser für die Impulskontrolle wichtigen Hirnregion. Wir hätten gerne objektiv messbare Ziele, rationale Entscheidungen, maximale Verstandesleistung. Soweit das Ideal. Wie es wirklich aussieht, haben wir eben gesehen.

Kopf gegen Bauch – wer trifft die besseren Entscheidungen?

Wie ist das nun mit Kopfentscheidungen, die gegen ein Bauchgefühl abgewogen werden, genau? Machen wir die Probe aufs Exempel: Finden Sie rasch und nach Ihrem Bauchgefühl eine Antwort auf folgende Frage, die der israelisch-US-amerikanische Psychologe Daniel Kahnemann bei seiner Rede anlässlich der Verleihung des Wirtschaftsnobelpreises 2002 als Beispiel genannt hat:

Ein Baseballschläger und ein Ball kosten zusammen 1,10 US-Dollar. Der Schläger kostet um einen Dollar mehr als der Ball. Wie viel kostet der Ball?

Die meisten Menschen sagen spontan »10 Cent!« Selbst wenn Sie skeptisch ob der Frage gewesen sein sollten – die 10 Cent kommen uns als Erstes in den Sinn. Das zeigt uns: Intuition ist gut, Kontrolle ist besser. Rechnen wir nämlich in Ruhe nach, kommen wir auf ein anderes Ergebnis: 10 Cent kostet also unserer ersten Reaktion zufolge der Ball, einen Dollar mehr müssen wir für den Schläger bezahlen – das ergibt für den Schläger 1,10 Dollar und damit eine Gesamtsumme von 1,20 Dollar. Die richtige Antwort lautet daher: 5 Cent! Der Schläger kostet damit einen US-Dollar und 5 Cent. Unser erstes Gefühl kann uns ganz schön täuschen!

Aber sehen wir mal generell nach, wie es mit Intuition versus Vernunft aussieht: Es gibt Situationen, in denen wir mehr, und solche, in denen wir weniger nachdenken. Wir entscheiden entweder eher mit dem Kopf oder eher mit dem Bauch – wobei der Bauch freilich auch »im Kopf« angesiedelt ist. Es gibt zwar Nervenzellen im Darm, die sind aber primär für das Weiterleiten der Nahrung zuständig, »höhere« Leistungen finden dort keine statt.

Eine spannende Frage in diesem Zusammenhang ist demnach: Sind Kopf- oder Bauchentscheidungen, solche, die wir durch gründliches Nachdenken oder jene, die wir intuitiv treffen, besser? Eine Forschergruppe um den US-Psychologen Joseph Mikels hat den Nutzen dieser Intuition untersucht. Dazu mussten Versuchspersonen zwischen vier Autos wählen, wovon eines objektiv eindeutig das beste von allen war. Das Ganze wurde zuerst mit vier und dann mit zwölf Merkmalen gemacht, anhand derer die Wagen beschrieben wurden. Innerhalb des Experiments wurde verglichen, ob intensives Nachdenken oder eine intuitive Entscheidung zur besseren Auswahl führte. Das Ergebnis: Bei komplexen Entscheidungen – also wenn zwölf Merkmale zu berücksichtigen waren – schlägt das Gefühlsurteil das rationale Abwägen von Vor- und Nachteilen, bei einfachen Entscheidungen – in diesem Fall, wenn es um nur vier Merkmale ging – ist die Vernunft der bessere Ratgeber! Im Idealfall aber sollten beide zusammenspielen. Wenn wir zu verhaftet im Grübeln sind, blockieren wir unser Bauchgefühl. Entscheiden wir alles nach Intuition, werden wir zum Spielball unserer Ängste oder übertriebener Freude. Und wie uns derlei Emotionen täuschen können, haben wir bereits bei den Autounfällen nach 9/11 gesehen. Denn unsere Gefühle und Intuitionen sind erlernt, ein Ergebnis unserer Erfahrungen. Irrtümer inklusive.

Grübeln verschlechtert die Leistung

Vieles lernen wir unbewusst durch das Prinzip »Versuch und Irrtum« – wenn wir etwa eine neue Sportart ausprobieren: Ein Fünfjähriger schießt den Ball auf der Wiese immer wieder zwischen die beiden Kleidungsstücke, die das Tor markieren. Treffer und Fehlschüsse kommen so als direktes Feedback bei ihm an und verändern seine Technik. Oder wir schauen uns etwas bei anderen ab, lassen uns bewusst zeigen, wie es geht: Beim Zwiebelschneiden kann ja das reine »Probieren geht über Studieren« den eigenen Fingern unter Umständen nicht so guttun, und auch im Tanzkurs ist das »einfach Machen« für die Füße des Gegenübers zunächst nicht optimal. Hier lassen wir es uns am besten von einer erfahrenen Person vorzeigen, lassen uns erklären, wie etwas funktioniert, spielen es im Kopf durch, folgen einfachen Anweisungen – und werden so immer besser. Beginnen wir als Experten, bewusst über das Verinnerlichte nachzudenken, sind wir übrigens plötzlich weniger erfolgreich. Spitzensportler wissen das – sie haben ihre Bewegungsabläufe automatisiert und fokussieren voll und ganz auf den Ablauf, ohne viel darüber nachzudenken. Würden sie ins Grübeln kommen, hätte das einen dramatischen Leistungsabfall zur Folge. Wenn Skispringer gefragt werden, was denn das Geheimnis ihres Erfolges sei, kommen meist Antworten wie »Ich bin einfach gesprungen!« Damit sagen sie mehr über das wahre Erfolgsgeheimnis aus, als ihnen vielleicht zunächst bewusst ist.

Unser Lernen folgt einem einfachen vierstufigen Prozess: Am Beginn sind wir unbewusst inkompetent. Als Anfänger wissen wir gar nicht, was wir alles nicht können – zum Beispiel, wenn wir uns das erste Mal als Fahrschüler ins Auto setzen. Wir wissen nur: Es ist kompliziert! Dann beginnen wir zu erkennen und zu verstehen. Wir kommen in die bewusste Inkompetenz: »Ich kann noch nicht gut kuppeln und tue mir beim Einparken schwer.« Die nächste Stufe, mit entsprechender Lernerfahrung, ist die bewusste Kompetenz. Jetzt können wir es, müssen uns aber noch schwer konzentrieren: langsam suchen wir den Kupplungspunkt, vorsichtig parken wir in die große Lücke ein, die entsprechend groß sein muss. Mit vielen Wiederholungen automatisiert sich der Vorgang. Wir werden unbewusst kompetent – es geht wie von selbst. Dieser Vorgang nennt sich »Kompetenzstufenentwicklung« – dabei handelt es sich um ein Modell aus der Entwicklungspsychologie. Im letzten Stadium, der unbewussten Kompetenz, sind wir besonders leistungsfähig. Beim Grübeln passiert es jedoch, dass wir aus der unbewussten in die bewusste Kompetenz zurückfallen. Das ist gut, wenn wir trainieren, weil wir uns verbessern wollen, denn aus der Routine geschieht keine Weiterentwicklung. Aber genau dann, wenn wir Spitzenleistung erbringen sollen, ist das Gift.

So kann man Sportler ziemlich aus dem Konzept bringen und aus der Erfolgsspur werfen, indem man sie fragt: »Hey, was machst du heute, dass du so gut bist? Hältst du den Schläger irgendwie anders?« Sobald der Tennisspieler aus diesem Beispiel beginnt, darüber nachzudenken, warum er so gut drauf ist, wird er schon schlechter. Denn wenn wir voll bei der Sache und damit im Spüren sind, sind wir stark und erfolgreich, aber wenn wir nachzudenken, zu überlegen und zu zweifeln anfangen, ist es meistens aus mit dem guten Lauf. Spielen Sie Tennis, Squash oder einen anderen Ballsport? Dann machen Sie sich doch beim nächsten Mal den Spaß und fragen Sie Ihren Gegner während des Spiels, was er verändert hat, weil er heute so toll aufschlägt. Lassen Sie sich von ihm im Detail schildern, wie er den Schläger hält. Das Ergebnis wird Sie verblüffen: Mit ziemlicher Sicherheit wird er plötzlich weit weniger gut aufschlagen. Sie spielen weder Tennis noch Squash und auch sonst keine Ballsportart? Kein Problem! Das Prinzip dahinter funktioniert bei allen unbewusst ablaufenden Vorgängen. Schauspieler wissen ein Lied davon zu singen, wenn sie plötzlich bewusst gehen sollen oder in einen Raum eintreten und die Tür schließen sollen. Auch wenn wir uns beobachtet fühlen oder die Kamera läuft, wird das Einfache plötzlich schwierig.

Zu Golfspielern gibt es sogar eine spezielle Untersuchung. Die Frage der Forscher dazu lautete: Erzielen geübte Golfspieler bessere Leistungen, wenn sie vor dem Schlag nachdenken? Das Ergebnis der Studie der beiden Neurowissenschaftler Joseph G. Johnson und Markus Raab 2003 war eindeutig: Die erste spontane Idee war die beste. Je mehr sie nachdachten, desto schlechter wurde ihr Schlag. Die Erklärung: Wenn Anfänger sich vorher mental vorgestellt hatten, wie sie ins Ziel treffen würden, hat sich nicht nur die Leistung gesteigert, die getesteten Spieler verbrachten zudem mehr Zeit auf dem Golfplatz als ihre ungetesteten Kollegen, da sie von ihrer Motivation zehren konnten. Die Vorstellungskraft beflügelt nämlich das Durchhaltevermögen, hat die Studie gezeigt. Visualisierungsübungen sind deshalb gute Partner auf dem Weg zum Erfolg.

Die Kehrseite der Medaille auf den Punkt gebracht: Für Spitzensportler gibt es wohl nichts Schlimmeres, als ins Grübeln zu geraten. Der österreichische Skispringer Gregor Schlierenzauer wird sich vor der Vierschanzentournee 2015, die ihn ins Mittelmaß abstürzen ließ, nachdem er in den Jahren zuvor grandios absahnen konnte, höchstwahrscheinlich gefragt haben, was auf einmal anders war, was er verbessern könne und vieles mehr. An Siegeswillen und Fleiß hat es ihm sicher nicht gemangelt, vielmehr schien ihm die Leichtigkeit gefehlt zu haben. Wir nehmen an: Das Nachdenken hat ihm einen Streich gespielt – das Gehirn hat ihn sabotiert.

Aber Achtung! Bevor Sie nun jede Entscheidung aus dem Bauch heraus treffen wollen – ohne Nachdenken und in blindem Vertrauen auf die Kraft der Intuition: Eine gute Intuition setzt Erfahrung voraus. Die oben genannten Golfspieler waren geübt. Anders überlegt: Würden Sie zu einem Arzt gehen, der sich aus dem Bauch heraus für eine bestimmte Therapie für Sie entscheidet? Bei einem jungen Arzt würden wir Ihnen eher davon abraten. Bei einem erfahrenen Arzt ist das hingegen eine gute Idee! Komplexe Entscheidungen werden am besten gefällt, wenn es sich um Musterentscheidungen handelt. Denn aufgrund zahlreicher Erlebnisse und Erfahrungen haben sich Muster im Gehirn, genauer gesagt in den Basalganglien, abgespeichert. Das heißt: Je mehr Erfahrungen, desto besser das Musterdenken und damit auch die Intuition. Das Ganze müssen Sie sich wie Wellenreiten vorstellen: Je mehr Wellen Sie im wahrsten Sinne des Wortes durchgestanden haben, desto sicherer sind Sie bei neuen Wellen. Ihr Körper – besser gesagt Ihr Gehirn – regelt das alles wie von selbst. Und so funktioniert es am besten. Kommen völlig neue Verhältnisse wie ein neuer Ort mit neuen Wasserverhältnissen oder besonders hohe Wellen auf Sie zu, hilft kurzes Nachdenken davor, ja dann ist eine Strategie sinnvoll – um aber anschließend im Moment des Wellenreitens wieder das Bauchgefühl wirken zu lassen.

Wir sehen: Es ist nicht ganz so einfach. Aber es gibt ein klares Vorgehen: Je einfacher etwas ist, desto besser funktioniert der Verstand – bei Neuem ist allerdings Nachdenken von Vorteil. Mit der Erfahrung in einem bestimmten Bereich erhöht sich die Trefferquote des Unbewussten. Wenn wir die Zeit haben, lohnt sich immer ein Check mithilfe des Verstands. Denn unser Gefühl kann uns auch täuschen.

Nochmal: Wir lernen vor allem durch »trial and error«, durch Versuch und Irrtum, ergänzt durch wohldosierte Verstandeskraft – und speichern ohne viel Grübeln die positiven Erfahrungen im Gehirn ab. Darum lernen wir mit innerer Motivation, mit Freude und anderen positiven Gefühlen am besten. In diesem Zusammenhang sind endlose Vokabellisten und Grammatiktafeln im Sprachunterricht völlig sinnwidrig. Denn wie haben wir unsere Muttersprache erlernt? Durch Imitation und Ausprobieren, quasi von selbst. Und die vergessen wir nicht mehr, selbst wenn wir jahrzehntelang woanders leben und dort eine andere Sprache verwenden. Wie gut aber erinnern wir uns nach ein paar Jahren noch an unser in der Schule angeeignetes Wissen? Wie gut ist unser Latein oder unser Französisch nach einigen Jahren ohne Praxis und Übung? Die Forschung zeigt, dass Lernen am besten spielerisch funktioniert – eben ohne Druck, ohne Nürnberger Trichter und mit viel Imitieren und Ausprobieren. Schade, dass vielen von uns das Lernen in der Schule so miesgemacht worden ist! Denn jegliche Art von Lernblockade bleibt für gewöhnlich das restliche Leben lang bestehen, wodurch wir unnötigerweise in unserer Entwicklung gebremst werden. Es sei denn, wir gewinnen wieder an Freude, Selbstvertrauen und Motivation. Wissenschaftliche Erkenntnisse lassen uns außerdem wissen, dass unsere Vernunft relativ rasch an Kapazitätsgrenzen stößt. Da hilft es nicht gerade, dass unsere westliche Tradition derart stark vom Verstand geprägt ist. Bereits zu Zeiten der Aufklärung galt unsere Vernunft als Allheilmittel, doch gerade bei komplexen Entscheidungen und mit viel Erfahrung im Gepäck ist das Bauchgefühl dem Denken nun mal überlegen. Und wenn wir zu viel im Nachdenken sind und ständig grübeln, blockieren und stressen wir uns nur selbst, wodurch nicht nur unsere Leistung abfällt, sondern auch unser Wohlgefühl. Gewinner grübeln eben nicht. Aber: Sie sind durchaus pessimistisch.

Wir sind Pessimisten – und das ist gut so

Ratgeber, die uns empfehlen, sorgenfrei zu leben, alle Zweifel abzustreifen oder Abstand von Pessimisten zu halten, waren zu ihrer Zeit Bestseller. Sie bauen auf dem auf, was viele von uns schon in ihren Kindertagen gehört haben: »Denk immer positiv! Wenn du nur daran glaubst, kannst du alles schaffen!« Aber ist das wirklich so? Entspricht das den Tatsachen? Ist es hilfreich und bringt es uns im Leben weiter, wenn wir stets optimistisch sind?

Mit derlei Headlines locken Motivationstrainer jedenfalls hunderte Menschen in einen Hörsaal, denn Fast-Food-Formeln sind attraktiv. Auch Barack Obama hat mit dem lapidaren »Yes, we can!« Millionen Menschen begeistert. Wir alle haben unsere Träume und lieben es, wenn wir auf einfache Weise vermittelt bekommen, dass sich diese realisieren lassen. Talent? »Überbewertet!«, heißt es. Spitzensportler, Popstars, Nobelpreisträger – wir können alles werden, wenn wir daran glauben, es uns intensiv vorstellen und hart dran arbeiten. Es wirkt auch durchaus heldenhaft, sich vorzustellen, dass es eine Frage des Fleißes und der inneren Einstellung ist, wie erfolgreich man sein Leben gestaltet. Mangelndes Können wird als Ergebnis eines »einschränkenden Glaubenssatzes« und Skepsis als »Ausrede« abgetan. Über Thomas Muster, das österreichische Tennis-Ass aus den 1990er-Jahren, wird immer wieder berichtet, er hätte weniger Talent als sein inzwischen verstorbener Landsmann Horst Skoff gehabt. Wie konnte er dann derart erfolgreich werden? Die Antwort: Er war einfach fleißiger. Das mag schon so sein. Trotzdem kann nicht jeder, der so hart wie Thomas Muster arbeitet, die Nummer eins der Weltrangliste werden. Es gibt einfach physische Grenzen, psychische Grenzen und nicht zuletzt Talentgrenzen – ob uns das nun gefällt oder nicht.

Positiv zu denken ist dennoch stark in Mode gekommen. Es birgt allerdings neben den durchaus angenehmen Auswirkungen auf die Psyche auch Nachteile. Stellen wir uns doch einmal eine Szene vor langer, langer Zeit vor: Unsere Urururgroßeltern sitzen in der Savanne rund ums Lagerfeuer. Einer unsere Vorfahren sagt zu den anderen: »Denkt doch positiv! Ich höre ständig nur ›Säbelzahntiger, Säbelzahntiger, Säbelzahntiger‹ von euch. Lasst uns einfach mehr ›Mammut, Mammut, Mammut‹ denken und das visualisieren!« Hätten unsere Ahnen diesen Rat des positiv denkenden Stammesmitglieds befolgt, gäbe es uns heute nicht. Denn in uns herrscht ein neurologisches Ungleichgewicht, das unser Überleben gesichert hat. Und genau dieses Ungleichgewicht ist heute noch sinnvoll – etwa in einer dunklen Seitengasse, bei einer Panne auf der Autobahn oder wenn wir in griechische Aktien investieren sollen.

Blinde Optimisten küsst man nicht

Blinder Optimismus und mangelnde Selbsterkenntnis erhöhen definitiv nicht den persönlichen Erfolg. Im Gegenteil führt diese Haltung dazu, dass wir aufs falsche Pferd setzen. Wir sehen im Fernsehen und auf den großen Bühnen die Erfolgreichen jene, die es geschafft haben. Die unzähligen anderen, die es nicht geschafft haben, finden kein Gehör. Diese verzerrte Wahrnehmung bewirkt ein ebenso verzerrtes Bild von Erfolg und den Formeln, die dahinterstecken.

Stellen Sie sich vor, die Bergsteigerin Gerlinde Kaltenbrunner würde mit blindem Optimismus Richtung Gipfel stürmen. Das würde schlichtweg tödlich für sie enden. Gerade erfolgreiche Menschen, die mit echten Gefahren zu tun haben, wissen, wann sie auch mal eine Tour abbrechen müssen. Dazu ein Gedankenexperiment: Sie befinden sich im Wettlauf. Sponsoren stehen hinter diesem Event, die Medien berichten. Darum investieren Sie viel, nehmen große Mühen auf sich. Wie mental stark muss man sein, um abzubrechen, um dreihundert Höhenmeter vor dem Gipfel bei dünner Luft eine Chancen-Risiko-Abwägung zu machen und dann zu entscheiden, dass man umkehrt – an dieser Stelle, derart kurz vorm Ziel? So geschehen bei Gerlinde Kaltenbrunner im Juli 2009, die in einer solchen Situation wegen der gefährlichen Wetterbedingungen tatsächlich den Rückweg angetreten hat.

Manchmal müssen wir wissen, wann wir aufgeben sollen. Viele Menschen geben zu schnell auf, keine Frage. Aber genauso bleiben wir oftmals zu lange in einer nicht mehr tragbaren Situation, etwa in einem nicht mehr gewinnbringenden Job oder in einer nicht mehr glücklichen Partnerschaft, weil wir eben schon so viel investiert haben. Statt uns in die eine oder andere Falle zu begeben, sollten wir strategisch entscheiden – wissen, was wir können, brauchen und wollen. Und dazu müssen wir unsere Stärken und Schwächen kennen, aber ebenso unsere Werte und Visionen. Das macht uns entscheidungsstärker, zielorientierter und insgesamt erfolgreicher.

Positives Denken: Auf die Dosis kommt's an!

Wie sieht es nun mit dem positiven Denken konkret aus? Zunächst einmal: Kaum ein Begriff wird so missverstanden und fälschlich benutzt. Uns wurde über viele Strecken suggeriert, positives Denken versetze nicht nur den höchsten aller Berge, sondern sei auch unser Schlüssel zum absoluten und dauerhaften Glück. Daraus hat sich etwa das »Gesetz der Anziehung« entwickelt, das Rhonda Byrne mit ihrem Bestseller »The Secret« nicht nur unter den Esoterikern weltweit bekannt gemacht hat. Unter »positivem Denken« können wir natürlich viel verstehen – vom grenzenlosen Optimismus und dem »Alles ist möglich!«-Glauben über das halbvolle Glas bis hin zum »Alles wird gut!«-Gedanken. Manche Menschen glauben an Schicksal oder daran, dass alles seinen Sinn hat.

Die in den USA lebende Psychologin Gabriele Oettingen hat bereits 1991 eine Studie durchgeführt, in der es ums leidige Thema »Abnehmen« ging. Dafür zog sie nur weibliche Testpersonen heran, die in zwei Gruppen unterteilt wurden: Einerseits nahmen Frauen daran teil, die von vornherein meinten: »Ich weiß nicht, ob ich das schaffen kann. Vermutlich werde ich wieder scheitern! Ich habe schon mehrere Diäten hinter mir und war nie erfolgreich!«, andererseits gab es die Teilnehmerinnengruppe, die davon ausging, dass sie nach der Diät schlanker als vorher sein würde, weil sie optimistische Gedanken hegte. Das spannende Ergebnis: Die Pessimistinnen haben im Schnitt zwölf Kilogramm mehr abgenommen als die positiv Denkenden! Was ist da passiert? Die pessimistische Einstellung hatte viel Druck aus der Sache genommen, während der Optimismus erheblichen Druck ausgeübt hat – und Druck kann leistungsmindernde Auswirkungen haben. Beim ersten Rückschlag hatten die Optimistinnen mit Gedanken wie »Jetzt nehme ich doch wieder zu, obwohl ich schon so viel abgenommen habe!« oder »Ich habe keine Lust mehr, ich würde das Programm am liebsten abbrechen« zu kämpfen, was zu Stress, Frustration, Enttäuschung und Verzweiflung geführt hat. Das ungefilterte positive Denken hat die Teilnehmerinnen daran gehindert, ins Handeln zu kommen und schlussendlich durchzuhalten.

Eine weitere Studie, die diesen Effekt bestätigen konnte, wurde 2013 durchgeführt. Sie ergab, dass ältere Menschen, die weniger hohe oder positive Erwartungen ans Altern und dessen Begleiterscheinungen hatten, länger und glücklicher leben als solche, die beinahe krampfhaft davon ausgingen, dass der Alterungsprozess problemlos vor sich gehen würde. Offenbar waren die Pessimisten unter ihnen umsichtiger im Alltag, haben sich mehr um sich und ihre Gesundheit gekümmert und den Arzt rascher aufgesucht, wenn sie Schmerzen verspürten – weil sie die Ursache für einen guten Lebensabend nicht im Glück oder Zufall, sondern in der Eigenverantwortung zu erkennen glaubten.

Warum gezieltes positives Denken dennoch seine Berechtigung hat

Optimismus in einer stark ausgeprägten Form macht uns also blinder für die Gefahren und Probleme des Lebens und sorgt bei Rückschlägen und Schwierigkeiten dafür, dass wir schneller frustriert und gestresst sind. Hand aufs Herz: Möchten Sie bei einem Piloten mitfliegen, der so optimistisch ist, dass er gar nicht erst Notfallssimulationstrainings macht? (Die Frage ist natürlich rein hypothetisch, denn diese Trainings sind verpflichtend.) Man könnte auch sagen: All sunshine makes a desert. Überzogener Pessimismus wiederum treibt uns in eine Negativspirale und verhindert, dass wir unsere Chancen wahrnehmen. Oder möchten Sie bei einem Piloten mitfliegen, der sich Tag ein und Tag aus nur mit Flugzeugkatastrophen und Notfällen beschäftigt? Wohl ebenso wenig.

Was ist also die Lösung? Ein gesunder, realistischer Optimismus kann die Leistung beflügeln. Dies wurde bei Vertriebsleuten untersucht und gezeigt: Ob Verkäuferpersönlichkeiten extrovertiert oder introvertiert sind, spielt keine Rolle. Einen großen Einfluss auf die Umsatz-Performance hat allerdings die optimistische Einstellung. In einer legendären Publikation des Psychologen Peter Schulman von der University of Pennsylvania wird anhand von dreißig Jahren Forschung und einer Million Teilnehmer gezeigt: Neben der Fähigkeit zur Eigenmotivation ist Optimismus der Schlüsselfaktor für Spitzenleistungen im Sales. Beispielsweise zeigte sich im Außendienst zweier Versicherungsunternehmen, dass optimistische Vertriebsleute um fünfunddreißig Prozent mehr verkauften als pessimistische Kollegen. Peter Schulman empfiehlt daher, Optimismus zu trainieren.

Zum Thema »Älterwerden« wurde an der renommierten Yale University festgestellt: Wer das Älterwerden positiv sieht, lebt länger. Nämlich um mehr als sieben Jahre. Eine positive Grundeinstellung kann auf die Lebenserwartung ähnlich stark wirken wie mit dem Rauchen aufzuhören, regelmäßig Sport zu treiben und auf die Ernährung zu achten. Spannend, wie effektiv Gedanken sein können!

Das wirft natürlich die Frage auf, was eine gute Portion Optimismus und positives Denken ganz konkret ausmacht. Zunächst einmal ist es wichtig, sich darüber klarzuwerden, was positives Denken eigentlich ist. Nach Reinhard Sepac, einem der Pioniere des modernen Mentaltrainings, geht es dabei um die Ausrichtung der Gedanken auf ein Ziel: Wer positiv denkt, konzentriert seine Gedanken und Gefühle beharrlich auf das gewünschte Ergebnis. Diese Ansicht setzt also direkt an unseren Zielen, unserer Wahrnehmung und der Art, wie wir diese verarbeiten, an. Ein Mensch, der positiv denkt, hat demnach ein Ziel und fragt sich bei allem, was ihm begegnet, wie ihm das für sein Ziel dienlich sein kann.

Denken wir an James Bond, wie er einen Bösewicht verfolgt: Er ist voll fokussiert auf seine Aufgabe, seine Mission. Rückschläge halten ihn nur kurzfristig auf. Damit haben wir einen weiteren wichtigen Punkt erreicht: Rückschläge gehören dazu!

Für die deutsche Psychologin Gabriele Oettingen ist klar: Purer Optimismus führt direkt zum Misserfolg. Sie hat gemeinsam mit ihrem Kollegen Peter M. Gollwitzer ein Modell entwickelt, das sich WOOP (Wish Outcome Obstacle Plan) nennt – oder auch »Methoden des mentalen Kontrastierens«.

Dazu folgende Anleitung: Suchen Sie sich für diese mentale Technik ein ruhiges Plätzchen, an dem Sie ungestört sind und schließen Sie die Augen. Denken Sie an etwas, das Ihnen realistisch erscheint – zum Beispiel eine gute Präsentation in der Firma zu halten, ein erfolgreiches Date oder einen Zehnkilometerlauf in persönlicher Bestzeit. Dann gehen Sie in die Vorstellung und spielen durch, was passiert, wenn Ihr Vorhaben klappen sollte. Erleben Sie das Gefühl dazu möglichst intensiv, lassen Sie aber die Bilder auch ganz locker vor Ihrem inneren Auge vorüberziehen! Dann kommt's: Visualisieren Sie jetzt ein großes Hindernis, das Ihnen bei der Erreichung Ihres Ziels im Weg steht. Stellen Sie sich auch das intensiv vor. Und dann visualisieren Sie weiter, was Sie in dieser Situation machen würden, um das Hindernis zu überwinden. Dadurch werden Sie für eine solche Situation besser gewappnet und gewinnen an Handlungsmöglichkeiten und Selbstsicherheit.

Mit anderen Worten: Wir sollten das positive Denken einsetzen, aber auch Barrieren, Hindernisse und Probleme mental vorwegnehmen. Blinder Optimismus ist nicht gut – eine positive, lösungsorientierte Grundhaltung sehr wohl. Die Motivationstrainer und Gurus des positiven Denkens haben mit einem recht: dass wir zu oft im negativen Denken verhaften – und darüber auch ins Grübeln geraten. Wir haben eine Art neurologisches Ungleichgewicht in uns. Ein negatives Erlebnis prägt sich stärker ein als ein positives, zweifelhafte Situationen und Veränderungen sehen wir eher mit Skepsis und Sorge. Wir sind mit der Erinnerung im vergangenen Negativen, und auch Psychologie und Psychotherapie gehen stark in die auf die Vergangenheit ausgerichtete Ursachenforschung. Der US-Amerikaner Martin Seligman hat die »positive Psychologie« entwickelt und meint damit eine prospektive, auf die Zukunft orientierte Psychologie. Denn er hat erkannt: Auch die Psychologie ist zu stark im Negativen, im Behandeln, im Therapieren und zu wenig im Positiven, in der Vorsorge, in der Stärkung des Ichs tätig.

Negative Gedanken erzeugen Stress und wir wissen, was das auslöst: Sie aktivieren unsere Amygdala und unsere innere Alarmanlage geht los. Auf Dauer kann das ganz schön ungesund sein. Ein konstruktiver Zugang ist darum das Mittel der Wahl – und in vielen Bereichen hilfreich. So etwa, wenn es darum geht, unsere Selbstheilungskräfte zu aktivieren. Alles immer optimistisch anzugehen, kann dagegen zu Überschätzungen und halbherzigem Handeln führen. Nochmal zurück zum bereits erwähnten Piloten als Paradebeispiel: Jener, der im Flugsimulator gänzlich optimistisch davon ausgeht, dass stets alles gutgehen wird und darum weniger trainiert als ein anderer, der sich lieber auf Übung und Können als auf die Auswirkungen des optimistischen Denkens verlässt, ist nicht unser Favorit, haben wir bereits festgestellt. Denn jener, der sich nie ernsthaft damit auseinandergesetzt hat, was de facto passieren könnte, der sich deshalb mental nie auf den Ernstfall vorbereitet hat, um genau durchzugehen, wie er dann agieren wird, ist ganz eindeutig kein Pilot, den wir gern im Cockpit hätten, wenn wir unseren Flug in den wohlverdienten Urlaub antreten. Er ist nicht optimal vorbereitet, und sollten eines Tages wirklich die Triebwerke ausfallen, wünschen wir uns den anderen, der von vornherein davon ausgegangen ist, dass so etwas jederzeit geschehen kann, und der darum weiß, was zu tun ist, um die Maschine mit uns an Bord sicher auf den Boden zu bringen.

Das lässt sich auf alle anderen Lebensbereiche übertragen: Wenn wir unterm Messer eines Chirurgen liegen, hätten wir auch gern einen, der mental gestärkt ist, weil er nicht mit einem »Wird schon schiefgehen!« in den Operationssaal gekommen ist, ohne sich darauf vorbereitet zu haben, wie er agieren wird, um unser Leben zu retten, wenn es doch unerwartet schiefgeht.

Lassen Sie uns zusammenfassen: Wenn wir blind optimistisch sind, werden wir regelmäßig enttäuscht sein und in vielen Bereichen scheitern – oder uns zumindest so fühlen – und unterm Strich nicht erfolgreich sein. Das bedeutet allerdings nicht, dass wir ausschließlich pessimistisch durchs Leben gehen und ständig nur darüber nachdenken sollten, was uns alles passieren könnte. Die Lösung liegt wie so oft in der Mitte. Aus wissenschaftlicher Sicht heißt der Zauberbegriff »defensiver Optimismus«: Wenn wir unser Stress- und Angstzentrum richtig nutzen, schaffen wir den Spagat zwischen Optimismus und Überleben. Wir können demnach grundsätzlich positiv an jede Sache herangehen, uns mithilfe unserer optimistischen Haltung motivieren, sollten unsere Erwartungen an eine Situation aber eher niedrig ansetzen, Rückschläge einplanen und uns darauf einstellen, dass es unter Umständen schwierig werden könnte. Bestmöglich schließen wir nicht aus, dass etwas passieren kann, sondern spielen den Ablauf durch, wie wir vorzugehen haben, wenn etwas Ungeplantes, Negatives geschieht. So sind wir gewappnet, vorbereitet und können im Ernstfall agieren. Übersetzt auf den Versuch, Gewicht zu verlieren, würde das bedeuten: Wir überlegen uns im Vorfeld, was passiert, wenn die Schokolade wieder zu verlockend wird, wie wir vorgehen, wenn wir der Lust auf Chips nachgegeben haben oder Burger und

Pizza nicht widerstehen konnten. Dann haben wir einen Notfallplan für solche Situationen und müssen nicht gleich die ganze Ernährungsumstellung über Bord werfen, weil es »eh schon egal« ist, wenn wir einmal umgefallen sind.

Ihr bester Freund: die Kraft des Scheiterns

Viele Menschen haben Angst zu scheitern. Niederlagen tun weh. Sie zeigen uns unsere Grenzen. Wir könnten uns blamieren. Doch viel schlimmer als jede Niederlage ist die Angst davor. Sie hemmt uns in unserer Entwicklung, in unserem Tatendrang, und in unserem Erfolg. Daher macht es Sinn, sich dieser Angst zu stellen, genau dort hineinzugehen, wo es zunächst unangenehm ist. Denn daraus entsteht Wachstum. Unsere Gefühle sind wie ein Tornado. Wenn wir in sie hineingehen, stürmt es dort fürchterlich. Doch wenn wir in der Mitte des Tornados angekommen sind, merken wir: Im Auge herrscht Windstille.

Mit Ängsten, Sorgen, Zweifeln ist es genauso: Je mehr wir ihnen folgen, desto mächtiger werden sie. Erst wenn wir uns diesen negativen Gefühlen stellen, entsteht echte Entwicklung. Und da macht es Sinn, nicht nur das Positive, sondern auch das Scheitern im Kopf durchzuspielen.

Perfektioniert haben das Durchspielen des Scheiterns übrigens die Samurai. Die japanischen Krieger haben einen Ehrenkodex, den Hagakure, der 1710 bis 1716 in einer Schrift festgehalten wurde und eine Übung beinhaltet, die den Namen »Stirb jeden Morgen!« trägt und ihn auch verdient, weil sie wirklich dramatisch vor sich geht. Jeden Tag nach dem Aufstehen stellte sich ein Samurai vor, auf welche Weise er sterben könnte: wie ihn Pfeile durchbohren, Kugeln treffen, Schwerter zerfetzen, ihn eine Woge wegspült, er von einer Klippe springt, ins Feuer geht, vom Blitz erschlagen wird oder wie ihn eine Krankheit dahinrafft. Die jeweilige Todesart spielte der Krieger in all ihren Facetten so genau wie möglich durch, um sich abzuhärten und letztlich die Angst vorm Sterben zu verlieren. Der Effekt: Im Kampf waren die Samurai furchtloser, stärker und damit erfolgreicher als ihre Gegner – und dadurch meist siegreich.

Die moderne Forschung bestätigt: Durch Intravision – den Blick auf die Emotion – können sich negative Emotionen lösen. Die Strategie: beobachten, was sich tut, wenn wir uns nicht wohlfühlen. Statt wegzuschauen ist bewusstes Hinschauen die Antwort. Indem wir uns die schlimmstmögliche Sache vorstellen, sie durchleben und sie annehmen, haben wir weniger Angst vor ihr. Das hat schon im 1998 erschienenen Film »Der Guru« mit Eddie Murphy bestens funktioniert, als er einem Mann über dessen Flugangst – die natürlich in Wahrheit eine Absturzangst ist, denn wer hat schon Angst vorm Fliegen an sich – hinweghilft, indem er ihn während des Zustands der Hypnose einen Flugzeugabsturz durchleben lässt. Wichtig ist bei solchen Visualisierungen allerdings, nicht voll und ganz im Gefühl der Befürchtung oder gar der Panik zu verhaften, sondern das Ganze aus der sicheren Entfernung der Distanz aus zu betrachten und zu erleben, also bewusst auf die Metaebene zu gehen. Auf diese Weise kann die negative Emotion zu einer Situation langsam kleiner werden und im besten Fall irgendwann gänzlich verschwinden.

Wenn sich ein Migränepatient vornimmt, endlich beschwerdefrei leben zu können, ist das ein schwer erreichbares Ziel, das ihn sofort unter Druck setzt: Er erwartet, ab sofort schmerzfrei zu sein, dann kommt die nächste Attacke, was ihn enttäuscht und an der Methode zweifeln lässt und so weiter. Das funktioniert also nicht besonders gut. Besser wäre es, wenn er sich darauf einstellt, dass wieder ein Migräneanfall auf ihn zukommen könnte. Dann kann er damit umgehen, wenn es soweit ist. Hilfreich ist es für einen solchen Menschen etwa, wenn er sich nicht darauf konzentriert, komplett schmerzfrei zu werden, sondern die Entspannung im Nacken zu genießen, die er konkret spüren kann und die ihn auf den Wohlfühlweg bringt, ohne den realistischen Bezug zur Sache zu verlieren.

Scheitern ist etwas völlig Normales, wenn man Erfolg haben möchte. Auch das wissen Spitzensportler ganz genau: Sie bereiten sich auf ein Rennen oder einen Wettkampf vor, fallen dann aber wegen einer Verletzung aus oder es ist einfach jemand anderer noch besser, weil das auch vom Training und der Tagesverfassung abhängt. Das gehört dazu, Sportler kalkulieren das ein und sind daher auch mental so richtig fit, weil sie mit solchen Rückschlägen und ihren emotionalen Begleiterscheinungen wie Frustration, Ärger und Enttäuschung umgehen können. Optimal ist es, wenn man fähig ist, aus einem Misserfolg eine neue Motivation zu beziehen, härter oder konkreter zu trainieren und damit nicht nur geistig, sondern auch in der tatsächlichen Sache wächst.

Sie sind gescheitert? Sehen Sie sich doch das Wort »gescheitert« mal genauer an: Ändert sich etwas Gravierendes durch einen einzigen Buchstaben? Sie müssen nur das T am Schluss weglassen: »Gescheitert« und »gescheiter« sind Wörter, die sich nicht umsonst ähneln. Nur wer scheitert, kann gescheiter werden. Auf einer Welle des Erfolgs geht es zwar angenehm dahin, echter Fortschritt passiert da aber nicht. Darum irren sich Führungskräfte auch, wenn sie meinen: »Mein Team ist toll. Nur wenn es mal schwierig wird, gibt es Probleme!« Das Team ist eben nicht toll – unter der Oberfläche warten die Schwächen darauf, auszubrechen. Wenn dann die Führungskraft auf Coachings, Trainings und viele Gespräche setzt, ist es eigentlich bereits zu spät. Vorbeugen wäre eben besser als heilen. Auch die Annahme »Never change a winning team« ist ein großer Irrtum – denn es verändert sich alles ständig: die Menschen, die Situationen, das Umfeld. Wir merken es erst dann, wenn die Umwelt sich so stark verändert hat, dass wir nicht mehr mitkommen. Tappen Sie nicht in die Routinefalle! Ändern Sie aktiv, statt passiv verändert zu werden! Nehmen Sie darum Niederlagen als Wachstumschancen wahr! Wer im Gegenteil dazu resigniert und es nicht schafft, den Ärger loszulassen, sondern ihn immer wieder hochkommen lässt, der wird wahrscheinlich schneller, als es ihm lieb ist, erneut scheitern – und immer wieder, bis er sich nichts mehr zutraut, es keinen Spaß mehr macht, die Frustration siegt.

Wir Mitteleuropäer – ganz besonders Österreicher und Deutsche – sind nicht besonders geübt im Scheitern, da es unsere Kultur nicht gerne sieht, wenn jemand einen Fehler macht. Ganz anders in den USA: Dort gehört es sogar zu den Auswahlkriterien bei der Besetzung von Managerposten, dass die Betreffenden bereits einmal ein Unternehmen in den Sand gesetzt haben. Denn das bedeutet: Sie werden dieselben Fehler ziemlich sicher nicht wiederholen und scheinen außerdem aus dem mutigen und stressresistenten Holz geschnitzt zu sein, das man sich in der Führungsetage wünscht. Es sei uns also verziehen, wenn wir aus unseren Breitengraden ein wenig länger dafür brauchen, um den Vorteil eines Rückschlags für uns zu erkennen.

Hier kommt die emotionale Spannkraft nach dem US-Sportpsychologen James E. Loehr ins Spiel. Dabei geht es darum, ob jemand ein Stehaufmännchen ist, sich nach dem Hinfallen schnell wieder hochrappeln kann oder ob jemand im Sumpf des emotionalen Elends, das mit dem Scheitern einhergehen kann, verweilt und sich dadurch selbst im Weg steht, was eine Entwicklung und späteren Erfolg betrifft.

Auf YouTube gibt unter dem Suchbegriff »famoust failures« tolle Geschichten zu entdecken – so auch die folgenden: Der ehemalige erfolgreiche US-amerikanische Basketballspieler Michael Jordan wurde zu seiner Zeit zunächst aus einer Basketballmannschaft geworfen. Albert Einstein konnte im Alter von vier Jahren noch nicht sprechen. Die

US-Talk-Queen Oprah Winfrey verlor einst einen Job, weil sie fürs Fernsehen als nicht geeignet betrachtet wurde. Walt Disney wurde als Journalist gefeuert, weil er zu »ideenlos« war.

In einer NIKE-Werbung beschreibt Michael Jordan, wie neuntausend Würfe danebengingen und dreihundert Spiele verloren wurden: »I failed over and over and over again in my life. That is why I succeeded.« Von Niki Lauda, der im Frühjahr 2016 für sein Lebenswerk ausgezeichnet worden ist, haben wir Ähnliches gehört. Diesen Gedanken griff er bei der Verleihung neu auf, indem er seinen Preis den Verlierern widmete: »Denn ich habe aus Niederlagen mehr als aus Siegen gelernt.«

Mentale Stärke als hilfreicher Bruder der Kraft des Scheiterns

Ein Fußballer vergibt einen Elfmeter im Match gegen jede Wahrscheinlichkeit zu vierzig Prozent, während er es im Training mit bis zu fünfundsiebzigprozentiger Hochrechnung schafft, den Ball im Tor zu landen. Red Bull Salzburg ist das etwa bei der Qualifikation zur Europa League 2015 passiert, dass die Mannschaft am Elfmeterschießen scheiterte, weil der Ball bei fünf Versuchen dreimal das Tor verfehlte. Auch bei der WM 2016 in Frankreich haben im Match »Deutschland gegen Italien« beide Mannschaften haufenweise Elfmeter verschossen. Und auch Christiano Ronaldos Elfer im Spiel gegen Österreich prallte an der Stange ab. Wenn es also um etwas geht, versagen Fußballer wesentlich häufiger als beim Probieren für den Ernstfall. Heruntergebrochen könnten wir von mangelnder mentaler Stärke sprechen. Nerven wie Drahtseile, Nehmerqualitäten, positives Denken – mentale Stärke hat viele Aspekte.

Was aber genau ist mentale Stärke? Und wie mental stark sind Sie?

Stellen Sie sich vor, Sie stehen auf einem Podest von fünfzehn Zentimetern Höhe. Kein Problem, oder? Nun wird das Podest auf eineinhalb Meter erhöht. Vielleicht nicht mehr ganz so angenehm, vielleicht zittern die Knie ein wenig, doch die meisten können noch gut stehen. Aber was ist, wenn Sie plötzlich auf dem Podest in fünfzehn Metern Höhe stehen? Wir bewerten die Situation als gefährlich, es kommen Gedanken wie »Was ist, wenn ich hinunterfalle?«

In jeder Situation fokussiert zu bleiben, seine beste Leistung abzurufen und daran zu wachsen – das ist mentale Stärke. Ganz egal ob es den Alltag, Beruf oder die Gesundheit betrifft. Viele Menschen vermissen mentale Stärke etwa, wenn es darum geht, vor einem großen Publikum zu reden, eine wichtige Prüfung zu schaffen, schwierige Entscheidungen zu treffen, das erste Date erfolgreich zu absolvieren oder im Umgang mit einer chronischen Erkrankung.

Unser alter Bekannter Timothy Gallwey definiert mentale Stärke mit einer einfachen Formel: Leistung ist gleich Potenzial minus Störung ($L = P - S$). Was ist damit gemeint? In uns allen schlummert ein Potenzial, etwas Bestimmtes auf eine bestimmte Art und Weise tun zu können. Dieses Potenzial setzt sich aus Talent und Training, unserem Wissen und unseren Fertigkeiten zusammen. Störungen verhindern, dass wir dieses Potenzial voll ausschöpfen können. Und solche Störungen sind Gedanken wie »Hätte ich mich nur besser vorbereitet«, »Hoffentlich versage ich nicht« oder »Ich muss das jetzt unbedingt schaffen!« Diese Art von Gedanken sind Bewertungen, die unmittelbar zu einer Emotion führen und den Stresspegel erhöhen. Wir kennen das schon: Muskeln verkrampfen sich, der Atem wird flacher, wir sind gedanklich nicht mehr voll bei der Sache. Und dann wird es meist tatsächlich nicht gutgehen, denn wenn die Störung zu groß ist, gibt es kein Happy End.

Mentale Stärke ist verwandt mit Resilienz, der Fähigkeit, mit Rückschlägen umzugehen, und der Kohärenz, der Einstellung, die unsere Selbstheilung fördert. Auf die Kohärenz kommen wir später noch im Kapitel über die Selbstheilungskräfte zurück, doch die Resilienz wollen wir uns jetzt genauer ansehen: Resilienz bedeutet also die psychische Widerstandskraft bei der Bewältigung von Krisen. Sie umfasst den konstruktiven Umgang mit psychisch-seelischen Belastungen bis hin zum Meistern von harten Schicksalsschlägen.

Vor bereits fast tausend Jahren formulierte der tibetische Meditationsmeister Milarepa den Satz »Wenn man alles, was einem begegnet, als Möglichkeit zu innerem Wachstum ansieht, gewinnt man innere Stärke.« Dieser Denkansatz ist nach wie vor aktuell und findet eben auch im modernen psychologischen Begriff der Resilienz seine Entsprechung.

Die sieben Säulen der Resilienz nach Karen Reivich und Andrew Shatté:
- *Optimismus:* Die Grundlage ist eine positive Sicht der Dinge und die Einstellung, dass Krisen bewältigbar und überwindbar sind.
- *Akzeptanz:* Als Erstes muss die Krise samt der dazugehörigen negativen Gefühle angenommen werden. Verdrängung ist keine gute Strategie, und auch der ständige Kampf gegen das, was nicht zu ändern ist, zermürbt.
- *Lösungsorientierung:* Hier geht es darum, aus dem Problemdenken zu kommen und die Gedanken auf Lösungen für die gegenwärtige Situation zu richten.
- *Raus aus der Opferrolle:* Viele verhaften in einer »Die anderen sind schuld«- oder in einer »Das ist dann wohl Schicksal«-Haltung. Resiliente Menschen können sich im Unterschied dazu auf ihre Stärken besinnen.
- *Selbstverantwortung übernehmen*: Hier geht es noch mehr um die Bereitschaft, die volle Verantwortung zu

übernehmen und die eigene Wirksamkeit ins Spiel zu bringen.
- *Beziehungsorientierung:* Ein stabiles soziales Umfeld ist überaus bedeutend. Aktive Beziehungspflege, Familie, Freunde und Bekannte sind wesentliche Resilienzfaktoren.
- *Zukunftsplanung:* Resiliente Menschen sind vorrangig auf die Zukunft ausgerichtet, haben Pläne und sehen einen Sinn in ihrem Dasein. Sie können auch ihr eigenes Potenzial realistisch einschätzen, sind auf das, was kommt, gut vorbereitet.

Wesentlich ist dabei immer wieder der Umgang mit Problemen, Rückschlägen, Krisen. Die alles entscheidende Frage lautet: Zerbrechen wir daran oder gehen wir daraus sogar gestärkt hervor?

Anhand von fünf einfachen Fragen, die am Institut für mentale Erfolgsstrategien entwickelt wurden, können Sie Ihre mentale Stärke recht gut einschätzen:
- In welchen Situationen stellen sich hinderliche Gedanken ein?
- Wie stark sind diese Gedanken bzw. wie stark ist der Leidensdruck?
- Wie lange wirken diese Gedanken nach?
- Welche Auswirkungen haben diese Gedanken auf Ihre Leistung, Ihr Wohlbefinden?
- Möchten Sie diesen Gedankenkreislauf unterbrechen, das Grübeln hinter sich lassen?

Wenn Sie an Ihrer mentalen Stärke arbeiten, werden Sie erstaunliche Veränderungen beobachten: Wer sich von Misserfolgen rasch erholen kann, zwischen ihnen immer kürzere Phasen benötigt, um sie zu verkraften, dem hilft das genauso, in Zukunft wieder gewinnen zu können, wie ihm hartes

Training und gegebenes Talent dahingehend unterstützend zur Seite stehen. Die Angst vorm Scheitern hingegen fungiert schnell als Erfolgsbremse.

»Die Angst des Tormanns beim Elfmeter« hat der österreichische Schriftsteller Peter Handke eine seiner Erzählungen bereits 1970 so treffend genannt. In der Geschichte über den Tormann Bloch bleibt zwar lange unklar, welchen Bezug der Titel zur Handlung hat – und schließlich wird das lediglich in einem Satz erklärt (»Nur einem Tormann, der sich komplett ruhig verhält, wird der Ball vom gegnerischen Schützen in die Hände gespielt«). Dennoch ist dieser eindringliche Satz zu einer geflügelten Aussage geworden, die bildhaft ausdrückt, was die Neurobiologie an Erkenntnissen über den Menschen bereithält; auch wenn es Beobachtungen und Erfahrungsberichten zufolge eher der schießende Fußballer ist, der beim Elfmeter immensen Druck verspürt.

Auch ein Frank Stronach hat nicht für alles ein glückliches Händchen, was er anpackt: In die Austria Wien hat der austro-kanadische Industrielle viel investiert, doch er erwies sich in Sachen Fußball nicht erfolgreich. Was sein Eintreten in die Politik betrifft, so war das ebenfalls nicht gerade von Erfolg gekrönt. Dennoch: Er hat sich merklich nie für einen Fehlschlag geniert, sondern blieb stets erhobenen Hauptes und ist immerhin mit einigen Projekten, die seinen Begabungen und seinem Können entsprechen, derart siegreich, dass er sich »Milliardär« nennen kann. Diese mentale Kraft und der ideale Umgang mit Misserfolg machen wahrhaft erfolgreiche Menschen aus!

Der österreichische Tennisprofi Thomas Muster, den wir bereits als Beispiel für Fleiß versus Talent auf den Plan gerufen haben, ist vom selben Schlag. Er erlitt unverschuldet einen schweren Autounfall, fiel in Folge dessen eine Zeitlang aus, erholte sich aber blitzschnell und wurde dann zur Nummer eins weltweit. Er hat sich nicht unterkriegen lassen, nicht mit seinem Schicksal gehadert, sondern kam wieder auf die Beine und war fähig, daran zu wachsen.

Auch der zweifache österreichische Olympiasieger im Skirennlauf Hermann Maier ist ein Paradebeispiel für mentale Stärke und Resilienz: Er hat sich ebenfalls extrem rasch von seinem Sturz und dessen Folgen erholt und war dann wieder im Spiel.

Beinahe unvergleichlich ist, wie die österreichische Stabhochspringerin Kira Grünberg mit ihrem Schicksal umgeht: Die erst Zweiundzwanzigjährige sitzt nach einem schweren Sturz während eines Trainingssprungs im Rollstuhl. Während manche Menschen daran zerbrechen würden, zeigt sie in Interviews Fassung, Lebensmut und eine bemerkenswerte Stärke. Der deutsche Schauspieler Samuel Koch, der durch seinen Sturz mit Sprungstiefeln vor den laufenden Kameras der ehemaligen TV-Show »Wetten, dass …?!« bekannt wurde, zeigt ebensolche Größe: Er ist seit seinem Unfall vom Hals abwärts querschnittgelähmt, scheint seinen Weg allerdings unbeirrt und voll mentaler Stärke weiterzugehen.

Sportler lernen durch Erfahrung, aber auch mentales Training, dass Erfolg keine Gerade ist, die von A nach B führt. Erst der Umgang mit Niederlagen, Rückschlägen und Katastrophen macht einen wahren Champion aus.

Auf YouTube ist dazu ein Video von einer Läuferin namens Heather Dorniden zu finden: Bei ihr hat die richtige Einstellung ein kleines Wunder bewirkt. Sie nahm an einem Sechshundertmeterlauf teil, stürzte bei etwa zwei Dritteln der Strecke, stand sofort wieder auf, überholte eine Konkurrentin nach der anderen und erreichte das Ziel als Siegerin. Ihr Impuls, nicht aufzugeben, hat Heather Dorniden nicht im Rennen ereilt. Ihre rasche Reaktion war vielmehr ein Ergebnis ihrer fest verankerten inneren Einstellung. Sie hat in Millisekunden abgeschätzt, ob es sinnvoll ist, rasch wieder aufzustehen oder ob dadurch vielleicht gesundheitliche Risiken entstehen könnten. Die Entscheidung traf ihr Unbewusstes, das regelrecht auf Sieg programmiert war.

Meist können wir weit mehr, als wir glauben, und schränken uns erst durch unser Erleben und damit eingehende erste Erfahrungen ein. Dazu gibt es viele Geschichten – wie jene von den indischen Arbeitselefanten, die dadurch am Weglaufen gehindert werden, indem sie an einen Pflock angebunden werden, wodurch sie sich in einem nur kleinen Radius bewegen können. Das Interessante daran: Sie werden nicht mittels eines starken Seils festgebunden, sondern es handelt sich dabei lediglich um eine dünne Schnur, die diese Riesen locker zerreißen könnten. Warum tun sie es also nicht? Weil sie nicht erst als erwachsene Tiere daran gewöhnt werden, wo sie die Kraft dazu hätten, sich zu befreien. Nein, sie werden bereits als Babys damit festgebunden, wo sie diese Schnur tatsächlich zurückhält. Die Folge: Einfach weil sie gelernt haben, dass sie nicht weiter weg können, als es dieses am Pflock befestigte Seil zulässt, fügen sie sich ihrem traurigen Schicksal. Sie haben es als Kälber probiert – es ging nicht. Warum sollten sie es also wieder probieren? Sie haben sich ihren Fehlschlag gemerkt und nie mehr versucht, sich loszureißen.

Die Geschichte findet sich in vielen Trainervorträgen und Büchern. Eine echte Quelle oder Studie gibt es dazu übrigens nicht. Was aber nachweislich gilt: Tiere in Gefangenschaft entwickeln häufig stereotype Verhaltensmuster, also sich ständig wiederholende Bewegungen, die unnatürlich und krankhaft sind. Bei Elefanten sind das Vor- und Zurückschritte, Rüssel schwingen, Kopfnicken.

Eine andere Geschichte: Fische, deren Aquarium in zwei Hälften geteilt ist, schwimmen nach dem Entfernen der Barriere, die ihnen lediglich den halben Lebensraum gewährt hat, noch lange in der ihnen bekannten Hälfte herum, bis sie die zweite entdecken. Erst langsam lernen sie, dass ihre Welt größer ist, als sie »dachten«. Auch hierfür lässt sich kein seriöser Beleg finden, aber vielleicht haben Sie etwas Ähnliches selbst schon einmal beobachtet?

Davon unabhängig ist aber ein Faktum: Je länger wir an irgendwelche Vorstellungen gebunden sind oder auf kleinem Raum festgehalten und eingeengt werden, desto schwieriger wird es, auszubrechen, wahrzunehmen, dass es da draußen noch weitergeht, dass die Welt größer ist und wir uns weiterentwickeln können. »Denke groß« ist also eine sinnvolle Maxime, damit wir uns nicht selbst zurückhalten. Meistens sind wir noch weit unter der persönlichen Schamgrenze, wenn wir für unser Leben etwas einfordern, uns Ziele setzen. Das ist ein Zeichen dafür, dass wir wie diese Elefanten und Fische sind. Doch Vorsicht: Wenn wir unbekümmert davon ausgehen, alles werden, schaffen und erreichen zu können, sind Rückschläge programmiert, und dann ist das wiederum kontraproduktiv für unser Lebensglück und unseren Erfolg. Wenn etwas nämlich trotz unseres starken Glaubens nicht klappt, wir etwas nicht schaffen, das wir uns vorgenommen haben, machen sich schnell Schuldgefühle und Minderwertigkeitskomplexe breit. Offenbar muss es ja an uns liegen, wenn wir unsere gesteckten Ziele nicht erreichen. Selbstzweifel und Überlegungen wie »Habe ich es mir nicht fest genug gewünscht?« oder »Habe ich nicht hart genug dafür gearbeitet?« sind die Folge, und mit Schuldgefühlen im Gepäck ist es schier unmöglich, erfolgreich zu sein.

Eine Studie hat anschaulich gezeigt, wie Gedanken und Gefühle der Schuld den Erfolg verhindern können. Es ging in ihr wieder mal um zwei Gruppen von Frauen, die eine Diät machen sollten. Beiden wurden zu Beginn Süßigkeiten vor die Nase gestellt. Selbstverständlich haben die meisten der Teilnehmerinnen zugegriffen und sich die Desserts schmecken lassen. Dann haben die Versuchsleiter mit einer der beiden Gruppen geschimpft: »Das ist jetzt aber nicht gut! Sie sollten doch mit der Diät starten!«, wurde deren Mitgliedern vorgeworfen, während bei der anderen Gruppe nicht negativ auf das Verspeisen der süßen Sünden reagiert wurde. »Das ist okay – schließlich haben wir sie hingestellt. Versuchen Sie aber nun, das Diätprogramm einzuhalten!«, war der Kommentar. Das Ergebnis: Jene, die Schuldgefühle hatten, waren wesentlich weniger erfolgreich, hatten wiederholte Rückschläge und scheiterten kläglich. Die anderen, die zu Beginn der Diät zwar genauso dem Gusto auf das vorgesetzte Süße nachgegeben hatten, damit aber nicht negativ konfrontiert worden waren, hatten folglich keine Schuldgefühle und gingen als die Erfolgreichen hervor.

Wir sehen an diesem Beispiel: Je unbefangener, konstruktiver, lösungsorientierter und besser wir mit unserem Scheitern umgehen, desto weniger hindert es uns letztlich am Erfolg. Das zieht sich durch sämtliche Lebensbereiche, egal ob es um die Gesundheit, die Arbeit oder unsere Beziehungen geht.

Wie unser Mindset unser Leben beeinflusst

Die US-Psychologin Carol Dweck hat bahnbrechende Untersuchungen zur inneren Einstellung und zum Selbstbild durchgeführt. Dabei hat sie etwas überaus Interessantes entdeckt: Es gibt zwei Arten von innerer Einstellung: ein fixed Mindset (starres Selbstbild) und ein growth Mindset (dynamisches Selbstbild). Zum fixen Mindset passen Gedanken wie »Da kann man jetzt nichts mehr machen«, »Es lohnt sich nicht mehr« oder »Es ist, wie es ist«, Menschen mit einem flexiblen Mindset hingegen finden sich eher in Überlegungen wie »Ich hole das Beste heraus«, »Ich bleibe auf das Ziel fokussiert« oder »Ich kann daran wachsen« wieder. Unser Mindset bestimmt auch, wie wir mit Rückschlägen umgehen.

Was unterscheidet diese beiden Menschengruppen nun konkret? Jene mit einem starren Selbstbild sehen Intelligenz und andere grundlegende Eigenschaften ihrer Persönlichkeit als fest angelegt und damit auch nicht veränderbar. Menschen mit einem dynamischen Mindset betrachten beides durch Übung, Lernen und Mentorship als entwickelbar – sie glauben deshalb nicht, dass jeder ein zweiter Einstein werden kann, aber sie verstehen, dass auch Einstein nicht schon als Genie geboren wurde.

In einer Studie, die an Dreizehn- und Vierzehnjährigen durchgeführt wurde – also in einem Alter, in dem die Anforderungen in der Schule anspruchsvoller werden –, hat Dweck über einen Zeitraum von zwei Jahren beobachtet, wie die Mathematiknoten von Schülern mit einem dynamischen Selbstbild immer besser wurden, während jene von den Teenagern mit einem fixen Mindset schlechter wurden. Es begann sich eine Art Schere zu öffnen: Die Schüler mit starrem Selbstbild konzentrierten sich in dieser Phase darauf, nach außen smart zu wirken, um bloß nicht als dumm wahrgenommen zu werden. Sie vermieden Herausforderungen und lernten eher oberflächlich. Die mit einem dynamischen Selbstbild kümmerten sich im Unterschied dazu nicht um ihre Außenwirkung. Sie tauchten in herausfordernde Aufgaben, weil es ihnen Freude bereitete, sich zu bemühen. Das Spannende ist der völlig unterschiedliche Zugang zu und folglich auch Umgang mit Fehlern, Niederlagen und Rückschlägen. Die Pubertierenden mit starrem Selbstbild versuchten, ihre Fehler zu vertuschen, sich zu verteidigen, bei Prüfungen zu schummeln und die Schuld bei anderen zu suchen – und all das aus der Motivation heraus, nicht für dumm gehalten zu werden. Die Jugendlichen mit einem dynamischen Selbstbild gingen mit ihren Fehlern offen um, weil ihnen bewusst war: Rückschläge und Niederlagen gehören dazu. Bei schwierigen Aufgaben reagierten sie positiv, neugierig und versuchten, sie zu lösen. Interessant ist außerdem: Das Gehirn von Schülern mit einem fixed Mindset reagierte völlig anders auf Fehler als jenes der Teenager mit einem growth Mindset, wie weitere Forschungen ergeben haben, die auf die Hirnaktivität abzielten. Die Schüler wurden beobachtet, während sie Aufgaben lösen mussten und dabei mit Fehlern konfrontiert: Die Gehirnströme von Growth-Mindset-Schülern waren während der Produktion eines Fehlers hochaktiv, also engagiert. Nicht so bei Schülern mit fixed Mindset – deren Gehirn war in diesem Zustand kaum aktiv. Mit anderen Worten: Das Gehirn zeigte, dass diese Teenager mental vor ihrem Problem davonliefen. Das Ergebnis der Untersuchung: Erfolg hängt von der Einstellung zu Niederlagen ab.

Die sich daraus ergebende brennende Frage ist nun: Wie kommt es überhaupt zu diesen eklatanten Unterschieden die innere Einstellung betreffend? Gibt es eine Strategie, um ein starres Selbstbild in ein dynamisches zu verwandeln und das Gehirn somit nachträglich auf Erfolg zu programmieren?

Zunächst die Hiobsbotschaft: Wir erzeugen das statische Selbstbild von Generation zu Generation selbst, denn Eltern manifestieren es in ihren Kindern, Lehrer in ihren Schülern. Sie erzeugen es durch etwas, mit dem sie an sich das Gegenteil bewirken wollen, nämlich den Nachwuchs selbstbewusster und erfolgreicher zu machen: Diese Sabotage erfolgt durch Lob! Denn Lob führt nicht zwangsläufig zu Wachstum und Erfolg, sondern ganz im Gegenteil: Das Lob schlägt zurück.

Sehen wir uns anhand einer Studie, die 2008 in den USA durchgeführt worden ist, an, was das bedeutet und wie diese Sabotage vor sich geht: Zehnjährige bekamen einen IQ-Test mit zehn zu lösenden Problemen. Danach erhielten sie Lob – entweder für ihre Intelligenz oder für die Art und Weise, wie sie das Problem gelöst hatten. Das Lob für ihre Klugheit hat die betreffenden Schüler in ein fixes Mindset geführt, während das Lob, wie sie an die Probleme herangingen, zu einem growth Mindset führte. Offenbar ist die innere Einstellung stark mit dem Selbstwertgefühl verbunden. Daher ist Lob für die Art und Weise, *wie wir ein Problem lösen*, etwas Positives: Wir werden dadurch motiviert, uns wieder mehr zu bemühen und erlangen somit ein dynamisches Selbstbild. Beziehen wir dagegen unser Selbstwertgefühl *aus den Ergebnissen, die wir erzielen*, entsteht ein fixes Mindset. Handlung ist also wichtiger als Ergebnis!

Vor diesem Hintergrund bekommen Spielplatzgespräche zwischen Eltern a là »Mein Kind ist das klügste!« eine völlig neue Bedeutung: Eine solche Einstellung überträgt sich mit unvorteilhaften Auswirkungen auf das Kind! Wesentlich zielführender und besser ist ein »Das hast du gut gemacht!« oder ein »Toll, mit welcher Hartnäckigkeit du bei dieser Aufgabe drangeblieben bist!«

Zurück zu unserer Ausgangsfrage: Können wir Kinder von einem statischen in ein dynamisches Selbstbild bringen? Ja, durchaus! In einer Studie wurden Schüler zunächst darüber aufgeklärt, dass unser Gehirn wie ein Muskel ist: Jedes Mal, wenn wir etwas Neues oder Schwieriges lernen, können die Nervenzellen im Gehirn neue, stärkere Verbindungen bilden. Und mit der Zeit macht uns das klüger. Das Ergebnis der Untersuchung: Die Mathematiknoten der Kinder verbesserten sich.

Fassen wir zusammen: Unser Mindset entsteht in erster Linie durch Imitation unserer Vorbilder im Leben, aber auch durch einen bewussten Zugang, wenn uns erst einmal klargeworden ist, welche Einstellung wir durch Eltern und Lehrer vorgelebt und von ihnen beigebracht bekommen haben. Wenn wir uns aktiv damit beschäftigen, haben wir die Möglichkeit, es zu verändern. Dabei geht es nicht darum, immer weiter zu kämpfen. Das wäre Unsinn. Natürlich gibt es Situationen, in denen ein Weitermachen nichts mehr bringt oder sogar schädlich ist. Blitzschnell richtig zu entscheiden und das Mindset wirken zu lassen, erfordert viel Erfahrung, kann aber durch Mentaltraining optimiert werden. Wenn wir Pleiten, Pech und Pannen im Gehirn mental durchspielen, und vor allem auch, wie wir wann reagieren, sind wir besser gerüstet. Das machen übrigens nicht nur Sportler, sondern auch Piloten, Chirurgen oder Manager. Und bald auch Sie?

Psychotherapie als falsches Konzept, das trotzdem hilft

»Für eine Psychotherapie ist das Gehirn nicht gemacht« war Ende 2014 groß in der deutschen Tageszeitung »Die Welt« zu lesen. In der Tat gibt es an den Theorien der Psychotherapie, die von jeher im Spannungsfeld zwischen Wissenschaft und Spekulation steht, aus Sicht der Hirnforschung Kritisches anzumerken.

Die Psychotherapie gilt für sich als wissenschaftlich anerkannte Hilfestellung mit dem Ziel der Linderung oder gar Heilung psychisch bedingter Störungen. Aus Sicht der Hirnforschung gibt es grobe Zweifel an dieser Sichtweise. So sagt der Neurobiologe und Professor für Verhaltensphysiologie Gerhard Roth aus Bremen: »Die Wirkung von Psychotherapien jedweder Art ist keinesfalls so hinreichend belegt, wie es den Anschein hat: Um mich herum lauter Therapeuten unterschiedlichster Richtungen – und nicht einer kann wissenschaftlich nachweisen, warum sein Verfahren nun genau wirkt, und zwar angeblich besser als alle anderen. Und das in einem sehr teuren und wichtigen Bereich der Gesundheitsindustrie.«

Werfen wir also einen genaueren Blick darauf: dreiundzwanzig verschiedene psychotherapeutische Richtungen werden mittlerweile in Österreich anerkannt, doch tatsächlich sind nur die wenigsten gründlich erforscht. In Deutschland ist man mit der Anerkennung etwas zurückhaltender: Der wissenschaftliche Beirat erkennt nur fünf Richtungen an, die gesetzlichen Krankenkassen bezahlen überhaupt nur drei. Vorrangig gibt es allerdings zwei Schulen, die bereits ausgiebig und seit Längerem erforscht sind: die Kognitive Verhaltenstherapie und die Psychoanalyse. Jetzt kommt etwas, das vielen vermutlich sauer aufstoßen wird: Beide sind aus wissenschaftlicher Sicht von ihrer jeweiligen Theorie her falsch! Sie beruhen auf Annahmen und Modellen, die mit der Funktionsweise des Gehirns nicht kompatibel sind. Der Hintergrund dieser Behauptung ist schnell erklärt: Weder ist es möglich, Probleme rein kognitiv durch ein Umlernen zu lösen, noch funktioniert es, Unbewusstes ins Bewusstsein zu bringen. Warum hilft Psychotherapie dann aber trotzdem? Dessen wollen wir uns jetzt ausführlicher annehmen.

Die Entdeckung des Unbewussten

Die Idee des Unbewussten hat ihren Ursprung beim deutschen Mathematiker und Philosophen Gottfried Wilhelm Leibniz – die meisten von uns kennen ihn aus der Schule als Erfinder der Differential- und Integralrechnungen. Im Jahr 1700 veröffentlichte er eine Untersuchung, die mit dem bisherigen Denken brach: »Der Glaube, dass es in der Seele keine anderen Perceptionen gibt als die, die wir gewahr werden, ist eine große Quelle von Irrtümern.« Mit heutigen Worten: Nicht alles, was wir wahrnehmen oder denken, ist uns bekannt. Leibniz hat damit das Unbewusste beschrieben, dass zweihundert Jahre später vom österreichischen Tiefenpsychologen und Religionskritiker Sigmund Freud populär gemacht und in die klinische Praxis einführt wurde.

Die Entdeckung des Unbewussten war natürlich etwas Grandioses. Freud war in jungen Jahren zunächst Hirnforscher und Neuroanatom. Seine Zeichnungen von Nervennetzen waren bahnbrechend. Allerdings machte er für sein

Verständnis zu wenige Fortschritte, um dem Psychischen auf die Spur zu kommen. Die Methoden waren damals einfach noch nicht so weit. Heute legen Neurologen Menschen in die Röhre und können dem Gehirn beim Arbeiten sprichwörtlich zusehen. Freud wandte sich von der Hirnforschung ab und wurde Psychoanalytiker. Über viele Jahrzehnte sollte nun eine strikte Trennung von naturwissenschaftlich orientierter Hirnforschung und geisteswissenschaftlich orientierter Tiefenpsychologie erfolgen – eine fatale Trennung, die dazu führte, dass es in der Psychotherapie zu einem Wildwuchs an Modellen und Methoden kam. Erst in den vergangenen beiden Jahrzehnten hat sich viel Gutes auf diesem Gebiet getan.

Was hat es aber nun mit dem Unbewussten auf sich, das ein wenig unpräzise meist »Unterbewusstsein« genannt wird? Das sogenannte Eisberg-Modell, wonach unser Bewusstsein die Spitze des Eisbergs und der riesige Teil unter Wasser das Unbewusste ist, geht auf Sigmund Freud zurück. Den großen Teil unter Wasser können wir seiner Ansicht nach nicht sehen. Freud ist dabei nicht entgangen: Das Unbewusste wirkt derart stark in uns, dass wir nicht einmal »Herr im eigenen Haus« sind. Darauf hat er konkret mit seiner »dritten Kränkung«, der »psychologischen Kränkung«, hingewiesen, die auf der von ihm entwickelten Libidotheorie des Unbewussten aufbaut und besagt, ein Großteil unseres Seelenlebens entziehe sich unserer Kenntnis und auch der Herrschaft des bewussten Willens. Diese Annahme kann aus Sicht der Hirnforschung nur bestätigt werden! Die Kritik der Neurobiologie kommt aus einer anderen Ecke: Es ist nicht möglich, Dinge aus dem Unbewussten an die Oberfläche zu locken.

Aber sehen wir uns die beiden zentralen Schulen der Psychotherapie von Grund auf genauer an: In der Tradition Sigmund Freuds, der als Begründer dieser Methode gilt, möchte die Psychoanalyse bzw. Psychodynamik ins Unbewusste blicken. Psychische Leiden werden als Folge von frühen Fehlkonditionierungen gesehen – etwas flapsig könnte man sagen: Meistens ist die Mutter schuld. Oder der historisch überholte Penisneid liegt im Hintergrund des Problems. Oder vieles andere, denn die moderne Psychotherapie hat sich natürlich seit Freud weiterentwickelt. Der Therapeut gräbt vermeintlich alte, verschüttete Dinge aus, der Patient erlebt einen Aha-Effekt und allein dadurch wird vieles besser, so die Ansicht der Analytiker. Im Prinzip besteht die Therapie vor allem aus einem »Aufdecken«.

Die Idee, etwas, das im frühkindlichen Stadium geschehen ist, als wir zwar bereits Gefühle hatten, die aber in Ermangelung von Sprache noch nicht einmal zuordnen konnten, ins Bewusste zu holen, um es auf diese Weise nachträglich bearbeiten zu können, klingt zwar verlockend, hat aber mit Wissenschaft nichts am Hut. Aus Sicht der Hirnforschung kann das Unbewusste nicht bewusst gemacht werden, da Amygdala und Basalganglien ohne sprachliche Zuordnung funktionieren. Ohne sprachlich-gedanklichen Bezug können wir uns nach Ansicht von Hirnforschern wie Gerhard Roth Gegebenheiten aber nicht bewusst machen. Mehr noch: Wir glauben manchmal, die Erklärung für unser Fehlverhalten gefunden zu haben, doch dieses »Bewusstmachen« frühester Erfahrungen ist in Wahrheit eine Konstruktion des Gehirns.

Manchmal kann die Ursachenforschung in der Vergangenheit sogar – zumindest vorübergehend – zur Verschlimmerung des psychischen Leidens führen, das ursprünglich durch den Gang zum Therapeuten vermindert hätte werden sollen. Es kann aber auch durchaus helfen, eine Erklärung für einen inneren Konflikt zu erhalten – selbst wenn diese Erklärung nicht den Tatsachen entspricht. Dann denken wir etwa, wir hätten unsere Panik vorm Alleinsein, weil uns unsere Mutter als Säugling zu wenig Beachtung geschenkt hat, obwohl dem eine völlig andere Ursache zugrunde liegen kann, oder wir hätten Bindungsängste, weil wir eine Frühgeburt oder ein Waisenkind waren – obwohl sich ein Kind bei »guter Genetik« und liebevollen anderen Bezugspersonen trotz des frühen Verlustes der Mutter psychisch gesund entwickeln kann. Darum ist dieser Ansatz auch reine Spekulation, denn ob das angenommene Erlebnis tatsächlich die Ursache für emotionale Schwierigkeiten im Erwachsenenalter ist, lässt sich nicht zweifelsfrei feststellen. Wir können nur das Ergebnis unserer Erfahrungen sehen – wie etwa die Angst vor Spinnen, die Probleme in Liebesbeziehungen oder den ausbleibenden Erfolg im Beruf –, es ist allerdings unmöglich, konkret herauszufinden, wie diese Schwierigkeiten entstanden sind, wo sie ihren Ursprung haben. Etwas anderes ist es, wenn traumatische Erfahrungen in späteren Lebensjahren gemacht werden, als Jugendlicher oder Erwachsener. Ein Banküberfall etwa kann die Angestellten, denen eine Waffe unter die Nase gehalten wurde, durchaus schwer traumatisieren. Hier ist die Ursache klar und bereits im Bewusstsein präsent.

Einen Sinn in einer Sache zu sehen, lindert übrigens den Schmerz, wie man nicht nur aus dem Bereich der Religion weiß, wo Gläubige erklären, das Vertrauen, Gott habe einen Plan, helfe ihnen, zu akzeptieren, was ihnen Schreckliches widerfahren ist. Auch in der Medizin gibt es Anhaltspunkte, die darauf hinweisen, wie wichtig der Glaube an Sinnhaftigkeit – auch Kohärenz genannt – ist: In der Placeboforschung hat sich gezeigt, dass ein Mittel dann besonders gut wirkt, wenn Patienten die Erwartung haben, es werde ihnen helfen. Selbst eine wirkungslose Tablette kann zur Schmerzlinderung oder gar Genesung beitragen, wenn wir im Vorfeld gelernt haben und darauf konditioniert worden sind, dass Medizin uns hilft, gesund zu werden. Aber eben auch, wenn wir den Sinn dahinter zu verstehen glauben: Das funktioniert nicht nur, wenn uns ein Arzt die Zusammenhänge zwischen einer Erkrankung und deren Therapie mithilfe von Pillen überzeugend vermittelt, sondern eben auch bei alternativen Heilmethoden, wenn diese zu unserem Weltbild und unseren Wertvorstellungen passen – und darum für uns Sinn machen. Es muss sich also nicht um ein echtes, realistisches Verstehen handeln, damit es uns besser geht. Auch ein Scheinverstehen bringt uns dazu, Linderung zu erfahren. Die Therapie ist erfolgsgekrönt, aber aus anderen Gründen als vermutet.

Die zweite Schule, die Kognitive Verhaltenstherapie, geht die Sache vollkommen anders an. Sie beruft sich darauf, dass ein Problem gelöst werden kann, indem die Klienten etwas einsehen, es bearbeiten, neu bewerten und ihr Verhalten dahingehend ändern. Sie sieht psychische Erkrankungen wie Ängste oder Depressionen als falsche Einsichten über sich selbst und die Umwelt. Das Unbewusste wird hier gar nicht erst »gebraucht«. Typisch für solche negativen Einstellungen sind Aussagen wie »Alle sind gegen mich«, »Niemand mag mich« oder »Alles ist schlecht«. Nach dem US-amerikanischen Psychiater und Psychotherapeuten Aaron T. Beck, der als Vater der Kognitiven Verhaltenstherapie gilt, umfasst diese Therapieform folgende Aspekte: Bewusstmachung falscher Muster, Überprüfung falscher Kognitionen in Bezug auf die jeweilige Angemessenheit des Denkens, Fühlens und Handelns, Korrektur irrationaler Einstellung und Veränderung limbischer Strukturen über den Weg der Einsicht. Bei ihr steht die gegenwärtige Fehlleistung im Fokus – Ursachenforschung ist im Unterschied zur Analyse zweitrangig. Auch sie hat theoretische Schwächen und weist wissenschaftliche Mängel auf, weil es zwar möglich ist, dass Menschen lernen, ihre Phobien und Zwangsstörungen zu überwinden, beispielsweise in Angstsituationen angemessener und für sie selbst besser zu reagieren. Doch die Beziehungsebene und das emotionale System spielen immer parallel mit. Anders gesagt: Die Annahme, es wäre alles eine Frage der Vernunft und der kognitiven Bewertung, greift zu kurz.

Insbesondere die direkte Verbindung zwischen der Einsicht auf Ebene des Stirnhirns und der emotionalen Belastung in der Amygdala ist nicht gezeigt. Aus Sicht der Wissenschaft stellt sich auch immer die Frage: Was ist Ursache und was ist Wirkung? So sind aus neurologischer Perspektive bei Depressionen gestörte Kognitionen erst die Folge der Depressionen, und nicht deren Ursache. In Phasen der Erholung verschwinden die dysfunktionalen Einstellungen oft. Interventionen auf rein kognitiver Ebene arbeiten somit zwar an den Konsequenzen der Symptome, nicht aber an deren Ursachen. Auch in der Praxis zeigt sich, dass rational-kognitive Argumente sich häufig als ineffektiv erweisen – trotz der Einsichten des Klienten. Wir wissen aus der Hirnforschung mittlerweile, dass die Ursachen tief im Emotionalen, also im unbewussten limbischen System, liegen. Ergebnisse der modernen Hirnforschung zeigen den hohen Stellenwert des Unbewussten beim Erwerb falscher Muster im Denken, Fühlen und Handeln. Diese Erkenntnis liegt nahe bei der Psychoanalyse, die sich schließlich Heilung von der Bewusstmachung des Verdrängten verspricht. Die optimistische Bewertung, das Bewusstmachen vergessener oder »verdrängter« tatsächlicher Erlebnisse sei ein wesentlicher Teil des Erfolgs der Therapie, ist allerdings nicht gerechtfertigt, wie wir bereits dargelegt haben.

Grundsätzlich kann funktionieren, was mit der Kognitiven Verhaltenstherapie bezweckt werden soll, allerdings eben wie auch bei der Psychoanalyse nicht aufgrund der dahinterliegenden Theorie – weil Emotion und Kognition nicht auseinanderdividierbar sind –, sondern dann, wenn der Therapeut auch die emotionale Komponente mit berücksichtigt, wenn die Beziehungsebene passt und eben auch Methoden verwendet werden, die nicht rein kognitiv ausgerichtet sind. Vereinfacht gesagt: Ein guter Therapeut, egal ob Analytiker oder Kognitiver Verhaltenstherapeut, versteht es, Vertrauen und positive Emotionen hervorzurufen.

Unentschieden für Psychoanalyse gegen Kognitive Verhaltenstherapie

Psychoanalytiker und Verhaltenstherapeuten haben völlig andere Ansätze und zwischen beiden brennt seit vielen Jahren ein erbitterter Streit: Welches ist der bessere Weg, wer hat die erfolgreichere Strategie? Vergleichsstudien zwischen Psychoanalyse und Kognitiver Verhaltenstherapie enden in einem Patt: So unterschiedlich sich die beiden Ansätze präsentieren und so kritisch die Erklärungen dahinter zu sehen sind – beide erzielen eine gute Wirkung, und zwar in der Regel bereits nach kurzer Zeit. Wichtig ist offenbar, einen Therapeuten zu finden, der empathisch, engagiert und erfolgsorientiert vorgeht. Das heißt: Nicht die Methode ist entscheidend, sondern das Bindungs- und Vertrauensverhältnis zwischen Therapeut und Patient – die sogenannte therapeutische Allianz. Die kurzfristige Wirkung ist nämlich auf den Glauben des Therapeuten an seine Methode und das Vertrauen des Patienten, dass ihm geholfen werden wird, zurückzuführen.

Der bereits erwähnte Gerhard Roth hat sich Studien über die Psychotherapie näher angesehen und so herausgefunden, dass alle Psychotherapiearten zumindest in den ersten Wochen und Monaten den gleichen Effekt haben. Damit hat er die Frage, warum Psychotherapie trotz mangelnder wissenschaftlicher Hintergründe rasch Erleichterung bringt, beantwortet: Dreißig bis siebzig Prozent ihrer Wirkung lassen sich auf die Therapeut-Patienten-Beziehung zurückführen. Diese Allianz ist es, die den Erfolg von Therapien ausmacht. Die Hirnforschung zeigt: Das Gehirn des Klienten reagiert auf freundliche, lobende und aufmunternde Worte, aber auch auf nonverbale Signale mit der Ausschüttung »positiver« Substanzen wie körpereigener Opioide, Serotonin und Oxytocin. Letzteres hat eine auffällige Wirkung auf das Stresssystem: Es vermindert die Freisetzung von Stresshormonen deutlich.

Deshalb ist es methodisch gesehen streng genommen egal, ob man diesen Rapport mit einem Schamanen, einem Geistlichen oder einem Psychoanalytiker herstellt. Welche Methode auch immer angewendet wird, kann helfen – sogar schamanischer Tanz oder eine Urschreitherapie. Solange es den sozialen Kontakt zwischen dem Therapeuten und dem Klienten gibt, führt dieser zu einer raschen Erleichterung, die als Effekt der Kurzzeitintervention bezeichnet wird. Diese wahrnehmbare Verbesserung resultiert aus der Zuwendung des Therapeuten, durch die der jeweilige Patient sich wertgeschätzt und angenommen fühlt. Darum ist es ist sogar erwiesen, dass alle Therapieansätze gleichermaßen zu einem kurzfristigen Ziel führen können – oder eben auch nicht. Es ist somit eine Art Placeboeffekt, der die primäre Wirkung der Psychotherapie ausmacht.

Das mag zunächst ernüchternd klingen und Sie fragen sich womöglich: Bedeutet das, dass der beste Freund als Zuhörer und Ratgeber ausreicht? Tatsächlich sind wir in einem gesunden Beziehungsnetzwerk, also mit guten Freunden, in einer intakten Familie und mit wohlwollenden Kollegen, wesentlich resistenter gegen psychische Erkrankungen als ohne ein solches stabiles Umfeld – und können diese auch leichter überwinden. Aber ganz so, dass wir keinen Profi brauchen oder uns Therapeuten nur gewogen und sympathisch sein müssen, ist es auch nicht. Wie oft reden wir über Probleme, doch das Gegenüber geht falsch darauf ein? Wie oft bekommen wir als gut gemeinten Rat ein lapidares »Komm schon, reiß dich zusammen!«? Psychotherapeuten sind darin geschult, die Verbindung zu anderen Menschen herzustellen, die richtigen Worte zu finden und auch Veränderungen zu bewirken, die über die erste Phase der Erleichterung hinausgehen. Dazu gleich mehr.

Es kann nämlich auch im Umgang mit Problemen vieles falsch gemacht werden. Und gerade bei Menschen, die einen schweren Schicksalsschlag erleben mussten, traumatisiert oder selbstmordgefährdet sind, kann das durchaus gefährlich werden. Aus Sicht der Hirnforschung ist es beispielsweise nicht gut, immer und immer wieder über Probleme zu reden. Gerade so werden stets aufs Neue die alten Bilder und Netzwerke im Gehirn trainiert. Eine langfristige Behandlung sollte deshalb zum Ziel haben, Änderungen von Gewohnheiten im Sinne von Denk- und Handlungsmustern zu erwirken. Ein versierter Coach, Trainer oder Therapeut kann demnach dann eine Verbesserung bei seinem Schützling bewirken, wenn er zusätzlich zur Bindung, die die Basis für ein als entlastend erlebtes Sich-von-der-Seele-Reden bildet, dafür sorgt, dass ein »Umprogrammieren« alter Verhaltensmuster passiert. Empathie von Seiten des Therapeuten ist darum bei dessen Auswahl mindestens genauso wichtig wie zahlreiche Diplome an der Wand. Besonders geschätzte und erfolgreiche Psychotherapeuten arbeiten außerdem selten nur mit der von ihnen erlernten Methode, sondern nehmen weitere Anwendungen mit an Bord: Mentales Training, die wissenschaftlich gut erforschte und für wirksam befundene Hypnose, Techniken aus dem NLP und anderes, das in Kombination zu einer merklichen Verbesserung des Zustands des Patienten führen kann. Die Rückseite dieser Medaille der mangelnden Manualtreue – so nennt man die Tatsache, dass Psychotherapeuten sich selten an eine bestimmte Methodik halten – ist, dass das ein wissenschaftliches Urteil erschwert.

Warum Psychotherapie funktioniert

Mit dem Wissen aus der Hirnforschung lässt sich mittlerweile gut erklären, aus welchem Grund die Therapeuten-Klienten-Beziehung in ihren Auswirkungen so vehement bedeutsam ist und den Grundstein für das Funktionieren einer Therapie legt: Passt die Beziehungsebene zwischen Klient und Therapeut, wird Oxytocin ausgeschüttet. Oxytocin dämpft das Stresshormon Cortisol und erhöht den Serotoninwert, der für eine gute Stimmung, ausreichend Schlaf und Appetit zuständig ist. Bei Angstpatienten und Depressiven werden häufig zusätzlich Medikamente verabreicht, die den Serotoninspiegel steigen lassen. Als Ergebnis fühlen sich die Betroffenen rasch entspannter, wohler, besser gelaunt. Auch eine positive Erwartungshaltung beeinflusst die psychische Gesundung über das Gehirn. Ein »Bald geht's mir besser« aktiviert Dopamin als Vorfreude, das Antrieb und Motivation verbessert. Für viele Menschen mit minderschweren Leiden und Problemen sind diese Effekte ausreichend. Sie erleben eine deutliche Verbesserung ihres Wohlbefindens und schließen die Behandlung dankbar und zufrieden ab. Sofern der alte Stress nicht wiederkommt, ist das auch völlig okay. Bei schweren psychischen Themen, aber auch tiefsitzenden Mustern reicht dieser Common-Factor allerdings nicht aus. Denn in diesen Fällen ist im Gehirn jene Region beeinträchtigt, in der unsere Gewohnheiten und Fertigkeiten im Fühlen, Denken und Handeln sitzen – die Basalganglien. In ihnen haben sich negative Muster tief eingegraben.

Die schlechte Nachricht: Aus Sicht der Hirnforschung lassen sich diese Erfahrungen und Muster nicht mehr löschen. Eine negative Sicht auf die eigene Person und die Welt wird wie Fahrradfahren erlernt – und Fahrradfahren verlernen wir eben nicht mehr. Speziell wenn einiges an Stress und schlechten Erfahrungen zusammenkommt, werden die alten Muster wieder aktiv. Was aber möglich ist: Ein *Über*lernen, also neue Muster darüberzulegen. Wir kennen das bereits von den Gewohnheiten: Dieses Überlernen ist ein Prozess, der Wochen und Monate dauert. Viele Menschen kommen an einem solchen Punkt allein nicht weiter, da sie in ihren alten Mustern buchstäblich gefangen sind.

Doch nun zur guten Nachricht: In den Basalganglien werden neue Nervenzellen gebildet – Oxytocin kann diese Neubildung von Zellen sogar fördern – und mit diesen Zellen lassen sich neue Netze bilden, die für positivere Muster im Denken, Fühlen und Handeln stehen. Welche Techniken hierfür besonders wirkungsvoll sind, wird die Forschung in den kommenden Jahren und Jahrzehnten sicherlich noch besser beleuchten können. Problemorientierte Gespräche und Grübeln sind es jedenfalls nicht. Unsere Aufmerksamkeit ist bildhaft gesprochen ein dünner Strahl – im Vergleich dazu, was wir sonst alles wahrnehmen. Und da, wo wir sie hinrichten, passiert die Veränderung im Gehirn, denn dort wird die Neuroplastizität gefördert. Hilfreich ist es, Negatives nur dann ins Gedächtnis zu holen, wenn gleichzeitig an etwas stark Positives gedacht wird, um so eine neue Verschaltung im Gehirn zu erreichen. Wenn wir uns eine Erinnerung herholen, werden Botenstoffe im Gehirn aktiv, die für die bereits genannte Neuroplastizität sorgen. Dieses Potenzial für neue Nervenverbindungen können wir nutzen, indem wir Entspannung erzielen, positive Gedanken und Lösungsbilder verwenden. Wir haben das am Beispiel des Betablockers Propranolol gesehen. Der genaue Mechanismus ist (noch) nicht geklärt, aber ein entspannter Körper gibt dem Gehirn offenbar die Information, dass alles in Ordnung ist.

In dieselbe Richtung gehen diverse Klopftechniken, die sich zunehmender Beliebtheit erfreuen: Das Problem wird gedanklich angesteuert, gleichzeitig wird das Gehirn durch Klopfen von Akupunkturpunkten abgelenkt und beruhigt. Dadurch werden ein problematisches Gefühl oder eine problembehaftete Erinnerung merklich geschwächt. Mit Energiebahnen oder Akupunkturpunkten hat das also nichts zu tun – es handelt sich vielmehr um ein neurobiologisches Phänomen: Unser Gehirn verarbeitet den Stress durch die geteilte Aufmerksamkeit.

Die Erfahrung nachträglich zu verändern, indem man von der Gegenwart aus ein Erlebnis neu und damit positiver bewertet und das Gehirn so neu programmiert, ist etwas, das wirksamer ist als eine reine Gesprächstherapieform oder die angebliche Löschung von Glaubenssätzen, die immer moderner wird, aus neurowissenschaftlicher Sicht allerdings Humbug ist. Vermutlich ist die Kombination von auf Lösungen ausgerichtetem Denken-Fühlen-Handeln jene, die am effektivsten wirkt. Hierfür bieten sich Bilder und Methoden aus der Selbsthypnose an. Außerdem ist ausreichendes Wiederholen für die Stärkung neuer Nervennetze wichtig. Aus heutiger Sicht ist zu sagen: Es gibt unterschiedliche Methoden – viele Wege führen nach Rom. Bedeutend für eine erfolgreiche Therapie sind vorrangig die Persönlichkeit des Therapeuten, seine Erfahrung und seine Fachkompetenz. Davon unabhängig sollten wir aufpassen, dass wir nicht im Problem festsitzen, mit unseren grüblerischen Gedanken in ihm hängenbleiben und es immer und immer wieder besprechen. Es ist wie beim Autofahren: Da, wo wir hinschauen, zeigt das Lenkrad hin. Und wir haben stets zwei Optionen: das Problem oder die Lösung zu fixieren.

Modewort »Stress« – Ursache aller Probleme?

Die hinter allem liegende Wahrheit mag schockieren: Die meisten Schwierigkeiten und Konflikte, unter denen wir leiden und die wir gern »wegtherapieren« lassen würden, haben mit unserem Stressbewältigungssystem zu tun. Defizite in der Stressverarbeitung, Selbstberuhigung und im stresslösenden Bindungssystem liegen praktisch allen Persönlichkeitsstörungen und psychischen Erkrankungen zugrunde. Die Zusammenarbeit von Hirnforschern und Psychotherapeuten unter der Leitung des Biologen und Hirnforschers Gerhard Roth an der Universität Bremen konnte bereits zeigen: Unsere Persönlichkeit entsteht in strenger Parallelität zur Gehirnentwicklung. Anders formuliert: Persönlichkeit und Hirnentwicklung gehen Hand in Hand.

Es gibt sechs neuropsychische Systeme, die aufeinander aufbauen:
- Stressverarbeitung
- Selbstberuhigung/Frustrationstoleranz
- Emotions- und Impulskontrolle
- Bindung und Empathie
- Belohnungsempfindlichkeit
- Realitätsbewusstsein/Risikowahrnehmung

Die Art und Weise, wie wir auf Druck reagieren, ist das Ergebnis früher Erfahrungen. Die Grundlagen für unser Temperament und unseren Charakter – und auch unser Stressbewältigungssystem – werden bereits enorm früh angelegt, zum Teil sogar schon vor unserer Geburt, also im Mutterleib. Die Stressverarbeitung ist dabei unser erstes Merkmal, deren Entstehung bereits fünf Wochen nach Beginn der Gehirnentwicklung beim Embryo beginnt und mit gut zwei Jahren abgeschlossen ist. Gerät es aus dem Lot, sind Krankheiten die Folge. Nahezu hundert Prozent aller psychischen Erkrankungen und immerhin neunzig Prozent aller physischen Erkrankungen haben mit Stress zu tun. Darum helfen Entspannungstechniken aller Art oftmals wesentlich besser, als die meisten es sich vorstellen können: Die sinnvolle Art der Erholung kann genauso erlernt und trainiert werden. Das geht im besten Fall irgendwann so weit, dass wir nur mehr an die entspannende Technik denken müssen – und es funktioniert schon, weil Gehirn und Körper »wissen«, wie es geht.

Psychische Krankheiten können zudem als eine Form der Gewohnheit verstanden werden: Wer durchgehend negativ denkt und seine Ängste schürt, lernt ein bestimmtes Muster, die Dinge zu sehen und ein Bild von sich selbst zu haben, das – gut genug trainiert – zu einer depressiven Verstimmung oder gar einer ausgewachsenen Depression heranwachsen kann. Auch unsere bereits erwähnte Stressachse, mit der wir nicht nur auf echte Gefahren, sondern auf Bewertungen von Situationen und auf reine Gedanken an sorgenbehaftete Dinge reagieren, kann dafür sorgen, dass wir auf Dauer psychisch krank werden. Weil viele der Ursachen für derlei Erkrankungen im Gehirn liegen, funktioniert auch die Einnahme von Antidepressiva. Sie erhöhen nicht nur den Serotoninspiegel, was dazu führt, dass positive Gedanken überhandnehmen können, wodurch sich der Betroffene besser fühlt. Seit Kurzem weiß man zudem, dass sie die Neubildung von Nervenzellen im Gehirn vorantreiben. Dadurch stehen frische, neue Zellen zur Verfügung, mit denen man neu lernen kann. Die neue Vernetzung hilft, andere

Denk- und Handlungsmuster zu manifestieren. Möglicherweise ist dies die wahre Erklärung, und nicht das Serotonin als Stimmungsaufheller selbst, wie und warum Antidepressiva wirken. Um diese Ressourcen bestmöglich zu nutzen, macht es Sinn, aus diesen Nervenzellen neue positive Netze zu formen. Daher ist die Arbeit an den eigenen Gedanken und Gefühlen wichtig. Übrigens: Auch moderater Sport unterstützt den Vorgang der Neubildung an Gehirnzellen. Und das rezeptfrei! Meditation ist ebenfalls hilfreich, was diesen Prozess betrifft. Allerdings ist klar: Wer so stark depressiv ist, dass er nicht mal richtig aufkommt, fängt mit diesen Tipps zunächst nicht viel an. Hier beißt sich die Katze in den sprichwörtlichen Schwanz.

Unsere Gedanken, Gefühle und unsere innere Einstellung dürften eine wichtige Rolle dabei spielen, wie wir Stress wahrnehmen.

Ein berühmtes Experiment an Ratten veröffentlichte Jay M. Weiss von der Rockefeller University in den USA im Jahr 1971: Ratten, die über einen Hebel eine Kontrolle über Stromstöße erlangen konnten, zeigten weniger physiologische Stressreaktionen als Artgenossen, die quasi hilflos zusehen mussten, wie sie Stromstöße bekamen – selbst wenn sie über eine Verbindung mit dem anderen Käfig die gleichen Stromstöße erhielten. Ein bedeutender Stressfaktor waren also nicht die Stromstöße selbst, sondern die Wahrnehmung, darauf einen gewissen Einfluss zu haben.

Vor diesem Hintergrund ist es nicht erstaunlich, dass wir uns als Passagier in einem Flugzeug weniger wohlfühlen, als wenn wir selbst ein Auto lenken. Viele Menschen sind als Beifahrer »ungeeignet«, weil sie ständig den Fahrstil bemängeln oder am liebsten gleich ins Lenkrad greifen würden. Die Erklärung dafür ist simpel: Kontrollverlust bedeutet Stress. Und jedes Gefühl von Kontrolle kann umgekehrt Stress abbauen.

Die ersten konzeptionellen Einsichten zur subjektiven Bewertung von Stress finden wir im Jahr 1974 beim US-amerikanischen Stresspionier Richard S. Lazarus. Für ihn sind nicht die Charakteristika der Reize oder Situationen für die Stressreaktion von Bedeutung, sondern die individuelle kognitive Verarbeitung durch den Betroffenen. Nach seinem Stressmodell wird jede neue oder unbekannte Situation in zwei Phasen kognitiv bewertet: zuerst in der Primary appraisal, in der überprüft wird, ob die Situation eine Bedrohung enthält, und dann in der Secondery appraisal, im Laufe derer die Bewertung stattfindet, ob die Situation mit den verfügbaren Ressourcen bewältigt werden kann. Und wenn die Ressourcen nicht ausreichend sind, wird eine Stressreaktion ausgelöst. Wir sehen also: Unserer inneren Einstellung in Form unserer Gedanken kommt dabei eine hohe Bedeutung zu. Stress ist demnach eine Frage der mentalen Bewältigung.

Es ist nicht egal, was Sie denken!

Grundsätzlich treffen wir tagtäglich auf zahlreiche Umstände, die Druck und Anspannung in uns auslösen. Unsere Gedanken dazu können da schon mal aus einer Mücke den bekannten Elefanten machen. Die Blutgefäße sind bei Menschen, die an die negativen Auswirkungen von Stress glauben und davon überzeugt sind, dass Stress sie psychisch oder physisch krankmacht, eingeengt und kontrahieren – ein echter Nährboden für Schlaganfall und Herzinfarkt. Personen, die eine neutrale oder gar positive Einstellung zu Stress haben, kämpfen hingegen nicht mit diesem Problem, denn bei ihnen bleiben die Blutgefäße entspannt. Allein der Glaube an die schädliche Wirkung von Stress hat demnach physiologische Folgen und kann die Gefäße zusammenziehen und sich dadurch dramatisch auf unsere Gesundheit und unsere Lebenserwartung auswirken. Leider kann man sich eine solche Veranlagung nicht schönreden: Sich jeden Tag zu sagen »Stress macht mir nichts aus, Stress ist völlig okay für mich« ist wenig effektiv, weil das Innere eine solche Haltung abwehrt, wenn sie nicht der wahrhaftigen Einstellung entspricht. Das menschliche Bewusstsein fungiert dabei nämlich wie ein Türsteher, der sagt: »Mit diesen Schuhen kommst du nicht hier rein!«

Unsere Stressreaktion verläuft in zwei Phasen: aufregen und abregen. Manche Menschen regen sich verhältnismäßig schnell über etwas auf. Es ist zwar nicht günstig, dem Chef die Meinung zu geigen oder mit den Mitmenschen ständig Konflikte einzugehen, aber für die Gesundheit ist es unproblematisch, solange es möglich ist, sich wieder schnell abzuregen – frei nach dem Motto »Emotionen kommen und gehen«.

Zum Problem wird die Angelegenheit, wenn wir uns zwar leicht aufregen, aber nicht ebenso rasch wieder abregen können. Wenn wir in Sekundenschnelle in eine Erregung geraten, die sich nur langsam abbaut, kann es sein, dass sich Stressereignisse immer weiter aufschaukeln. Und irgendwann macht das krank.

Was passiert im Körper, wenn wir uns gestresst fühlen?

Stehen wir unter akutem Stress bzw. denken wir negativ über vorhandenen Stress, passieren mehrere Dinge im Körper: Die heftige Aufregung in unserem Gehirn bewirkt eine sofortige massive Ausschüttung der Neurohormone Adrenalin und Noradrenalin im Nebennierenmark. Dadurch kommt es in Sekundenschnelle zu einer Erhöhung des Muskeltonus, der Reaktionsbereitschaft und der Aufmerksamkeit. Das Denkhirn schaltet sprichwörtlich einen Gang runter (wir haben diese Metapher schon bei den Mythen relativiert) und wir sind nur mehr auf Kampf oder Flucht eingestellt, wir nehmen die Zeit sehr viel gedehnter wahr. Auf einmal ist der im Wagen vor uns ein »Idiot«, der im Schleichtempo fährt, alle Ampeln schalten wie von Geisterhand auf Rot oder im Lift geht die Fahrstuhltür unheimlich langsam auf. Wir sehen die ganze Welt um uns herum durch einen Filter, nehmen sie verzerrt und wie in Zeitlupe wahr. Chemisch ist in einer solchen Lage zu beobachten, wie das

Adrenalin dafür sorgt, dass das Herz schneller schlägt – das ist wichtig, weil wir in diesem Moment mehr Energie brauchen –, dass sich die Pupillen weiten – das ist hilfreich, weil wir dadurch besser sehen können – und dass das Noradrenalin steigt, wodurch die großen Muskelgruppen an Armen und Beinen mit mehr Blut versorgt werden – das hilft uns sowohl im Kampf als auch bei der Flucht. Diese beiden Reaktionen sind übrigens biologisch gesehen dasselbe, der einzige Unterschied ist: Beim Kampf setzen wir die Arme ein, auf der Flucht die Beine. Außerdem weiten sich die Bronchiolen, was dazu führt, dass wir mehr Sauerstoff und damit mehr Energie für diese Notsituation zur Verfügung gestellt bekommen.

Die zweite, langsamere, aber nachhaltigere Stressreaktion zeigt sich in der Ausschüttung des Dreiergespanns der Hormone: CRF (Corticotropin Releasing Factor), ACTH (Adrenocorticotropes Hormon) und Cortisol aus der Nebennierenrinde. Sie führen nach nur wenigen Minuten zur Mobilisierung metabolischer, physiologischer und psychischer Reserven. Die Auswirkung: Kreative Problemlösungen oder konstruktive Kommunikationsstile sind in diesem Zustand deutlich eingeschränkt. Dass der Körper die Produktion des Cortisols herunterfährt, ist insofern bedeutsam, als dadurch das Immunsystem vorübergehend auf Pause geschalten wird. Dadurch entzündet sich etwa eine neue Wunde nicht sofort. Besonders zu beachten ist in diesem Zusammenhang die negative Rückkopplung über Cortisol, wenn es um die Beendigung der Stressreaktion geht: Cortisol bindet an Andockstellen im Hippocampus und gibt normalerweise das Signal, die Antwort auf die stressige Situation nun wieder herunterzuschalten. Aber das ist noch längst nicht alles: Der Speichelfluss vermindert sich – darum haben wir häufig einen auffallend trockenen Mund in diesen Lebenslagen –, der Fortpflanzungstrieb geht zurück – weil er in diesem Fall recht hinderlich wäre –, und die Verdauung wird gestoppt, was bei lange anhaltenden Stresssituationen zu Verstopfung führen kann, aber für eine kurze Zeitspanne hilfreich ist (während eines Kampfes oder während des Wegrennens sein Geschäft verrichten zu müssen, würde die Handlungsfähigkeiten stark einschränken). Diese Auswirkungen lassen sich bei verschiedenen Herausforderungen beobachten: beim Keynote-Speaker, der kurz vor seinem Auftritt einen trockenen Mund verspürt und deshalb während seines gesamten Vortrags am Wasserglas nippt, über den gestressten Manager, der zu Hause keine Lust auf seine Frau hat, bis hin zur Mutter dreier Kinder, die aufgrund ihres Dauerdrucks durch ihre herausfordernde Alltagsaufgabe unter Durchfall oder Verstopfung leidet.

Wie wir alle wissen, gehen unsere Emotionen in einem solchen Zustand nach oben und es ist uns nicht mehr möglich, sie zu regulieren, weshalb wir bildlich gesprochen auf Glatteis fahren, das Auto nicht mehr lenken können und irgendwann die Kontrolle darüber verlieren. Denn wenn auch unbewusst, so haben wir es doch alle schon einmal erlebt: Auf einen Schrecken durch ein äußeres Ereignis reagieren wir mit einer ersten physischen Stressreaktion. Ist die Stressachse der CRF-ACTH-Cortisol-Rückkopplungsschleife zwischen Nebennierenrinde, Hypothalamus und Hippocampus gestört, ist der Mensch für stressbedingte Erkrankungen schlichtweg empfänglicher. Diese Defizite können in späteren Lebensjahren psychische Belastungen und Persönlichkeitsstörungen hervorrufen. Die Krux an alldem, das ursprünglich überaus klug von unserem Körper war, ist: Den Säbelzahntiger gibt es nicht mehr, aber unser Gehirn ist aus der Zeit, in der er hinter jeder Ecke gelauert hat, stark geprägt. In unseren Breitengraden haben wir allerdings weitgehend das Glück, eher selten auf tatsächliche Gefahrensituationen zu treffen. Unser Bewusstsein verhält sich wie ein Spiegel: Wir schauen immer wieder hinein, erzeugen Echo und machen Dinge größer, indem wir sie wiederholt auf den Plan rufen. Einen ehemaligen Ärger gedanklich ständig durchzugehen, verstärkt ihn und lässt ihn so neu aufleben. Ihn weiterzuerzählen gibt ihm ebenfalls Kraft und lässt ihn wachsen und sich fortpflanzen.

Ein erster Schritt, dagegen vorzugehen, ist zu realisieren, dass wir dieses neurologische Ungleichgewicht haben und dadurch Negatives stärker bewerten als Positives. Wir müssten zum Ausgleich das Gute aktiv nähren, damit aus den positiven Erfahrungen, die wir machen, auch etwas davon im Gehirn zurückbleiben kann. Anders gesagt: Wir sollten in unserem Gehirn bewusst Unkraut jäten und Blumen pflanzen! Wenn wir allerdings an einem Löwenzahn anreißen, ohne die Wurzel zu erwischen, wird er wieder nachwachsen. Darum ist es notwendig, das Thema umfassend anzugehen, um auf Dauer erfolgreich damit zu sein. Etwa ein positives Ereignis so richtig zu genießen, es im Kopf genauso häufig durchzuspielen wie wir das mit negativen Erlebnissen machen, sollte irgendwann zu einer automatisierten neuen Gewohnheit werden. Hilfreich ist außerdem, sich das Wissen über unser Gehirn auf allen Ebenen zunutze zu machen. Wir wissen beispielsweise, dass sich zwei Dinge, die wir gedanklich zur gleichen Zeit durchgehen, miteinander verbinden. Wenn wir etwa Sorgen haben, hilft es uns gemeinhin, die Gedanken auf etwas anderes zu richten.

Burnout – erfundenes oder tatsächliches Problem?

In Zusammenhang mit Stress taucht immer wieder ein Begriff auf: Burnout. Die Bezeichnung setzt sich aus »to burn«, was im Englischen »brennen«, »Hitze« oder auch »Feuer«, bedeutet, und »out«, was »aus« heißt, zusammen, wodurch »das Ausbrennen« entstanden ist.

So allgegenwärtig das Wort inzwischen ist, so klar muss gesagt werden, dass es Burnout als eigene Erkrankung streng wissenschaftlich betrachtet nicht gibt. Mehr noch ist es eigentlich ein Marketing-Kunstgriff. Überall sprießen Burnout-Prophylaxen-Trainings, Bücher, Videos und Coachings wie Pilze aus dem fruchtbaren Boden, obwohl ein Burnout de facto eine Depression ist – eine sogenannte Erschöpfungsdepression, die durch starke Belastung entsteht. Eine Burnout-Prävention unterscheidet sich nicht grundlegend von anderen Maßnahmen der Förderung seelischer Gesundheit. Wie bei jeder Depression ist die beste Vorbeugung, Stress abzubauen, Beziehungen zu pflegen und einen Sinn in dem zu sehen, was wir tun. Ausreichende Erholungsphasen sind ebenfalls wichtig. Im Gegensatz zu einem Trauma, wo ein einzelnes Ereignis wie beispielsweise ein Raubüberfall zu einer Depression führen kann, entsteht die Depression beim Burnout schrittweise. Tatsächlich begünstigt unsere heutige Arbeitswelt die Entwicklung stress- und überlastungsbedingter Krankheitsbilder. Allerdings ist es nie die Arbeitsbelastung allein, sondern es kommen mehrere Dinge zusammen, die dazu führen, dass sich jemand ausgebrannt fühlt. Wie bei einem Sessel ist es auch für uns Menschen gut, auf möglichst vielen Beinen zu stehen, denn wenn ein Bein wegfällt, sollte nicht gleich alles in sich zusammenfallen.

Stress entsteht im Mutterleib

Stress ist ein vielschichtiges Problem, vor allem, weil wir den Umgang mit ihm – also das Auf- und Abregen in Situationen, in denen wir unter Druck stehen – bereits überaus früh erwerben und dieses Verhalten dann im Gehirn manifestieren. Ja, es handelt sich dabei sogar um unsere erste Persönlichkeitseigenschaft überhaupt! Wenn sich eine werdende Mutter erschreckt, Stress ausgesetzt ist oder gar ein Trauma durchmachen muss, überträgt sich das auf ihr ungeborenes Kind, indem das Stresshormon Cortisol über die Nabelschnur in dessen Gehirn gelangt. Das Stressbewältigungssystem wird dadurch aus dem Gleichgewicht geworfen. An den ersten Erfahrungen eines ungeborenen Babys orientiert sich unter anderem, wie optimistisch ein Mensch wird, wie offen er auf andere zugehen kann und vieles mehr. In den anschließenden ersten beiden Lebensjahren entwickelt sich diesbezüglich enorm viel.

Auch diese Erkenntnis hat übrigens unser alter Bekannter Gerhard Roth, der in seinen Studien zum Brain-Projekt die Hirnforschung mit der Psychologie verknüpft hat, auf den Punkt gebracht. Er zeigt auf diese Weise, warum es beinahe unmöglich ist, dieses Verhalten zu neutralisieren und nachhaltig zu verändern. Wenn jemand eher scheu, zurückgezogen, ängstlich und schüchtern ist, ist das demnach nur extrem schwer ausmerzbar.

Die frühen Stress- und Bindungserfahrungen sind die wichtigsten und prägendsten Erfahrungen in unserem Leben. Das mütterliche Bindungsverhalten, das wiederum von einer normalen Entwicklung des Stressverarbeitungs- und Selbstberuhigungssystems der jeweiligen Mutter selbst abhängt, wird über das Hormon Oxytocin vermittelt. Ein ausgeprägtes mütterliches Fürsorgeverhalten stimuliert im Säugling oder Kleinkind die Freisetzung von Oxytocin und Serotonin, die stärkend auf die Stressachse im Körper einwirken. Bedenkt man vor diesem Hintergrund beispielsweise die Frage, ob man ein Baby in seinem Bettchen schreien lassen sollte, liegt die Antwort auf der Hand. Die unter Umständen eintretenden Schäden, wenn ein Kind diesem Stress ausgesetzt ist, können sein Leben nachhaltig negativ beeinflussen.

Der Zusammenhang von frühem Stress und psychischen Erkrankungen ist eindeutig gegeben und für die meisten wohl nicht besonders überraschend. Aber die Rolle der Stressachse ist wesentlich dramatischer: Nach Schätzungen von Experten, auf die sich die US-amerikanische Congressional Prevention Coalition in ihrem Anti-Stressprogramm bezieht, werden rund neunzig Prozent aller Erkrankungen durch Stress verursacht oder in ihrer Heilung verkompliziert.

Chronischer Stress wird unter anderem im Zusammenhang mit Burnout oder Depression intensiv diskutiert. Stress ist medizinisch betrachtet eine regelrechte Zivilisationskrankheit und eines der höchsten Gesundheitsrisiken unserer Leistungsgesellschaft. Wir stehen ständig unter Druck und werden anhand dessen gemessen, wie wir »funktionieren«. Dazu Psychiater Werner Schöny: »Eine halbe Million Österreicher ist von stressbedingten Störungen wie Burnout betroffen. Mehr als die Hälfte aller Arbeitnehmer fühlt sich im Beruf chronisch gestresst. Zwei Millionen Krankenstandstage pro Jahr sind die Folge. Tendenz stark steigend. Fast vierzig Prozent aller Berufsunfähigkeitspensionen sind durch psychische Störungen verursacht. Man wäre wirtschaftspolitisch gut beraten, der Überlastung im Arbeitsumfeld entgegenzuwirken.«

Das Problem beginnt bereits in der Schule. Schon 1992 zeigte eine Studie des österreichischen Unterrichtsministeriums folgende bedenkliche Ergebnisse: »56 Prozent aller Schülerinnen und Schüler fühlen sich überfordert. 13 Prozent fühlen sich sogar sehr überfordert. 73 Prozent haben Angst vor schlechten Noten. 53 Prozent könnten mehr leisten, wenn sie weniger Angst hätten. 59 Prozent aller Oberstufenschülerinnen und -schüler bestätigen: ›Ich mache mir oft Sorgen, ob ich aufsteigen kann.‹« Ähnliches besagt »Die Welt«: 2009 litt jeder fünfte Schüler in Deutschland unter Schulangst. Die Zahlen in Österreich sind nicht anders und 2016 sicher auch nicht besser.

Stress als Todesursache?

Doch damit nicht genug: Todesursache Nummer eins in unseren westlichen Gesellschaften sind die Herz-Kreislauf-Erkrankungen. Auch bei diesen wirkt sich unser Stresssystem massiv aus. Ein Beispiel: Durch die Kombination von Diät und Stressreduzierung ließen sich allein achtundachtzig Prozent der Bypass-Operationen vermeiden. Das ist eine gewaltige Zahl, die veranschaulicht, wie groß der Bedarf an echtem, tiefgehendem Stressabbau ist. Viele unserer Volksleiden stehen direkt oder indirekt mit Stress in Verbindung, und ihre Ursachen liegen möglicherweise ebenfalls in den frühkindlichen Schädigungen der Hirn-Stressachse. Dazu gehören chronische Erkrankungen wie Allergien, Asthma, Migräne, Rückenschmerzen oder Unverträglichkeiten. Auch sie stellen Überreaktionen oder falsche Strategien des Körpers dar – vergleichbar mit zu starken Abwehrreaktionen des Immunsystems wie bei Morbus Crohn etwa oder Durchblutungsstörungen oder Verspannungen in der Muskulatur. Gerade bei Rückenschmerzen ist die hohe emotionale Komponente als Grund bereits weitgehend anerkannt: Bei achtzig Prozent aller Fälle lässt sich keine organische Ursache eruieren. Zudem finden sich in Bezug auf Migränepatienten häufig Hinweise, dass die Betroffenen besonders »ehrgeizig, erfolgsorientiert und perfektionistisch« seien. Wissenschaftlich umstritten ist, ob es eine »Migränepersönlichkeit« tatsächlich gibt – es ist noch nicht ausreichend erforscht, was dabei Ursache und was die Folge ist.

In den USA hat man eine Studie gemacht, im Zuge derer über acht Jahre lang dreißigtausend Menschen beobachtet worden sind. Die empirischen Ergebnisse zeigen, dass jene Menschen, die nach ihrem subjektiven Empfinden viel und regelmäßig Stress haben, früher sterben als ihre Artgenossen, die Zeit ihres Lebens weniger Stress ausgeliefert sind. Das wäre nun nicht besonders überraschend. Die Sensation ist: Dies gilt vor allem dann, wenn sie an die negative Wirkung von Stress glaubten. Mit anderen Worten: Hoher Stress und die Überzeugung, dass Stress ungesund ist, bilden eine verhängnisvolle Kombination. Der Glaube an die schädliche Wirkung von Stress in Verbindung mit hohem Stress ist weltweit gesehen immerhin die fünfzehnhäufigste Todesursache. Allein in den USA kostet Stress jedes Jahr zwanzigtausend Menschen das Leben.

Der biologische Hintergrund dazu: Wenn wir unseren Alltagsstress besonders negativ einordnen, verengen sich die Blutgefäße in unserem Körper, wodurch Herz-Kreislauf-Erkrankungen entstehen können.

Umgekehrt könnte der Glaube an die gesundheitsfördernde Wirkung einer Tätigkeit übrigens den positiven Effekt hervorrufen oder zumindest verstärken. Eine Studie der beiden US-Forscherinnen Alia Crum und Ellen Langer mit mehr als achtzig Zimmermädchen zeigt diesen Umstand eindrucksvoll: Eine Gruppe von Zimmermädchen wurde darüber aufgeklärt, dass sie sich mit ihrer Arbeit in einer Weise sportlich betätigt, die ihre Gesundheit fördere. Der anderen Gruppe wurde diese Information vorenthalten. Das Ergebnis: Das Gewicht der Teilnehmerinnen der ersten Gruppe reduzierte sich im Durchschnitt um fast ein Kilogramm, der Blutdruck senkte sich um zehn Prozent, und auch Körperfettwerte wiesen bei diesen Frauen nach vier Wochen gesündere Werte auf. Und: Bei der Kontrollgruppe waren keine Veränderungen zu beobachten. Einmal mehr sehen wir damit, wie ein Gedanke, eine Vorstellung, eine Überzeugung *den* Unterschied machen kann. Wer Sport macht und glaubt, dass das gesund ist, hat vermutlich am meisten davon.

Es ist nicht egal, was wir denken, unsere Gedanken können körperlich messbare Unterschiede in unserem Leben machen. Selbstverständlich gibt es aber physiologische Grenzen. Um beim Stress zu bleiben: Wenn wir in Situationen tatsächlich überfordert sind, bringt es wenig, das als nicht tragisch zu bewerten, denn der Körper verschleißt trotzdem. Das Ziel muss also sein, sowohl den faktischen Stress zu minimieren als auch seine Bewertung zu optimieren. Menschen, die mehrere Ebenen im Leben haben, sind darum erfolgreicher und gesünder. Gemeint ist damit: Ich habe nicht nur meine Arbeit, sondern auch meine Beziehung, meine Familie, ich treffe Freunde, ich gehe einem Hobby nach und so weiter. Wer sich nur über den Job und die berufliche Leistung definiert, der ist instabil und wird ins Wanken geraten oder gar fallen, wenn etwas passiert, das ihn aus der Bahn wirft.

Essenziell sind nach Phasen erhöhter Beanspruchung ausreichend Erholungsphasen. In der Stresssituation an sich sind wir leistungsstärker, weil das Immunsystem herunterfährt und quasi auf Sparflamme läuft. Wenn sie vorüber ist, braucht der Körper darum eine Zeit der Entspannung als Ausgleich. Dann kann aus solchen Stressimpulsen Wachstum entstehen. Konkret bedeutet das: Firmenhandy und Laptop sollten nicht am Abend und am Wochenende im Einsatz sein und damit die Freizeit sabotieren, wodurch es unmöglich wird, in eine echte Erholung zu gelangen. Da wir Menschen enorm leistungsfähig sind, ist also nicht die Vierzigstundenwoche unser Feind, sondern das fehlende Wellnessprogramm für Körper und Seele dazwischen. Oder aber wir empfinden den Job als etwas, das uns Spaß macht, gehen spielerisch an die Sache heran, und schöpfen daraus Kraft. Dann haben wir nicht (nur) die Work-Life-Balance, sondern die Work-Life-Integration verinnerlicht. Auch das ist ein Weg der positiven Lebensgestaltung.

Je intensiver wir uns erholen oder mit einer gelassenen Einstellung und Freude an Dinge herangehen, desto gesünder und leistungsstärker bleiben wir. Echte Entspannung bedeutet jedoch nicht, am Sofa zu liegen, in den Fernseher zu starren oder etwas zu lesen. Echte Entspannung bedeutet, den Körper nicht zu stark zu fordern und im richtigen mentalen Zustand zu verweilen. Der Kardiologe Herbert Benson hat 1978 »Eine Anleitung zur Entspannungsreaktion« verfasst, in der er anschaulich schildert, wie sich der Körper in wirklichen Entspannungsphasen regeneriert. Zwei Dinge hat er auf Grundlage der Erforschung von Meditation herausgefunden, die von Bedeutung sind: mit den Gedanken fokussiert zu sein und eine passive Grundhaltung einzunehmen, was negative Emotionen und Überlegungen betrifft. Die sogenannte Benson-Technik wurde bei Kindern mit Migräne und bei Alkoholismus erfolgreich getestet: Die Auswirkungen der Tiefenentspannung waren in Körperfunktionen wie Puls und Blutdruck eindeutig messbar. Interessant war dabei, dass es nicht still sein muss und man auch nicht ruhig sitzen muss, um Erholung finden zu können. Auf einer dicht befahrenen Straße zu joggen, kann deshalb erholsam sein, wenn die passive Grundhaltung gegeben ist und der Läufer fokussiert ist. Bewusst einen Film anzusehen, kann entspannen, weil wir dabei auf dessen Story konzentriert sind, aber ein Wellnessaufenthalt ist nicht unbedingt der Inbegriff der Erholung: Viele beginnen während einer Massage mit dem Masseur oder der Masseurin zu reden oder lassen im Stillen die Gedanken schweifen, was selten zu einem guten Gefühl führt. Menschen, die Körperarbeit betreiben – in der Medizin, der Physiotherapie oder eben beim Massieren – wissen, wie schnell Klienten und Patienten zu erzählen beginnen, und meistens geht es dabei nicht um etwas Schönes, sondern um Probleme, Konflikte, Sorgen und Ängste. Genau das ist nicht zielführend, wie wir inzwischen wissen. Nur wer wirklich loslässt, auch mit seinen Gedanken passiv ist und eine Massage genießen kann, indem er in sich hineinspürt und eine Achtsamkeitsübung daraus macht, wird aus ihr den notwendigen Erholungswert ziehen können.

Was lernen wir daraus? Das Was ist nicht so wichtig wie das Wie! Das angenehmste Thermalwasser trägt wenig bis gar nicht zur Erholung bei, wenn wir in ihm schwimmend grübeln und unseren negativen Gedanken nachhängen.

Selbstheilungskräfte – Gesundheit beginnt im Kopf

Von unserem Gehirn gehen Signale aus, die den ganzen Organismus beeinflussen. Dazu gehören die schmerzstillenden Endorphine, das Motivationshormon Dopamin, das Stimmungsmolekül Serotonin und natürlich die Stresssubstanzen Adrenalin, Noradrenalin und Cortisol, von denen wir schon gehört haben. Diese Substanzen haben Einfluss auf unsere Gesundheit und unser Wohlbefinden. Die Auswirkungen unseres psychischen Zustands auf Krankheitsverläufe sind unter dem Begriff »Psychoneuroimmunologie« mittlerweile auch in Medizinerkreisen anerkannt.

Wenn wir uns krank fühlen, sucht unser Arzt für gewöhnlich nach Ursachen und Abläufen im Körper, die zur Entwicklung und Ausprägung der betreffenden Erkrankung geführt haben könnten. Wissenschaftlich gesprochen: Er erörtert die Pathogenese bzw. Krankheitsentstehungsgeschichte. Und hier kommt der US-amerikanische Soziologie-Professor Aaron Antonovsky ins Spiel. Er dachte sich, wenn es einen erkennbaren Prozess gibt, der zu einer Krankheit führen kann, müsste es umgekehrt einen Verlauf geben, der über verschiedene andere Faktoren und Vorgänge zur Entstehung und Erhaltung von Gesundheit führt – und das nannte er Salutogenese: »Bei jedem Menschen können wir gesunde und kranke Aspekte feststellen, solange er lebt. Auch bei einem Sterbenskranken findet man noch gesunde Anteile«, so sein Konzept. Daraus schlussfolgerte er, dass jeder von uns nicht entweder gesund oder krank ist, sondern sich immer in einem Kontinuum zwischen »völlig gesund« und »schwer krank« befindet.

Folgen wir dieser Idee, so stellt sich die Frage: Wie kann ich den Weg Richtung »mehr Gesundheit« gehen? Für Antonovsky ist diesbezüglich das Kohärenzgefühl wesentlich: das Erkennen eines Zusammenhangs. Drei Komponenten sind für dieses Gefühl von Kohärenz wichtig:

1. *Verstehbarkeit:* Dieser Begriff meint die Fähigkeit, Zusammenhänge zwischen den verschiedenen Geschehnissen innerhalb unseres Lebens herzustellen. Auch das Verstehen der eigenen Erkrankung gehört dazu, indem man sich selbst die Frage beantwortet oder beantworten lässt: »Was ist das genau, was ich habe?«

2. *Bewältigbarkeit:* Hier geht es darum, mit den genannten Umständen umgehen zu können. Um beim obigen Beispiel zu bleiben: Fühlen wir uns ohnmächtig oder haben wir das Gefühl, etwas gegen eine Erkrankung tun zu können oder sind wir ihr völlig ausgeliefert und ordnen die Diagnose als ein unumgängliches Schicksal ein?

3. *Sinnhaftigkeit:* Damit ist die Überzeugung, dass alle Erlebnisse eine Bedeutung haben, gemeint. Dass eine Erkrankung auch die Chance sein kann, etwas im Leben zu verändern beispielsweise. Auch Religion und das eigene Weltbild können auf diesem Weg helfen – denn durch eine sinnbezogene Überzeugung fällt es leichter, die Dinge zu akzeptieren.

Die Idee der Kohärenz werden wir als »Bedeutung« beim Placeboeffekt gleich wiederfinden. Sie erinnert auch an andere wichtige Gesundheitskonzepte wie die Resilienz und die mentale Stärke. Wie aber kann man aus neurobiologischer Perspektive erklären, wie es sich mit diesen Prozessen verhält? Gibt es Selbstheilungskräfte, die wir über unsere Gedanken beeinflussen können? Kann grundsätzlich jeder Eingriff in das körperliche oder mentale System der einzelnen Person – sei es im Denken, Fühlen oder irgendwo im Körper – der Anstoß zur Veränderung des Gesamtzustandes eines Menschen sein?

Sehen wir uns dazu an, was es mit dem Phänomen der Selbstheilung auf sich hat. Der Begriff wird ja im Internet schon beinahe überstrapaziert und inflationär häufig angeführt ... Für den schon erwähnten Göttinger Biologen Gerald Hüther besteht die wahre ärztliche Kunst nicht darin, ein Symptom zu behandeln, sondern die personeneigenen Ressourcen zu aktivieren und damit die Selbstheilungskräfte zu unterstützen: »Kein Arzt kann den gebrochenen Arm reparieren oder gar heilen. Er kann mit seiner fachlichen Kompetenz und seinen technischen Möglichkeiten lediglich Bedingungen schaffen, unter denen die Selbstheilungskräfte des Patienten optimal wirksam werden und die gebrochenen Knochen wieder gut zusammenwachsen. Allgemeiner ausgedrückt heißt das: Niemand kann einen anderen Menschen gesund machen. Jede Heilung ist immer und grundsätzlich Selbstheilung. Die ärztliche Kunst besteht darin, diesen Prozess der Selbstheilung zu unterstützen.« Was Hüther anspricht, ist die Tatsache, dass sich Zellen im Körper neu bilden und zu Gewebe verbinden können. Im Grunde findet in uns ein ständiger Erneuerungs- und Verwandlungsprozess statt. Diese einfache Ebene der Regeneration, die auch die Wundheilung miteinbezieht, wird von der Psyche beeinflusst. So konnte von Forschern der Ohio State University in den USA gezeigt werden, dass Streit und Konflikte unter Paaren die Wundheilung um vierzig Prozent verlangsamen. (Selbst-)Heilung in diesem Sinne ist demnach eine Form der »gesundheitlichen Selbstorganisation, ein innerer, selbstregulativer Prozess, der den Menschen im Sinne der Salutogenese Richtung mehr Gesundheit führt: Knochen wachsen zusammen, Wunden schließen sich, Infektionen und Krebszellen werden vom Immunsystem bekämpft. Die Selbstregulation ist ein permanentes Phänomen. Lassen sich diese Prozesse aktivieren oder trainieren?

Seit Jahrtausenden gibt es in allen Kulturen weise Menschen wie Kräuterhexen, Heiler, Medizinmänner und -frauen oder Schamanen – Personen eben, denen außergewöhnliche Kräfte nachgesagt werden. Sie behandeln ihre Patienten nicht rein körperlich, sondern auch durch Kommunikation und beziehen dabei oft das Umfeld der Patienten unterstützend mit in ihre Behandlung ein. Möchte man der Wirkung bestimmter alternativer Behandlungsmethoden auf den Zahn zu fühlen, ist es hilfreich, einen vorurteilsfreien Blick auf den Placeboeffekt als solchen und auf die Art von mentaler Wirkung zu werfen, die ihn überhaupt erst ermöglicht. Landläufig immer als ein Experimente verfälschender Störfaktor betrachtet, hat die Wissenschaft den Placeboeffekt inzwischen als Beweis dafür verstanden, dass jeder Mensch über individuelle Heilungsressourcen verfügt, die allein psychisch – über die Vorstellungskraft und die innere Einstellung eines Menschen – initiiert und gesteuert werden können. Der griechische Philosoph Platon, der 427 bis 347 vor Christus lebte und wirkte, hat dieses Potenzial entdeckt. Aus seiner Sicht sollte ein Arzt einem schwerkranken Patienten in jedem Fall das Gefühl geben dürfen, er habe durchaus gute Heilungschancen. Er war davon überzeugt, dass man Kranke durch die richtigen optimistischen Botschaften in ihrem Heilungsprozess unterstützen könne, indem man sie glauben ließe, ihr Zustand sei längst nicht so schlecht, wie sie vielleicht selbst vermuten würden. Diese medizinische Lüge bewertete er als Mittel zum positiven Zweck und damit als völlig legitim – die durch sie vermittelte Hoffnung betrachtete er sogar als wichtiges Element eines aktiven Heilungsprozesses. Er widersprach mit dieser Haltung selbstverständlich den zu seiner Zeit populären Ansichten über körperliche Verfahren von Symptombehandlungen – und damit auch den Überzeugungen seines Zeitgenossen Hippokrates, dessen medizinischer Eid bis in unsere Zeit in einzelnen Passagen Teil des ärztlichen Ethikkanons ist.

Was wir vom Placeboeffekt lernen können

1835 führte der deutsche Theologe und Redakteur George Löhner die wohl erste placebokontrollierte Untersuchung durch. Er publizierte diesen in Nürnberg durchgeführten Test zur Wirkung einer homöopathischen Kochsalzlösung an einer Gruppe von fünfundfünfzig freiwilligen, gesunden Probanden. Die Teilnehmer wurden durch ein Losverfahren den unterschiedlichen Testgruppen zugeordnet – weder Versuchsperson noch Arzt wussten, wer die Testsubstanz und wer das Placebo erhielt. Der Ordnung halber auch das Ergebnis dieses Experiments: Die homöopathische Lösung war nicht wirkungsvoller als die Placeboflüssigkeit.

Die moderne Placebogeschichte begann schließlich im Zweiten Weltkrieg. Der Chirurg und Anästhesist Henry Beecher stieß eher zufällig auf ein interessantes Phänomen: Bei seinen medizinischen Rettungseinsätzen im Feld bemerkte er, dass manche im Kampf verwundete Soldaten über Stunden kein oder ein stark vermindertes Schmerzempfinden entwickelten. Das erschien ihm zunächst unerklärlich. Als ihm aber bei seinen Behandlungen hin und wieder das Morphium ausging, spritzte er den unzähligen zu versorgenden, auf seine Hilfe hoffenden Verletzten in seiner Verzweiflung ersatzweise eine Kochsalzlösung – und war überrascht, denn die an sich wirkungslose Flüssigkeit schien die Schmerzen seiner Patienten tatsächlich zu stillen.

Die Publikation des US-amerikanischen Pioniers der Anästhesie Henry Beecher – »The Powerful Placebo« aus dem Jahr 1955 –, eine später bewusst angelegte Untersuchung, zeigte bei fast einem Drittel seiner Patienten eine schmerzstillende Wirkung ohne echte Substanz. Beechers Arbeit war ein Meilenstein für die Placeboforschung: Seit ihrem Erscheinen müssen pharmazeutische Unternehmen standardmäßig entsprechende klinische Studien durchführen, um die Wirksamkeit eines Präparats durch den Vergleich mit einem Placebo zu beweisen. Eine Relativierung gab es allerdings, denn die Frage »Wer ist für den Placeboeffekt besonders empfänglich?« stand noch unbeantwortet im Raum. Um eine universelle Gültigkeit der psychischen Placeboenergien feststellen zu können, musste der Frage nachgegangen werden, ob bestimmte Personen mehr zu Placeboeffekten neigen als andere. Das überraschende Ergebnis der Untersuchungen dazu: Es gibt grundsätzlich keine spezielle »Placebopersönlichkeit«. Jeder – sogar jemand, der weiß, dass er gerade ein Placebo erhält – kann eine Verbesserung seines Zustands auch ohne Wirkstoff erfahren.

Für eine Revolution in der Placeboforschung sorgte der italienische Neurophysiologe Fabrizio Benedetti. Er hat an Parkinsonpatienten, denen häufig einen »Schrittmacher im Hirn« verordnet wird, durch den elektrische Reize gesetzt und in Folge Bewegungsstörungen gebremst werden sollen, was das typische Zittern abschwächen kann, die Reaktion an zwei Gruppen verglichen: an denjenigen, bei denen die Elektroden unangekündigt eingeschaltet wurden, und an der Kontrollgruppe, bei der das Einschalten angekündigt wurde. Das Ergebnis war verblüffend: Die Ankündigung machte einen großen Unterschied – die Reaktion war deutlich effektiver. Im zweiten Teil des Experiments wurde einer Gruppe das Einschalten der Elektroden angekündigt, ohne dass der Vorgang dann durchgeführt worden wäre. Sie werden es sich schon vorstellen können: Dennoch zeigte sich eine Reaktion im Gehirn! Es konnte sogar gezeigt werden, dass einzelne Nervenzellen reagierten. Bei gut der Hälfte der Patienten verschwand das Zittern. Bereits die Erwartungshaltung hat also einen Einfluss auf einzelne Nervenzellen.

Inzwischen ist wissenschaftlich belegt, welche Schlüsselhaltungen des Menschen für die Aktivierung eines Placeboeffektes, der hier stellvertretend für die psychische und moralische Bereitschaft zur Heilung steht, ausschlaggebend sein können: die Erwartungshaltung, die Konditionierung und die Einsicht in die Bedeutung der Krankheit und der Behandlung.

Gehen wir dieser Sache auf den Grund:
- *Erwartung:* Im Prinzip ist es ganz einfach: Wenn ein Mensch mit den Folgen einer Behandlung rechnen kann, er also weiß, dass es ihm anschließend besser oder schlechter gehen wird, besteht eine berechtigte Chance, dass es so sein wird, wie es vorausgesagt wurde. Die Vermittlung der angewandten Behandlungsweise durch den Arzt ist also von großer Bedeutung für deren erfolgreichen Verlauf, wie sich aus den Experimenten des US-Amerikaners Stewart Wolf zum Placeboeffekt schließen lässt. Die Erwartungshaltung prägt eine Art selbsterfüllende Prophezeiung. Wolf zeigte den Placeboeffekt in Zusammenhang mit der Funktion des Magens, die sich an den Wellenbewegungen der Bauchmuskeln ablesen und grafisch darstellen lässt. Patienten mit Übelkeit wiesen ein unruhiges Wellenmuster auf. Verschwand die Übelkeit, normalisierte sich das Wellenmuster. In einem Versuch verabreichte er seinen Probanden das Mittel Ipekakuanha, das Brechreiz erzeugt und damit zu unruhigen Wellenmustern führt, oder Atropin, das beruhigend auf den Magen wirkt und so ein ruhiges Bauchmuskelmuster auslöst. Beim nächsten Durchlauf gab es lediglich Zuckerpillen, den Teilnehmern der Studie wurde aber vorgemacht, es handle sich um Ipekakuanha oder Atropin. Vielen der Betroffenen, die das Schein-Ipekakuanha erhielten, wurde ebenso übel wie bei

Anwendung des echten Medikaments, was sich neben ihren eigenen Beschreibungen auch an ihren Magenbewegungen ablesen ließ. Tatsächlich war die Übelkeit also kein rein subjektives Empfinden, sondern zog eine echte körperliche Reaktion nach sich. Daraus lässt sich schließen, dass der psychische Zustand einer bestimmten Erwartungshaltung tatsächlich die erwartete körperliche Reaktion bewirken kann. Das war natürlich eine bemerkenswerte und bahnbrechende Erkenntnis!
Doch der Placeboeffekt kann sich sogar noch komplexer darstellen. Wissenschaftler fanden bei einer kontrollierten Studie mit Beruhigungsmitteln heraus, dass die Ausprägung des Effekts auch vom Arzt abhängt: War er nicht von einem Medikament überzeugt, blieb dessen Wirkung unter den Probanden gering, obwohl der Arzt beteuerte, seine Skepsis den Patienten nicht mitgeteilt zu haben. Wir Menschen scheinen also unbewusst alle Signale und Informationen im Kontakt mit einem Arzt subtil wahrnehmen zu können. Da wir uns von ihm und seiner Hilfe abhängig fühlen, wirkt sich das massiv auf unsere Motivation und Grundhaltung als Patienten und damit auf das Heilungsergebnis aus.

- *Konditionierung:* Die Theorie zur Konditionierung des Placeboeffekts besagt, dass wir Erfahrungen aus der Vergangenheit erlernen, dann auf nachfolgende Therapien und Behandlungen übertragen und sie in bestimmten ähnlichen Situationen wieder abrufen.

Beispielsweise könnten wir als Kind erfahren haben, dass sich unsere Mutter liebevoll und besorgt um uns gekümmert hat, bis die Schmerzen wieder verschwunden waren, wenn es uns körperlich schlecht ging. Zukünftige Anteilnahme und Fürsorge – auch durch einen Arzt oder einen Alternativtherapeuten – könnten diese Konditionierung abrufen und zur Schmerzlinderung führen.

Studien zeigen, dass Placebos besonders dann gut wirken, wenn sie im Anschluss an eine wirksame Therapie, also ein positives Erlebnis, eingenommen werden. In seinem weithin bekannt gewordenen, bahnbrechenden Experiment konditionierte der russische Mediziner Iwan Petrowitsch Pawlow einen Hund beim Fressen mit einem Glöckchen. Die Reihenfolge des Erlebten war für den Vierbeiner immer die gleiche: Das Glöckchen klingelte – das Fressen kam. Nach einer gewissen Zeit reichte allein das Klingeln des Glöckchens aus, um den Speichelfluss des Hundes anzuregen.

Der US-Psychologe Robert Ader untersuchte den Zusammenhang von Konditionierung und Placeboeffekt. Er verabreichte Ratten Zyklophosphamid, eine Chemotherapie, die das Immunsystem tagelang ausschaltet. Wie erwartet sanken danach die Immunzellenwerte. In einem weiteren Experiment gab er den Ratten die Chemotherapie zusammen mit Saccharin, einem Zucker. Wenn er nach der kombinierten Verabreichung denselben Nagern dann nur den Zucker gab, ging der Wert der Immunzellen ebenfalls hinunter. Offenbar fungiert hier das Saccharin wie das Glöckchen beim gerade erwähnten Hund. Die Theorie zur Konditionierung des Placeboeffekts besagt demnach, dass wir Erfahrungen aus der Vergangenheit erlernen, die wir auf die danach folgenden Therapien übertragen. Diese Daten untermauern die Konditionierung als einen Faktor, der den Placeboeffekt aktivieren kann. Für Patienten ist es daher bedeutsam, dass sie möglichst viele positive Erfahrungen machen. Kleine Erfolgserlebnisse begünstigen größere, größere dann richtig große. Am Anfang kann das Gefühl genügen, entspannt und frisch gestärkt aus der Behandlung zu gehen. Hinzu kommt: Wenn Konditionierung die Gesundung fördern kann, gilt das möglicherweise auch umgekehrt. Wir könnten eine Erkrankung also regelrecht »erlernen« – etwa wenn unser Gehirn den Wetterumschwung mit Migräneattacken verknüpft oder Zugluft an einem Frühlingstag mit Heuschnupfenreaktionen. In der Tat wird die Konditionierung in Zusammenhang mit Allergien intensiv erforscht. Nicht nur das Nervensystem, sondern auch das Immunsystem vermag durch Konditionierung zu lernen, anders gesagt: auf bestimmte Reize bestimmte Reaktionen setzen. Wenn also Reaktionen des Körpers erlernt und falsch gelernt werden können, lassen sich diese auch Umlernen und durch neue angemessene Reaktionen ersetzen.

- *Bedeutung:* Wie sich in zahlreichen Studien gezeigt hat, ist es für den Heilungsprozess offenbar überaus wichtig, dass Patienten mögliche Probleme und Konsequenzen der Behandlung vorausschauend und verständlich erklärt werden, damit sie die Möglichkeit erkennen, diese selbst und aktiv beeinflussen zu können. Wie der US-Psychologe Jérôme Bruner betont, brauchen Menschen sichtbare Konzepte und Ziele, die ihnen eine Orientierung im Leben erleichtern. Besonders im Umgang mit Krankheiten und Behandlungsformen spielen sie eine große Rolle, da sie uns einen Kurs und damit einen Sinn verleihen. Das bestätigte sich durch eine mittlerweile klassische Studie. In ihr wurden zwei Gruppen von Patienten untersucht, denen eine Bauchoperation bevorstand. Bei der experimentellen Gruppe wurde eine ausgedehnte Visite vorgenommen, im Zuge derer den Patienten erklärt wurde, dass Schmerzen nach der Operation normal und zu erwarten seien, sie aber selbst dazu beitragen könnten, diese zu vermindern, indem sie die Kranken-

schwester rufen sollten, wenn sie ein Schmerzmittel benötigten. Bei der Kontrollgruppe dagegen wurde im Gegensatz dazu lediglich eine kurze Standardvisite ohne Informationsvermittlung durchgeführt. Das Ergebnis war verblüffend: Die Experimentiergruppe benötigte tatsächlich nur halb so viele Schmerzmittel wie die Kontrollgruppe.
Das Gefühl der Kontrolle kann den Stresspegel senken, wie wir bei den Ratten mit den Stromschlägen schon gesehen haben – und weniger Stress bedeutet, dass unser innerer Arzt besser arbeiten kann. Es gibt noch weitere mögliche Aspekte, warum der Faktor »Bedeutung«, also das Wissen darüber, was mit uns geschieht, für uns Menschen in der Rolle des Patienten so wichtig ist. Bei Naturvölkern kann Folgendes beobachtet werden: Wenn ein Mitglied der Gemeinschaft erkrankt ist, werden schamanische Heilzeremonien – mit Orakeltechniken, Trancezuständen oder schamanischen Reisen – durchgeführt, die allen Einwohnern des Dorfs die Gelegenheit geben, dem Leidenden Unterstützung anzubieten und Anteilnahme auszudrücken. Studien, die sich mit der Rolle von Geburtsbegleiterinnen – sogenannten Doulas, die während des Entbindungsvorgangs einfach nur bei der Gebärenden sitzen – beschäftigen, geben einen interessanten Einblick: Jene Frauen, die von Doulas begleitet werden, haben wesentlich kürzere und schwächere Wehen als Frauen ohne Doulas. In beiden Fällen weiß man ganz offensichtlich um die heilende Auswirkung von Fürsorge und Mitgefühl.

Im Gefühl der Kontrolle über eine Erkrankung mischen sich verschiedene Dimensionen von Erwartungshaltung und Bedeutung. Untersuchungen belegen, dass sich aktive Bewältigungsstrategien nachhaltig positiv auf den Heilungsprozess und die Gesundung auswirken und das individuelle Empfinden von Leid vermindern. Recht aktuell dokumentierte diesen Umstand eine Studie des deutschen Psychologen Ulrich Weger zum Thema »Entscheidungsfreiheit«. Hintergrund war folgende Feststellung: Wer in einer Frage einmal eine Wahl für sich getroffen hat, setzt anschließend aktiv verschiedene psychologische Mechanismen in Bewegung, die ihn in seiner Entscheidung bestärken und unangenehmes Grübeln vermeiden helfen. Weger fragte sich, ob dieses Konzept der freien Entscheidung und der damit verbundenen Motivation auch auf die Arzt-Patienten-Beziehung übertragbar ist: Könnte ein Arzt, der seinem Patienten die Möglichkeit gibt, über Behandlungsoptionen mit zu entscheiden, sich dieser kraftvollen psychologischen Prozesse in der erfolgreichen Behandlung seiner Patienten bedienen? Oder anders überlegt: Könnte die Selbstbestärkung dazu führen, dass der Patient zuversichtlicher auf seine Gesundung vertraut, damit infolgedessen die Medikamente besser wirken?

Um das zu überprüfen, wurden zwei Gruppen von Probanden drei angeblich besonders gedächtnisleistungssteigernde Lebensmittel angeboten. Eine der Gruppen hatte die freie Wahl, sich eines von ihnen auszusuchen, das ihnen anschließend bei einem Gedächtnistest helfen sollte. Den Teilnehmern der anderen Gruppe wurden die Lebensmittel zugewiesen. Dann erfolgte der Test, bei dem sich die Testpersonen an bestimmte Wörter erinnern sollten. Jene Teilnehmer, die sich ihre leistungssteigernden Substanzen selbst ausgesucht hatten, schnitten bei dem Gedächtnistest um einiges besser ab, als jene, die zwar die gleichen Substanzen genommen, aber keine Wahlfreiheit gehabt hatten. Das Ergebnis macht deutlich, wie elementar Mitsprache und Wahlfreiheit auf Patientenseite den Erfolg einer Therapie begünstigen können.

Was den Placeboeffekt erhöht

Wie wir gesehen haben, zeigt der aktuelle Stand der Forschung, dass die Wirkung von Placebos teils beeindruckende Ergebnisse bringt, was wiederum belegt, wie stark die Wirkung unserer Gedanken und Gefühle auf unsere Heilung sein kann.

Wir wissen, dass Placebos umso besser funktionieren:
- je stärker das empfundene Leid ist,
- wenn Schmerzen chronisch geworden sind,
- wenn sie möglichst spektakulär verabreicht werden,
- wenn sie rot sind (im Gegensatz zu weiß etwa),
- wenn sie in der Dosis von zwei oder sogar mehr Scheintabletten verabreicht werden, (im Gegensatz zu nur einer),
- wenn sie sehr klein oder groß sind (im Gegensatz zu einer mittleren Größe).

Rote und gelbe Placebos sind bei Depression heilsam, weiße helfen gegen Schmerz, Allergie und Asthma, Kapseln funktionieren besser als Tabletten, wenn es um Migräne, Schwindel und Infektionen geht, und eine Injektionsspritze wirkt um fünfundvierzig Prozent stärker als eine Tablette.

Aber ist der Placeboeffekt bei allen Krankheiten hilfreich? Und wo genau im Körper nimmt er seinen Ursprung? Die US-Ärztin Lissa Rankin gibt uns Hinweise darauf, dass die eigene Heilwirkung bei einigen Erkrankungen stärker im Einsatz ist als bei anderen, nämlich bei:
- Krankheiten, die mit dem Immunsystem zusammenhängen (wie Allergien, Diabetes, Colitis),
- neurologisch-psychischen Beschwerden (wie Angst, Depression, Parkinson),
- kardialen Problemen (wie Angina),
- Atembeschwerden (wie Asthma),
- Schmerz.

Alzheimerpatienten sind übrigens eine Patientengruppe, bei der die Placebowirkung leider fast gar nicht greift. Als Ursache dafür wird vermutet, dass das Zentrum für Kognition und emotionale Kontrolle im Gehirn, welches bei Alzheimer enorm in Mitleidenschaft gezogen wird, einen hohen Einfluss auf die Entwicklung von Selbstheilungskräften hat. Und zu manchen schweren Erkrankungen wie Krebs ist kein Urteil möglich, da Placebokontrollen an daran leidenden Patienten aus ethischen Gründen nicht durchgeführt werden. Was wir allerdings wissen: Krebs steht in einem starken Zusammenhang mit dem Immunsystem, wie wir an anderer Stelle noch beleuchten werden.

Untersuchungen an der University of Michigan zeigten bei Patienten, die auffällig gut auf die Verabreichung eines Placeboschmerzmittels reagierten, eine außergewöhnlich hohe Ausschüttung von Dopamin. Es ist hinlänglich bekannt, dass ein Mangel an Dopamin zu Antriebs- und Lustlosigkeit führt. Wir können somit festhalten: Das Gehirn spielt in Bezug auf den Placeboeffekt eine überaus bedeutende Rolle, ja es birgt den anatomisch-physiologischen Ursprung der Selbstheilungskräfte in sich! Wesentliche Funktionen kommen dabei dem präfrontalen Cortex und dem Belohnungssystem bzw. dem limbischen System zu.

Entspannungsreaktion: Slow Down als Weg aus der Stressfalle

Wie bei Pathogenese und Salutogenese gibt es im Körper offenbar auch einen Modus für Stress und einen entgegengesetzten für Entspannung. Der US-amerikanische Physiologe Walter B. Cannon hat in seiner wissenschaftlichen Pionierarbeit zum Thema »Stressverhalten« dargelegt, dass wir unter Druck körperlich in eine Art Notfallreaktion umschalten, um vorbereitet zu sein. Wir sprachen schon darüber: In stressigen Situationen werden durch Adrenalin und Noradrenalin Herzschlagrate, Atemfrequenz, Blutdruck, Stoffwechsel und Blutversorgung der Muskeln gesteigert. Wird dieser Kampf-oder-Flucht-Modus chronisch ausgelöst – etwa durch anhaltenden beruflichen oder persönlichen Stress –, kann es passieren, dass wir von einer vorübergehenden Erhöhung des Blutdrucks zu einem permanenten Bluthochdruck wechseln. Die Folge: Wir werden chronisch krank.

Der bereits vorgestellte amerikanische Arzt Herbert Benson konnte beweisen, dass es auch das exakte Gegenteil einer Stressreaktion gibt: die sogenannte Relaxation Response (RR). Diese Entspannungsreaktion lässt sich glücklicherweise bewusst abrufen, wodurch sich Ruhe und Erholung einstellen, die sich förderlich auf jeden Heilungsprozess auswirken.

Benson sieht vier Bedingungen für eine solche Entspannungsreaktion:
- eine ruhige Umgebung,
- eine mentale Stütze (z.B. ein Laut, ein Wort, eine Phrase, ein Gebet, wiederholt ruhig und laut gesprochen – oder auch die Konzentration auf das Anstarren eines Objekts),
- eine passive, von Gelassenheit geprägte Einstellung (d.h. ganz konkret auch, sich nicht darum zu sorgen, wie gut die Entspannung gelingt, sondern störende Gedanken einfach beiseite zu stellen),
- eine bequeme körperliche Position.

In weiterer Folge hat sich herausgestellt, dass von den vier Komponenten nur zwei wirklich notwendig sind: die mentale Stütze und die passive Einstellung. So könnten wir, wie erwähnt, auf einer dicht befahrenen und folglich lauten Straße joggen und dennoch Entspannung erleben. Die Relaxation Response ist ein effektiver Mechanismus, um Bluthochdruck zu senken oder Kopfschmerzen, unregelmäßigem

Herzschlag, dem Prämenstruellen Syndrom und sogar Angst oder einer milden bis moderaten Depression vorzubeugen.

Sie fragen sich womöglich längst: Wie aber erzeuge ich eine solche Entspannungsreaktion? Nun, Benson fand heraus, dass man besonders gut in einer Relaxation Response versinken kann, wenn die Übung inhaltlich an unser Leben angepasst wird, denn dann fungiert sie als eine Art alltagstauglicher Meditationsform. Außerdem helfen Sätze, die wir in der Kindheit erlernt haben – zum Beispiel Sprichwörter wie »Alles gut macht der Mut«.

So sollten Sie deshalb vorgehen:
- Wählen Sie ein Wort, eine kurze Phrase oder ein Gebet aus, das Ihrem eigenen Glaubenssystem entspricht.
- Sitzen Sie ruhig und in einer bequemen Position.
- Schließen Sie die Augen.
- Entspannen Sie die Muskeln – beginnend bei den Füßen über Schenkel, Hüfte, Bauch, Schulter und Kopf bis hin zum Nacken.
- Atmen Sie langsam und natürlich.
- Geben Sie sich einer passiven Einstellung hin: Wenn sich andere Gedanken in Ihr Bewusstsein drängen, nehmen Sie sie einfach an, lassen Sie sie hinter sich und kehren Sie sanft zur Wiederholung Ihres Wortes, Satzes oder Gebetes zurück.
- Sie sollten die Übung insgesamt zehn bis zwanzig Minuten lang durchführen.
- Kehren Sie dann langsam in die Realität zurück – lassen Sie sich Zeit beim Aufstehen.
- Üben Sie diesen Prozess ein- bis zweimal täglich.

Wenn Sie diese Übung lieber in Bewegung ausführen möchten, können Sie etwa beim Laufen oder Walken einfach auf Ihre Atmung oder auf den Rhythmus Ihrer Füße am Boden achten: links, rechts, links, rechts, …

Die körperlichen Veränderungen durch derartige Entspannungseinheiten werden von regelmäßig Praktizierenden mit einem »veränderten Bewusstseinszustand« verglichen, einer Art intuitivem Gedankenmodus, wie man ihn auch aus anderen Meditationsformen kennt. Die Ähnlichkeiten zwischen westlichen und fernöstlichen Methoden lassen eine Universalität bestimmter Impulse für den menschlichen Geist erkennen.

Auch für den Hirnstoffwechsel sind inzwischen etliche gesundheitlich positive Effekte durch die Entspannungsreaktion dokumentiert. Der deutsche Mediziner und Gesundheitswissenschaftler Tobias Esch und andere Forscher kommen zur Erkenntnis, dass vermutlich die gleichen Mechanismen Stressantwort und Entspannungsreaktion hervorrufen, nur eben entgegengesetzt: In der Relaxation Response sind die Stresshormone Cortisol und Noradrenalin genauso wie das schlaffördernde Hormon Melatonin und der Signalbotenstoff Stickstoffmonoxid unmittelbar involviert. Zusätzlich werden durch derlei Entspannungstechniken das Glückshormon Dopamin und das für die Wahrnehmung, die Stimmung, den Schlaf und die Schmerzempfindung zuständige Serotonin in ihren Werten erhöht.

Vor allem bei milden oder frühen Stadien von diversen Erkrankungen gibt es effektive Ansätze. Wissenschaftler betrachten die Entspannungsreaktion als einen angeborenen Mechanismus. Damit wäre er ein wirksamer salutogenetischer Gegenspieler zu den potenziell schädlichen Effekten von exzessivem Stress! In Zusammenhang mit der Stressachse haben wir weiter vorne über die gesundheitlichen Probleme als Konsequenz von Stress gesprochen. Neben der mentalen Einstellung und der richtigen Stressbewältigung bietet der Ausgleich über Entspannungsübungen, die die Relaxation Response nutzen und die Erholung steigern, den Weg aus dieser Stressfalle.

Der Weg ist das Ziel – unser mentales Navigationssystem

Denken Sie häufig an Ihr aktuelles Ziel? Vergessen Sie es! Wer in Gedanken dauernd bei der Erfüllung seiner Wünsche ist, kommt für gewöhnlich nicht an. Meistens denken wir an ein Ergebnisziel: Wir wollen einen konkreten Umsatz erreichen, als Sieger aus einem Wettkampf hervorgehen, einen bestimmten Job bekommen oder eine Gehaltserhöhung erhalten. Wenn wir ständig ergebnisorientiert durchs Leben hasten, setzen wir uns selbst unter Druck. Und wie wenig zielführend Stress ist, haben wir bereits mehrfach gehört.

Aber rollen wir das Thema ganz vorne auf, um zu klären, wie das mit den Zielen wirklich ist. Werfen wir dazu einen Blick auf den Unternehmensbereich, wo besonders viel mit Zielen gearbeitet wird: Geschäftsziele sind die Basis von Mitarbeitergesprächen und Performance Trackings. Das Credo im Management: Ziele müssen spezifisch, messbar, attraktiv, realistisch und terminiert – eben kurz SMART, wie der Methodenbegriff deshalb auch lautet – sein. Es gibt wohl mittlerweile kaum mehr ein Unternehmen, das sich bei seinen Jahreszielen nicht an dieses Konzept hält. Oft sabotieren solche Ziele allerdings die Performance. Dieses Management by objectives geht auf die Goal-Setting-Theory der US-amerikanischen Psychologen Edwin A. Locke und Gary Latham zurück. Die beiden waren der Ansicht, dass Aussagen wie »Gib dein Bestes!« zu schwammig sind, um Mitarbeiter zur Weiterentwicklung zu motivieren – und sie konnten für diese Behauptung empirische Beweise liefern. So werden etwa weit mehr Bäume gefällt, wenn Holzfäller und Forstarbeiter ein klares Ziel vorgegeben bekommen, also die Information, wie viele Bäume sie am Tag schlägern sollen. Ihre Erkenntnisse haben rasch ihren Weg in den Unternehmensalltag gefunden. Denn Fakt ist: SMART-Ziele sind dann sinnvoll, wenn es um einfache Tätigkeiten mit klarer Strategie geht – etwa die Anzahl der Kundenbesuche pro Tag festzulegen. Die Grenzen der SMART-Ziele liegen dort, wo es um komplexe und dynamische Prozesse geht – zum Beispiel den Ablauf von Kundengesprächen. SMART-Ziele im Kontext solcher Vorgänge sind nicht nur wirkungslos, sie schaden zum Teil sogar: Haben wir während des Kundentermins SMART-Ziele im Kopf, sind wir mit den Gedanken woanders und kommen ins Grübeln. Wie sollte ein SMART-Ziel bei einem Verkaufsgespräch auch aussehen? Etwa so: dem Kunden siebzig Prozent der Zeit in die Augen schauen, über fünfzig Prozent der Zeit lächeln, am Anfang immer mit Smalltalk beginnen, fünf Fragen stellen, um die Bedürfnisse zu ermitteln, am Schluss stets nach der Unterschrift fragen? Das würde nicht in jeder Situation und bei jedem Kunden optimale Ergebnisse bringen! Der Spielraum für flexibles Agieren ist deutlich eingeschränkt. Umgekehrt können wir auch nicht jede Situation vorher definieren und genaue SMART-Ziele dafür ausarbeiten. Eine solche Gesprächsvorbereitung würde viele Bände umfassen – das kann nicht gutgehen. In Bezug auf derlei Angelegenheiten ist letztlich das wenig erhellende »Gib dein Bestes!« dem SMART-Ziel sogar überlegen.

Der französische Apotheker Émile Coué hat Ende des 19./Anfang des 20. Jahrhunderts die moderne Autosuggestion begründet. Um besser zu genesen, empfahl er, sich die Formel »Es geht mir jeden Tag immer besser und besser« vorzusagen. Und auch die Hypnotherapie nach Milton Erickson arbeitet erfolgreich mit eher vagen Formulierungen, die unser Unbewusstes beflügeln sollen. Diese Sprachmuster sind so gehalten, dass viele spezifische Informationen weggelassen werden. Dadurch wird der Klient angeregt, aktiv nach eigenen Bedeutungen und Lösungen zu suchen, was das Unbewusste regelrecht aktiviert. Wir sehen: Um uns auf Erfolg zu programmieren, muss nicht immer alles spezifisch, messbar, aktionsorientiert, realistisch und terminiert sein. Nebenbei sind diese Formulierungen auch weniger auf das Ergebnis und mehr auf den Prozess (zum Ergebnis hin) formuliert.

Das ist eine gute Sache. Denn Ergebnisziele haben noch einen weiteren Nachteil: Sie erzeugen oftmals Anspannung und folglich Stress. Zuviel Anspannung schadet dem Prozess und überträgt sich über die uns bereits bekannten Spiegelneuronen auf die Kollegenschaft und die Kunden. Die Formel diesbezüglich ist simpel: Druck erzeugt immer Gegendruck. Sportler kennen dieses Phänomen: Wir haben schon im Kapitel über die wenig hilfreiche Angst und die daraus resultierende Gefahr davon gehört, dass Slalomfahrer gedanklich nicht im Ziel oder am Siegerpodest sein sollten, sondern immer bei der aktuellen oder höchstens noch bei der nächsten zu umfahrenden Stange. Denn einer, der während des Fahrens nur an die Goldmedaille denkt, wird unkonzentriert und dadurch schlechter fahren, während einer, der in Gedanken im Moment ist, nicht einfädeln wird. Und hier schließt sich der Kreis! Daher sollten Ergebnisziele vor allem am Anfang eingesetzt werden. Im Sport wäre das der Saisonstart, oder wenn es darum geht, einen Trainingsplan zu erstellen – oder eben positiv, um zu motivieren. Wenn wir uns ein Ziel vorstellen, in diese Vision mit allen Sinnen hineingehen, die Körperempfindungen und Gefühle vorwegnehmen, die mit dem fiktiven Erfolg in Zusammenhang stehen, passiert etwas Wunderbares: Es entsteht Vorfreude – und das Dopamin im Körper steigt an. Genau dieses Dopamin in Verkleidung der Vorfreude ist unser innerer Motivator, der uns Antrieb und Kraft gibt! Mit Ergebniszielen allein geht sich das für unser Gehirn aber noch nicht aus.

Ziehen wir zur besseren Verständlichkeit ein Beispiel aus dem Alltag heran: Es ist zwar schön zu wissen, dass wir von Wien nach München möchten, aber wie genau kommen wir hin? Was ist dafür zu tun? Sie sehen sofort: Es macht Sinn, sich einzelne Handlungsziele zu setzen. Sie definieren, wie etwas zu tun ist, wie der Fahrer die Slalomstange meistern oder wie der Mitarbeiter effektivere Meetings durchführen kann. Welche Themen Sie beim ersten Date eröffnen oder wie Sie beginnen, höflich, aber konsequent bei bestimmten Dingen »Nein« zu sagen. Etappenziele, die sich auf unser Verhalten beziehen, sorgen für einen exakteren Fokus, wenn es drauf ankommt – nicht das »Was?«, sondern das »Wie?« steht im Vordergrund.

Unser Gehirn funktioniert in Bezug auf Ziele nämlich wie ein Navigationssystem fürs Auto: Wir geben das Ziel ein und dann lotst uns die (unbewusste) Stimme des Navis Straße für Straße, Kreuzung für Kreuzung und Gasse für Gasse, bis und damit wir sicher am Zielort ankommen. In dieser Variante des Fahrens auf der Lebensautobahn sind wir besonders leistungsfähig, weil wir stets im Moment sind – Stichwort Achtsamkeit – und uns nur auf die nächste Kreuzung, das Abbiegen in wenigen hundert Metern oder die richtige Ausfahrt im kommenden Kreisverkehr konzentrieren. Sind wir gedanklich jedoch bereits beim Ziel, denken wir daran, wann wir wo ankommen müssen, geraten wir unter Druck, werden angespannt und verfahren uns deshalb vielleicht oder verursachen sogar in einen Unfall.

Schritt für Schritt zum Erfolg

Nachdem wir unser End- oder Ergebnisziel definiert haben, ist es äußerst relevant, einzelne Etappen- und Handlungsziele festzulegen, um zu beleuchten, was notwendig ist, damit wir sicher ankommen. Wer sich darüber hinaus die Zeit nimmt, den Handlungsplan mental durchzugehen, schafft sich auf diese Weise Ressourcen, mit Hilfe derer er sich richtiggehend auf Erfolg programmieren kann. Das macht außerdem stressresistent. Jemand wie der US-Pilot Chesley Sullenberger, der 2009 erfolgreich eine Notlandung im New Yorker Hudson River durchführen konnte, hat Gefahrensituationen wie Triebwerksausfälle nicht nur auf seiner Checkliste und im Flugsimulator an sich herangelassen und sich dahingehend mit diesen potenziellen Gefahren auseinandergesetzt, sondern ist sie auch mental konkret durchgegangen. Dadurch war er für den Ernstfall gewappnet und fähig, klaren Kopfes zu handeln und so diese fliegerische Meisterleistung zu vollziehen, als das Schreckliche eintrat und er die Notwasserung, bei der alle Personen an Bord gerettet werden konnten, einleiten musste. Die lebensgefährliche Situation konnte nur durch die jeweils richtigen Handlungen Sullenbergers in den wenigen Minuten, die vor dem Aufprall blieben, ohne negative Auswirkungen überstanden werden. Hätte Sullenberger sich nicht darauf fokussiert, was er als Nächstes zu tun hat, um den Vogel sicher zu landen, sondern hätte er daran gedacht, was passieren würde, wenn es ihm nicht gelänge – was in diesem Fall konkret bedeutet hätte, wie viele Menschen sterben würden und dass es auch ihn selbst das Leben kosten könnte –, wäre es um ein Vielfaches schwieriger gewesen, das Endziel – die gesamte Besatzung und alle Passagiere zu retten – zu erreichen. Seine Schritt-für-Schritt-Lösung hat schließlich eine Katastrophe verhindert.

Ein weiteres prominentes Beispiel: Der Schweizer Fußballtrainer und ehemalige Fußballspieler Marcel Koller holte im Februar 2012 einen Sportpsychologen und Mentaltrainer aus Bochum – Thomas Graw – an Bord der österreichischen Nationalelf. Kollers Vorgänger waren durch die Bank der Ansicht gewesen, das bräuchte man nicht, doch der Erfolg gibt ihm recht: In den vergangenen Jahren sind merkbare Veränderungen im Team erkennbar. Insgesamt ist ein deutlicher Aufwärtstrend der Österreicher zu verzeichnen. Leider hat es bei der EM 2016 in Frankreich dann aber nicht geklappt, wie wir weiter vorne bereits erwähnt haben. Schon beim ersten Spiel gegen Ungarn wirkte die Mannschaft unsicher, planlos, verkrampft. Von außen ist so etwas immer schwer zu beurteilen, aber vieles spricht dafür, dass gerade die psychische Komponente ausgelassen hat, dass es der Mannschaft an mentaler Stärke und positiver Stimmung gefehlt hat. Das Mentale ist jedenfalls beim Spitzensport etwas, dessen gezieltes Training einen wesentlichen Leistungsunterschied ausmachen kann. Der Weg ist längst nicht abgeschlossen, an vielen Stellen stößt man auf Widerstand, unter anderem mit dem Argument: »Ich bin ja nicht deppert.« Jürgen Klinsmann hat die Sportpsychologie 2004 in Deutschland gesellschaftsfähig gemacht. Und Sportpsychologie ist Mentaltraining. »Es bedarf immer Menschen, die progressiver, vorausschauender und offener sind. Nicht nur im Fußball«, so Thomas Graw zum Thema »Psychologie im Spitzensport«.

Fahrschule fürs Leben: Erst Handbremse lösen, dann Gas geben!

Kennen Sie das? Sie geben im Auto Gas und es geht trotzdem nicht voran. Plötzlich merken Sie: Die Handbremse ist noch angezogen. Was machen Sie? Sie lösen die Bremse, logisch. Aber wie ist es in Ihrem Leben? Oft geben wir weiter Gas, bis es qualmt und wir krank werden. Der Weg zum Erfolg verläuft anders: Zuerst müssen wir die Energiefresser in unserem Denken, Fühlen und Handeln finden, um sie zu lösen, und dann können wir richtig dosiert Gas geben.

Wir Menschen haben zwei Hauptblockaden in uns, die kontraproduktiv sind, wenn wir unsere Ziele erreichen wollen. Beide hängen aber eng miteinander zusammen. Es sind einerseits Angst und Stress. Stress ist dabei häufig ein Platzhalter für Angst: Hinter dem Stress im Job könnte die Angst, die Anstellung zu verlieren und dadurch die Miete nicht mehr bezahlen zu können, stehen. Wir erzeugen viel inneren Druck, indem wir etwas als wichtig, schwerwiegend, riskant beurteilen. Andererseits gibt es den sogenannten Sekundärnutzen: Unser Gehirn verbindet ein Verhalten mit Belohnung, das aber in Wahrheit negativ für uns ist. Wir haben unbewusst das Bestreben, immer wieder diese Belohnung zu erlangen. Dazu ein Beispiel. Stellen Sie sich vor: Ein alter Mensch wird krank und alle Verwandten eilen herbei. Das Gehirn des Betroffenen speichert Folgendes ab: Krank sein bedeutet, Besuch und Zuwendung zu erhalten. Unbeabsichtigt wird der Körper irgendwann wieder schwach und erkrankt, damit der Sekundärnutzen erneut erlebt werden kann, weil die Person gelernt hat, dass die Einsamkeit und das Alleinsein unterbrochen werden, sobald sie mitteilt, wie schlecht es ihr geht.

Wir haben schon gesehen: Grundsätzlich ist jede Gewohnheit für unser Gehirn mit Belohnung verknüpft, denn Gewohnheiten geben Sicherheit, entlasten das Gehirn, kürzen unser Handeln ab. Ob diese Gewohnheiten Rauchen, Streiten, Grübeln sind, oder Sport, Harmonie und Optimismus, ist dabei für unser Unbewusstes nicht entscheidend.

Hängen wir in einer Lebenslage fest, kommen wir nicht voran oder sind trotz eines guten Stressmanagements und der exakten Vorbereitung auf alle Eventualitäten einer Sache immer noch weit vom Erfolg entfernt, liegt das meistens an derlei unbewussten Abläufen, für die in einem ersten Schritt zur Auflösung der Sekundärnutzen eruiert werden muss. »Was haben wir davon, dass wir nicht schaffen, was wir uns vorgenommen haben?« ist die zentrale Frage, die es zu beantworten gilt. Noch mehr Gas zu geben, ist in diesen Momenten das genau Falsche, denn solange die mentale Handbremse nicht gelöst ist, werden wir irgendetwas kaputtmachen, aber garantiert nicht ans Ziel kommen. Die Erschöpfungsdepression (Burnout) ist derzeit vielleicht die häufigste Variante des Ergebnisses, wenn wir mit angezogener Handbremse weiterzufahren versuchen.

Weniger ist mehr – ohne Druck zum Ziel

Vielleicht kennen Sie diese Situation: Sie suchen einen bestimmten Gegenstand ganz dringend, ja, Sie krempeln förmlich die ganze Wohnung um, weil es wirklich wichtig ist, ihn rasch zu finden. Er ist allerdings wie vom Erdboden verschluckt – Sie verstehen es einfach nicht. Einige Wochen vergehen. Eines Tages, als Sie in die Schublade Ihrer Kommode greifen, um eine Schere herauszunehmen, blinkt er Ihnen förmlich entgegen. Sie wissen, dass Sie damals die komplette Schublade durchforstet haben, ohne auf ihn zu stoßen. Wie ist das möglich? Dieses Phänomen ist auf problemorientiertem Denken begründet. Wir finden die Dinge dann, wenn wir nicht verkrampft nach ihnen suchen. Und das ist ein Teil der Neurobiologie des Erfolgs: Raus aus dem Problemdenken, rein ins entspannte Lösen!

Doch wir hören es leider schon in der Schule, wenn wir eine Schularbeit vergeigt haben: »Streng dich mehr an, konzentrier dich besser!« Im Erwachsenenleben geht es weiter: »Mach Überstunden!« heißt es, wenn die Umsätze im Keller sind oder der Erfolg anderswo ausbleibt. Und das Gegenteil? Faul auf dem Sofa liegen und mit Gleichgültigkeit an die Sache herangehen? Nein, auch das kann nicht die Lösung sein. Sie liegt anderswo: Ob Business, Gesundheit, Beziehung oder Persönlichkeit – weder Erschlaffung noch Anspannung bringen uns weiter, sondern lockere Stärke. Entspannt angespannt zu sein ist der Schlüssel zum Erfolg, denn dieser Zustand führt in Hypnose zu unglaublicher Körperstarre, als Flow im Sport zum Olympiasieg und als Qi-Fluss in der chinesischen Medizin zur Gesundheit. Wissenswert an dieser Stelle: Stresserkrankungen ohne Druck gibt es nicht. Mit Freude an die Arbeit zu gehen, kann darum vorbeugen.

Wenn Eltern, Lehrer und andere erwachsene Bezugspersonen in unserer Kindheit die Hände über dem Kopf zusammengeschlagen haben, wenn wir mit einer schlechte Schulnote beurteilt wurden, wenn wir oft Sätze wie »Streng dich mehr an!« gehört haben, werden wir uns im weiteren Leben schwerer damit tun, Rückschläge richtig einzuordnen. Haben wir keinen gesunden Umgang damit vorgelebt bekommen, bleibt übrig, dass es sich dabei um etwas handelt, das schlecht ist und einen Stressfaktor mit sich bringt. Aus dem konstruktiven Reagieren auf ein Negativ-Ereignis hingegen lernen wir früh, Kraft zu schöpfen, um beim nächsten Anlauf besser abzuschneiden. Die gute Nachricht haben wir bereits an früherer Stelle verkündet, als es um die Kraft des Scheiterns ging: Wer das nicht von Beginn an gelernt hat, ist keineswegs für immer verloren, sondern kann trainieren, positiv damit umzugehen. Weil unser Gehirn formbar ist, können die betroffenen Nervenzellen angeregt werden, denn vorrangig geht es bei ihnen darum, sie richtig zu bewerten: Das Entscheidende ist nicht, was tatsächlich geschehen ist, sondern wie unsere eigene Bewertung dazu ausfällt. Eine Bewertung ist auch nichts anderes als eine Ausformung von Gedanken. Aus ihnen entstehen ein Bild und in weiterer Folge eine Emotion, die wiederum eine körperliche Reaktion nach sich zieht.

Der japanische Kampfsport Aikido ist eine interessante Angelegenheit: Selbst scheinbar körperlich schwache Menschen werfen dabei wesentlich stärker wirkende Gegner um. Ähnliches kennen wir von buddhistischen Shaolinmönchen aus China oder Karatekämpfern, die mit der flachen Hand einen Ziegelstein durchschlagen können, als wäre er aus Butter. Diese Traditionen haben – abgesehen davon, dass sie asiatischen Ursprungs sind – etwas gemeinsam: Sie arbeiten mit Stärke und Leichtigkeit gleichermaßen.

In unserer Sprache übersetzen wir Qi (chinesisch) oder Ki (japanisch) gerne mit Lebensenergie. Damit werden solche Phänomene, aber auch Heilungsprozesse der fernöstlichen Medizin mystifiziert und muten esoterisch an. Dabei handelt es sich um Übersetzungsmängel unsererseits, wir haben einfach kein passendes Wort für etwas, das in China oder Japan Teil des Alltags und der Denkweise ist. In Wahrheit handelt es sich bei diesen Phänomenen um etwas Banales, Einfaches und eben um keine geheimnisvolle Energie. In jedem von uns steckt die Fähigkeit, mehr auf den Vorgang als auf das Ziel zu fokussieren, mit weniger Druck und mehr Klarheit im Denken, Fühlen und Handeln zum Ziel zu kommen. Das freilich ist für die meisten von uns aber Trainingssache. Denn wir können nicht willentlich einen solchen Zustand erreichen, sondern lediglich die Voraussetzungen dafür schaffen.

Das Spannende: Es ist kein Druck spürbar, dass das Vorhaben gelingen muss. Es geht nicht darum, was passiert, wenn der Ausführende scheitert. Im Gegenteil nehmen die Akteure den Druck aus der Sache völlig raus und gehen mit spielerischer Freude und Neugierde ran, wie wir sie sonst nur von Kindern kennen. Kinder sind nicht verkrampft konzentriert, sondern offen aufmerksam. Sie kennen keinen Zweifel, sie machen es einfach. Sie bauen ein Gebilde aus Bauklötzen auf, haben womöglich sogar Stunden damit zugebracht, und wenn es dann ans Essen geht, haben sie keinen Hunger, weil sie hochgradig bei der Sache sind. Ihre kreative Schaffenskraft ist enorm, ihre Leistungsfähigkeit beachtlich, und ihr druckloser Wille, dranbleiben zu wollen, ebenfalls. Trotzdem kennen sie keine Erschöpfung, die sie in einen Zustand des Burnouts versetzen würde. Problematisch wird es erst, wenn der Vater hinzukommt und meint »Oh, dieser Turm ist ja schön! Aber weißt du, eigentlich gehört das ein wenig anders ...« und die Ziellosigkeit verändert.

Ebenso kontraproduktiv ist es, Belohnungen auszuteilen, wie eine berühmte Studie der amerikanischen Psychologen Mark R. Lepper, David Greene und Richard E. Nisbett aus dem Jahr 1973 gezeigt hat: Wenn Kinder zeichnen und das von sich aus gern tun, ist das wunderbar. Setzt man allerdings einen externen Motivator ein, kann sich das ganz schnell ändern. Konkret ging es um zwei Gruppen von Kindern, die sich mit Zeichnen beschäftigten. Die einen bekamen nach Fertigstellung eines Bildes eine Süßigkeit, die anderen nicht. Wenig später ließ man beide Gruppen erneut an die Stifte – und das Ergebnis: Jene, die vorher eine Belohnung erhalten hatten, zeichneten nun mit weniger Freude als die anderen. Die mit Süßem verwöhnten Kinder hatten gelernt: »Da kommt eine Belohnung von außen, also kann das Zeichnen an sich nichts Angenehmes sein, wenn ich extra dafür motiviert werden muss.« Externe Belohnung kann also die interne vernichten und dazu führen, dass das ursprüngliche Interesse an der Sache selbst verlorengeht. Die Psychologie nennt dies Korrumpierungseffekt. Entscheidend ist dabei, wie das beim anderen ankommt: Entsteht durch Belohnung oder Lob Misstrauen und Skepsis, dann wird die innere Motivation beschädigt. Was lernen wir daraus? Schulkinder damit zu locken, dass man ihnen eine Belohnung verspricht, wenn sie die Hausübung machen, lässt das Erledigen der Aufgaben von vornherein recht unattraktiv aussehen. Dann noch Freude daran zu haben, wird relativ schwierig werden. Die spielerische Leistungsfähigkeit büßt damit ein – ein gewisser Druck ist sofort spürbar und nur schwer wieder aus dem System zu bekommen. Aus diesem Grund sollten wir angehenden Schulkindern keine Sätze wie »Ah, jetzt beginnt dann der Ernst des Lebens!« einimpfen, um ihnen nicht schon von vornherein einzureden, dass die Schulzeit keinen Spaß machen wird. Diese selbsterfüllende Prophezeiung kann Neugierde und Forscherdrang killen.

Die Wissenschaft hat sich in den vergangenen Jahren viel mit dem Thema »intrinsische Motivation« auseinandergesetzt – eine spannende Sache, schließlich stellt sich für Unternehmen dadurch die Frage, ob Gehaltserhöhungen, Prämienzahlungen und andere Incentives überhaupt sinnvoll sein. Die Antwort, ob Geld die Arbeitsleistung positiv beeinflussen kann, lautet wie folgt: Das hängt von der Art der Tätigkeit ab. Tim Judge und seine Kollegen konnten 2010 in einer großen Analyse von über fünfzehntausend Personen zeigen, dass der Zusammenhang zwischen Gehalt und Zufriedenheit mit dem Job schwach ausgeprägt ist. Kann Geld sogar schaden? Edward L. Deci und seine Forscherkollegen meinen: Ja! Pro externer Belohnung sinkt die Motivation um rund fünfundzwanzig Prozent. Bei vorhersagbaren Belohnungen war der Effekt sogar noch stärker. Judy Cameron und ihr Team wiederum kommen zum Ergebnis, dass bei langweiligen Tätigkeiten Geld die Motivation durchaus steigern kann.

Insgesamt also zeigen die Ergebnisse, dass es ratsam ist, mit Belohnungen eher vorsichtig umzugehen. Besser ist es, ein Umfeld zu schaffen, in dem Mitarbeiter Spaß haben und kreativ sein können. Ein Freibrief für geizige Chefs ist das dennoch nicht – denn wer mit seinem Gehalt unzufrieden ist und sich unterm Wert verkauft fühlt, wird innerlich oder tatsächlich trotzdem kündigen.

Wir sehen: Am Spruch »Der Weg ist das Ziel« ist viel Wahres dran. Und wie wir bereits im Kapitel über die Macht der Gewohnheit geklärt haben, ist es ein nicht zu gewinnender Kampf, wenn wir versuchen, mit Gewalt ans Ziel zu kommen. Weil die menschliche Willenskraft wie ein Muskel ist, der überaus schnell ermüdet. Unterstützend kommt uns das zugute, wenn es darum geht, statt zehn Kilometern zwölf zu laufen oder sich kurzfristig dazu aufzuraffen, mit einer neuen Gewohnheit zu beginnen. Aber wenn wir wochen- oder monatelang mit ihr gegen etwas vorgehen wollen, ist das nicht zu bewerkstelligen.

Zu viel Kraft und Kampf führt auch bei Sportlern dazu, dass Muskeln sich verspannen, der Atem flacher wird und Fehler passieren. In der Sportpsychologie gibt es den Begriff der Übermotivation. Übermotivierte Sprinter haben kürzere Schrittlängen, übermotivierten Marathonläufern geht die Luft aus. Denken wir auch an das EM-Qualifikationsspiel 2015 »Schweden gegen Österreich«: Die Schweden waren unter Druck, mussten gewinnen. Im Endeffekt ließen sie sich zu vielen unnötigen Fouls hinreißen – so auch im Strafraum, was mit einem eins zu null für Österreich bestraft wurde. Das Spiel endete schließlich vier zu null für Österreich.

Dieses Phänomen gibt es auch anderswo: Wenn wir etwa einen Faden in ein Knopfloch bekommen möchten, ist zu viel Druck kein guter Ratgeber. Es muss zielgenau, aber locker und leicht eingefädelt werden. Ähnlich ist es in der Liebe: Auch beim Date ist Druck in Form von hohen Ansprüchen oder wenn man beim ersten Glas Wein schon die Hochzeitsglocken läuten hört, keine gute Strategie. Er blockiert ein angenehmes Gespräch, führt dazu, Unterschieden zu viel Bedeutung beizumessen, baut Stress auf und kann sich rasch auf den anderen übertragen.

Dass es uns allen trotzdem schon das eine oder andere Mal so ergangen ist, liegt an unseren Kindheitserfahrungen, denn wir haben das Prinzip des Erfolgs dummerweise anders – und falsch – gelernt. Uns wurde beigebracht: Um etwas zu erreichen, müssen wir uns anstrengen. »Ohne Fleiß kein Preis«, heißt eine entsprechende Redensart. Dass es auch anders – und noch dazu viel besser – geht, zeigt zum Glück wieder einmal die fernöstliche Tradition. Bei den Chinesen gibt es im Taoismus den Begriff »Wu Wei«. Er steht für das Nicht-Tun, dafür, schlicht das Tao – eine Art Prinzip, Gesetz, Weg – fließen zu lassen. In unserer westlichen Welt denken wir dabei meistens an das Nichtstun, Faulheit und Gleichgültigkeit. Nicht-Tun und Nichtstun ist aber nicht dasselbe. Nichtstun würde bedeuten, ein Problem passiv zu erleiden, keine Handlungen zu setzen. Beim Nicht-Tun geht es hingegen darum, zu hinterfragen, was wir zu viel machen – wodurch wir uns sabotieren. Nicht-Tun ist ein Zustand hoher Aktivität, eine Form von Präsenz à la »Ich bin jetzt voll bei der Sache und tue das, was notwendig ist«. Aber eben auch *nur* das, wie Sie an späterer Stelle anhand eines praktischen Beispiels noch erfahren und ausprobieren können.

Oft tun wir nämlich viel zu viel – und das sollten wir lassen. Wir strengen uns zu sehr an und ermüden rasch, wir denken zu viel nach und blockieren deshalb unser Handeln, wir fühlen derart starke Emotionen, dass nicht wir die Emotionen haben, sondern die Emotionen uns. Was genau passiert da? In so einem Zustand von Anspannung, Druck und einem Zuviel an Kräften kommt es zur Selbstsabotage. Im Grunde handelt es sich um eine Überkompensation des süßen Müßiggangs, der etwas Verpöntes ist, weil er eben in unseren Ohren schnell nach Bequemlichkeit klingt, wo doch Leistung und Arbeit im Vordergrund stehen sollten. Vom Tellerwäscher zum Millionär, mit viel Fleiß und Überstunden – so lebt es Hollywood vor. Dass wir damit gegen die Leistungsfähigkeit vorgehen, ist leider noch nicht allgemein bekannt.

Loslassen als allumfassende Lösung?

Manchmal wird im Zusammenhang mit Problemen der inzwischen überstrapazierte Begriff des Loslassens verwendet. Er ist besonders in esoterischen Kreisen geradezu *in*. Doch er trifft nicht exakt, worum es geht: Wir lösen ein Problem nicht, indem wir es loslassen – da wird im Normalfall nicht viel passieren –, sondern indem wir es zunächst als Teil des Ganzen wahrnehmen, es nicht bekämpfen, und alles, was wir nicht brauchen, weglassen. Etwas, das zu viel ist, weglassen – das ist die Devise. Es geht darum, ein Problem, eine Situation, ein Gefühl als Teil von uns zu durchschauen, das System dahinter zu verstehen und so in eine Lösungsperspektive zu kommen. Diese Lösung sollte nach dem Ökonomieprinzip funktionieren: minimaler Input, maximaler Output.

Asiatische Kung-Fu-Meister sprechen davon, sich im Kampf den Weg des geringsten Widerstands zu suchen. Damit ist aber keineswegs gemeint, auf der faulen Haut zu liegen, sondern alles, was hinderlich ist und nicht gebraucht wird, wegzulassen. Wenn diese Kämpfer vom Gegner am Arm festgehalten werden, verkrampfen sie sich deshalb nicht im Rücken oder in den Beinen, weil sie die Kraft lediglich im Arm brauchen und sich auf die Lösung konzentrieren müssen. Auf diese Weise schaffen sie es, sich aus den unmöglichsten Stellungen heraus zu befreien – weil sie weder mit Druck noch mit anderem Ballast vorgehen, sondern sich auf die Leichtigkeit der Auflösung konzentrieren. Wir sollten uns das für alle Lebensbereiche abschauen: Ohne Krampf geht's viel besser! Der Ansatz wäre also, sich zu fragen: »Was brauche ich jetzt nicht?« und dann auf alles zu verzichten, was am aktuellen Erfolg hinderlich ist.

Wer im Business mit der Belastung, es müsse jetzt unbedingt ein Abschluss vollzogen werden, zum Kunden geht, wird diesen inneren Druck auf den potenziellen Käufer übertragen. Selbst wenn er ein grandioser Täuscher und Tarner ist, wird sein Gegenüber von den Spiegelneuronen informiert werden, dass hier eine Menge Stress mitschwingt. Durch den automatischen Gegendruck wird es um Etliches schwieriger, den Vertrag abzuschließen.

Da Stress die sich am schnellsten verbreitende Krankheit ist, sollten wir tunlichst vermeiden, uns anzustecken. Wieder sind wir in der Zeit der Säbelzahntiger, wenn es um diesen Effekt geht: Damals, am Lagerfeuer sitzend, war es überlebensnotwendig, dass alle aufmerksam und damit kampf- oder fluchtbereit waren, sobald ein Einzelner aus der Gruppe zusammenschreckte und unter Druck geriet. Doch dieses Verhalten ist heute überholt und schadet uns allen enorm.

Die Kraft der inneren Bilder

Wenn wir einmal eine Probefahrt mit einem Auto gemacht haben, ist es wahrscheinlich, dass wir den Wagen kaufen werden. Ähnlich verhält es sich mit Kleidung: Was wir uns mal nach Hause haben schicken lassen, um es dort in Ruhe vorm Spiegel zu probieren, behalten wir gern. Es funktioniert einfach, dass wir etwas in die Realität umsetzen, das wir uns im Kopf schon in den buntesten Farben ausgemalt haben. Dieser Effekt gelingt auch in anderen Lebenslagen, wo er uns durchaus zum Erfolg pushen kann, wie wir im Kapitel über die Nachteile des Grübelns in Bezug auf die Golfspieler erläutert haben.

Der berühmte US-amerikanische Filmproduzent Walt Disney war für seine Überzeugung bekannt, man könne erreichen, was man sich exakt vorgestellt hat. Sein Motto lautete demnach »If you can dream it, you can do ist!« Bei ihm hat es jedenfalls funktioniert, war er doch ein Pionier auf Gebieten des Fernsehens und des abendfüllenden Trickfilms. Es gibt sogar eine NLP-Methode zur Förderung der Kreativität, die nach ihm benannt wurde (die Walt-Disney-Strategie): Sie geht davon aus, dass man in die Perspektive des Träumers, in die des Realisten und in die des Kritikers schlüpfen sollte, um auf der Basis dieses Rollenspiels ein Problem aus drei unterschiedlichen Blickwinkeln betrachten zu können. Diese Methode wird auch eingesetzt, wenn es darum geht, eigene Ziele auf ihre Realisierbarkeit hin zu überprüfen und mögliche Schwachstellen und Fehlerquellen zu identifizieren.

Viele Menschen glauben von sich, sie hätten keine gute Vorstellungskraft, könnten daher nicht auf sie zurückgreifen, um erfolgreicher zu werden. Wenn man dieselben Personen dann fragt: »Machen Sie sich manchmal Sorgen?«, antworten sie durch die Bank mit einem »Ja, selbstverständlich!« Wer sich Schlimmes ausmalen kann, ist durchaus fähig, sich Dinge genau vorstellen zu können. Visualisierungskraft haben wir alle in uns. Wir sind bloß ungeübt, sie richtig zu nutzen und es mit positiven Zielen zu versuchen. Hilfreich ist es in diesem Fall, jede Möglichkeit im Alltag dafür zu nutzen: Die Kerzenübung, die wir bereits kennengelernt haben, ist auch dafür in leicht abgewandelter Form passend: Lange in die Flamme einer Kerze zu schauen, um danach die Augen zu schließen und sich das Gesehene nochmal genau vorzustellen, ist ein guter Anfang, um die Visualisierungsfähigkeit zu trainieren. Es zahlt sich aus, das zu üben, weil es die Leistung nachhaltig steigert.

Nochmal, damit Sie es verinnerlichen: Mit mentaler Stärke, die glücklicherweise erlernbar und trainierbar ist, und einer drucklosen Einstellung ohne einschränkende »Was wäre, wenn«-Gedanken können wir vor fünfhundert Menschen genauso sicher auftreten und reden wie vor fünf, in einem Verkaufsgespräch genauso bestehen wie in einer privaten Auseinandersetzung und in einem Wettbewerb genauso viel geben wie bei einer Übung!

Die Neurobiologie des Erfolgs – ein Fahrplan für die Zukunft

Sehen wir uns abschließend und zusammenfassend an, was es braucht, um dauerhaft erfolgreich zu sein: Jeder Mensch strebt nach Entwicklung und Verbundenheit. Wir wollen selbst wachsen, aber auch mit anderen Menschen Beziehungen aufbauen. Unsere Wachstumstreiber sind Dopamin und Testosteron. Dopamin treibt uns an, Ziele zu setzen und zu erreichen, Neuem mit Aufgeschlossenheit gegenüberzutreten, etwas auszuprobieren. Testosteron strebt nach Durchsetzung, Gewinn, Erfolg im engeren Sinne. Oxytocin sucht die Nähe zu anderen, steht für Treue, Loyalität, Vertrauen – es ist der chemische Kitt unserer Verbundenheit. Der Mix dieses Cocktails macht die Neurobiologie unseres Erfolgs aus. Und daher sind wir als Kinder Entdecker, aufgeschlossen, neugierig, aber auch stark auf unsere Bezugspersonen ausgerichtet. Kennen sie den bereits erwähnten Nürnberger Trichter? Mit ihm wird eher augenzwinkernd eine vordergründig mechanische Weise des Lehrens und Lernens bezeichnet, die davon ausgeht, ein Schüler könne sich mit dieser Form der eintrichternden Beeinflussung Inhalte beinahe ohne Mühe aneignen und ein Lehrer könne damit auch dem dümmsten Schüler alles beibringen. Diese »Methode« führt dazu, dass es uns geradezu vergeht: Wir verlernen, was in uns drinnen ist. Diese Problematik erfordert in erster Linie ein Umlernen. »You must unlearn what you have learned« heißt es bei Meister Yodi in »Star Wars«. Durch die von unseren Eltern,

Lehrern und anderen Vorbildern vermittelten falschen Strategien, haben wir es zunächst recht schwer. Das Ergebnis: Der gewünschte Erfolg im Leben bleibt aus. Oder schlimmer noch: Wir werden krank, unzufrieden, unglücklich.

Erfolg als Frage der Einstellung

Was ist eigentlich Erfolg? Unterm Strich ist die Definition von Erfolg etwas immens Persönliches, Individuelles. Prinzipiell und dem Begriff nach ist Erfolg alles, was *erfolgt*, es ist also die Folge unseres Denkens, Fühlens und Handelns. Alles, was mental, emotional und in weiterer Folge physisch passiert, hat einen Einfluss auf unser Leben, führt zu einem Ergebnis.

Freilich, wir haben nicht alles unter Kontrolle, der Einfluss, den wir auf unser Leben haben, ist beschränkt, aber meistens beschränken wir uns selbst viel mehr: »Das kann ich nicht«, denken wir – und daher probieren wir es erst gar nicht. »In dieser Gegend finde ich ohnehin keinen Parkplatz«, sind wir überzeugt – und postwendend ist unser Blick eingeengt und wir übersehen die eine oder andere Parklücke in einer Seitengasse. »Ich fühle mich für die Prüfung schlecht vorbereitet«, zweifeln wir an unserem Gedächtnis und gehen folglich mit Nervosität und mangelndem Selbstvertrauen in die Prüfungssituation hinein. »Mein ganzer Stress lässt mich noch schlechter abschneiden«, denkt sich vielleicht der eine oder andere Fußballer vor dem Elfmeter. Doch tritt er den Ball voller Selbstvertrauen und ist voll bei der Sache, ist die Wahrscheinlichkeit für ein Tor eklatant hoch – mathematisch berechnet bei fünfundsiebzig Prozent. Denkt er aber daran, wie wichtig es jetzt wäre, ins Tor zu treffen, ist er nicht mehr gänzlich im Moment, wird nervös, angespannt und schießt sehr wahrscheinlich daneben. Der vermutlich wichtigste Erfolgsfaktor ist demnach mentale Stärke. Durch sie können wir in jeder Situation den bestmöglichen eigenen Zustand abrufen.

Wir messen Erfolg an unseren Zielen und daran, ob wir diese erreicht haben, denn wir möchten etwas Bestimmtes schaffen. Gelingt uns das nicht, empfinden wir uns als erfolglos. Glückt es hingegen, fühlen wir uns erfolgreich – wobei viele Menschen »erfolgreich«, aber trotzdem unglücklich sind: Denn sie jagen einem Ziel nach dem anderen nach und können das Erreichte gar nicht genießen. Wenn wir nun eine Erwartung haben und das Erwartete erreicht oder übertroffen wird, nennen wir das »Erfolg«. Kommen wir nicht an das Erwartete heran, fühlt es sich nach Misserfolg oder gar Versagen an, und dann sind wir unzufrieden und enttäuscht. Und aus diesem Gefühl heraus entsteht wiederum Ärger oder Traurigkeit oder eine andere negative Emotion. Wenn wir dann immer wieder an dieses Erlebnis denken, dieses alte Gefühl wiederholt hervorkramen, macht uns das in Zukunft noch weniger erfolgreich, noch weniger gesund, noch weniger zufrieden.

Erfolg ist in erster Linie eine Frage der Einstellung. Aber Achtung: Hier lauert die Falle! Denn für unser Gehirn ist Erfolg nicht dasselbe wie für unseren Verstand. Zwischen unseren Ohren gibt es zwei Systeme, die hier wirken: Belohnung und Schmerz. Damit bedeutet Erfolg für das menschliche Hirn, eine Belohnung zu erzielen und Schmerz zu vermeiden. Erwartung spielt in diesem Zusammenhang eine große Rolle. Aus Sicht der Hirnforschung ist alles belohnend, was die Erwartung übertrifft. Erreichen wir nur das Erwartete, regt sich relativ wenig im Belohnungszentrum, erreichen wir das Erwartete gar nicht, tut das weh. Wir sehen: Unser Gehirn belohnt uns nur für das Besondere. Und dieses System passt sich unserer realen Lebenswelt an.

Die Gefahr des Sekundärnutzens

Stellen Sie sich vor, Sie wären ein Kind und träumten davon, ein Star des Eiskunstlaufs zu werden. In dieser Vision sagt Ihnen Ihr Trainer ständig, was Sie falsch machen und noch nicht können. Ihre Eltern sagen Ihnen, wie brotlos dieser Beruf ist und wie unrealistisch dieser Traum und dass Sie die Schule nicht vernachlässigen dürfen. Welche Programme werden in Ihnen entstehen?

Wenn Sie in der Schule hören, dass Fremdsprachen nicht Ihre Stärke sind, welche Freude werden Sie dann daran haben, neue Kulturen kennenzulernen? Mehr noch: Ihr Gehirn stellt sich mit seinen Erwartungen darauf ein: Wenn Sie auf »Ich bin schlecht in Englisch« programmiert worden sind, wird Ihr Gehirn keine guten Noten in diesem Fach erwarten. Es möchte Schmerz vermeiden und Belohnung erzielen. Erwartungen nicht zu erfüllen, würde hingegen zu Schmerz führen. Um Sie also zu schützen, schraubt das Gehirn Ihre bewussten Erwartungen runter, damit Sie lediglich ein »Genügend« oder »Nicht genügend« erwarten. Und nun das Problem: Wenn eine mittelmäßige Note eintritt, schaltet sich das Belohnungszentrum ein und Ihr Gehirn »freut« sich für Sie, weil Sie Ihre niedrigen Erwartungen bereits übertroffen haben. Bei einem »Genügend« oder »Nicht genügend« fühlen Sie sich bestätigt – wussten ja längst, dass Englisch nichts für Sie ist. Die Folge: Aus der Diskrepanz unserer Möglichkeiten und den Erwartungen des Gehirns auf Basis unseres Belohnungszentrums lernen wir neurobiologisch, erfolglos zu sein! Vom hier beschriebenen Sekundärnutzen haben wir bereits gehört, als von einem alten Menschen die Rede war, der lernt, dass seine Familie ihn (nur) dann besuchen kommt, wenn es ihm besonders schlecht geht. Sie erinnern sich? Viele augenscheinliche Probleme bergen einen solchen Sekundärnutzen in sich. »Ich gehe gar nicht erst an die Universität – so bleiben mir schlechte Noten erspart«, »Ich habe ein schmerzendes Knie – so kann ich nicht laufen gehen und bleibe lieber auf der Couch liegen«, »Ich habe Frau und Kinder – darum kann ich kein Unternehmen gründen, sondern bleibe lieber im Angestelltenverhältnis und vermeide es dadurch auch gleich, als Selbstständiger scheitern zu können« sind nur einige davon.

Sekundärnutzen sind fies, weil sie unbewusst agieren, denn unser Gehirn empfindet etwas als Belohnung, das eigentlich nicht gut für uns ist, und weil sie kräftige Handbremsen in unserem Denken, Fühlen und Handeln darstellen. Sie fungieren als Blockaden, die uns daran hindern, ein Problem zu überwinden. »Selbsterkenntnis ist der erste Schritt zur Besserung«, besagt ein geläufiges Sprichwort – und hat hier Gültigkeit. Erst wenn wir diese Programme und Blockaden durchschauen, können wir sie lösen. Deshalb müssen wir herausfinden, welche Programme in unserem Unbewussten ablaufen, um aus diversen Teufelskreisläufen herauszufinden und uns auf die persönliche Erfolgsschiene zu bringen.

Das ist naturgemäß leichter gesagt, als getan. Unser Irrweg beginnt schon damit, dass wir auf Hindernisse völlig falsch zugehen. Um nämlich ein Problem in seiner Tragweite zu erkennen, müssen wir uns mit ihm beschäftigen – und das fällt uns schwer, denn wir setzen uns nicht gerne mit unangenehmen Dingen auseinander. »Es gibt keine Probleme – nur Herausforderungen«, heißt es unter Topmanagern. Das stimmt zwar prinzipiell, aber Verdrängung negativer Gefühle war trotzdem noch nie eine gute Strategie. Erst wenn wir uns eingestehen, mit einer Sache Schwierigkeiten zu haben und das aushalten können, ist es uns möglich, etwas in seiner Gesamtheit erfassen. In einem zweiten Schritt lernen wir dann, die Angelegenheit mittels konstruktiver Herangehensweise als echte Herausforderung zu betrachten.

Vom Problem zum emotionalen Gleichgewicht

An dieser Stelle sollten wir unbedingt einmal klären, was überhaupt ein Problem ist. Ist ein Fünfer in der Schule ein Problem, eine misslungene 120-Euro-Frisur? Oder ist es erst schlimm, wenn der Partner einen verlässt? Nein, das sind alles keine Probleme. Sondern Tatsachen. Zum Problem werden Gegebenheiten erst durch unsere Beurteilung. Dieser Unterschied ist wichtig. Der Fünfer in der Schule ist nicht das Tragische, aber die Überzeugung »Ich bin ein Versager in Mathematik und werde es zu nichts bringen«. Der furchtbare Haarschnitt ist nicht das Problem, aber der Ärger über das rausgeschmissene Geld und das Gefühl, jetzt nicht mehr ausreichend selbstsicher auf die Straße zu können. Dass einen der Partner verlässt, ist nicht das Problem, sondern der Glaube, wir können ohne ihn nie wieder glücklich werden. Ganz simpel ausgedrückt ist ein Problem die Diskrepanz zwischen Vorstellung und Wahrnehmung. Ein Beispiel: Wir stellen uns vor, unseren Nachmittag gemütlich in unserem Garten zu verbringen und die Sonne zu genießen. Da kommt der Nachbar mit dem Rasenmäher und beginnt, seine Wiese zu trimmen. Was passiert? Die Wahrnehmung des Lärms widerspricht unserer Vorstellung. Ärger und Wut kommen auf und wir geigen dem Übeltäter so richtig die Meinung. Oder wir verziehen uns ins Haus und ärgern uns den restlichen Tag über diese Frechheit. Das ist natürlich ein harmloses Beispiel, denn das Phänomen des Unterschieds zwischen Vorstellung und Wahrnehmung kann auch tragischer zuschlagen: Wenn wir uns etwa vorgestellt haben, gesund und glücklich unseren Lebensabend zu verbringen – doch dann eine Diagnose erhalten, die unser Leben völlig auf den Kopf stellt.

Wenn wir erst erkannt haben, dass ein Problem zwei Bestandteile hat – Vorstellung und Wahrnehmung –, finden wir zwei völlig unterschiedliche Lösungsstrategien, nämlich einerseits die Möglichkeit, an der Vorstellung und andererseits jene, an der Wahrnehmung anzusetzen. Viele von uns halten ein Problem gar nicht aus, denn es bringt uns aus dem emotionalen Gleichgewicht. Was aber wäre, wenn wir lernen könnten, im emotionalen Gleichgewicht zu bleiben oder rasch wieder dorthin zurückzufinden? Wie viel erfolgreicher, gesünder und zufriedener wären wir dann? Und wenn unsere erste Reaktion nicht »Ich muss das Problem bekämpfen«, sondern »Interessant – so also sieht die ganze Sache aus« wäre?

Stellen Sie sich ein kurzes Seil mit einem leichten Knoten darin vor. Sie können an den Seilenden ziehen und den Knoten dadurch ungewollt fester machen, bis wirklich nur noch ein Messer hilft. Oder aber: Sie können den Knoten in Ruhe betrachten, ihn leicht mit den Händen lockern und öffnen, eine Lösung entdecken und ihn schließlich mit einem Handgriff vollständig auflösen. Das geht und ist Teil der mentalen Stärke. Die meisten Probleme werden erst deshalb zum Problem, weil wir sie verkrampft und unbedingt lösen wollen – und damit erzeugen wir wieder einmal Druck und Spannung, legen in das Problem unsere Aufmerksamkeit und Energie hinein. Daher setzen viele Therapien beim Aushalten an – etwa wenn es um Angststörungen geht. Bei Höhenangst klettern wir deshalb Schritt für Schritt die Leiter hoch, bis es unangenehm wird und der ganze Körper zittert. Und dann bleiben wir in diesem Zustand, bis das Zittern aufhört, die ganze Physiologie sich beruhigt. Je mehr wir der Angst nachgeben, desto mehr schränkt sie uns ein. Wenn wir uns ihr aber stellen, eröffnen sich Chancen. Wo die Angst ist, ist der Weg!

Die Wahrheit über Entspannung

Stress ist ein schlechter Problemlöser – das haben wir schon gesehen. Darum kann die Neurobiologie des Erfolgs nur durch einen entspannten Zugang hervorgerufen werden bzw. nur ein solcher sein. Bei Lewis Carrolls »Alice im Wunderland« gibt es den Vogel Dodo, der in einer Szene vorschlägt, ein Wettrennen zu veranstalten. Seine seltsam anmutende Regel dazu: »Wir messen keine Zeit und es gibt auch kein Ziel, damit alle gewinnen.« So paradox es klingt: Manchmal ist dieser Ansatz besser. Wir tun etwas ohne Druck, aber mit Freude, sind voll im Moment statt im Ziel – und es gelingt.

Jetzt ist es an der Zeit, einige der größten Irrtümer in Bezug auf Entspannung aufzudecken. Dazu müssten Sie uns allerdings in eine kurze Übung folgen: Legen Sie sich rücklings flach auf den Boden, strecken Sie Arme und Beine aus, bleiben Sie drei bis fünf Minuten in dieser Lage und beobachten Sie sich, Ihren Atem, Ihre Muskulatur, Ihr Wohlbefinden. Und erst dann lesen Sie weiter ...

Wie ist es Ihnen ergangen? Vielleicht haben Sie bemerkt, dass das Atmen ein wenig mühsam war. Womöglich haben Sie gespürt, wie Sie müde wurden und es Ihnen schwerfiel, danach wieder aufzustehen? Die meisten verwechseln gute Entspannung mit einem solchen Zustand! Sie liegen im Bett, auf dem Sofa oder im Couchsessel, doch irgendwie bleibt die Erholung aus. Wenn Sie flach auf dem Rücken liegen, sind Ihre Muskeln erschlafft. Sie befinden sich damit im Untertonus. Was bedeutet es also, wenn wir uns klassisch aufs Sofa legen – mit dem Ziel, uns zu entspannen? Die Muskulatur erschlafft, der Atem wird flacher, es ist nicht möglich, Energie daraus zu schöpfen. Das funktioniert nur im Schlaf so richtig. Wollen wir uns also tagsüber erholen, sollte unser Körper im Grundtonus sein – also weder in der Erschlaffung noch in der Anspannung. Statt flach und ausgestreckt auf dem Rücken zu liegen, sollte der Kopf darum abgestützt sein, während die Beine angewinkelt mehr Spannung im unteren Bereich bringen. In diesem Zustand ist der Mensch leistungsstark, weil der Atem so wieder tiefer geht, wodurch mehr Energie aufgebaut wird. Sogar im Stehen lässt es sich besser erholen als im erschlafften Zustand. Delfine schlafen beispielsweise im liegenden Schwebezustand und können sofort zu schwimmen beginnen, wenn sie aufwachen. Auch Vögel sitzen im Nest, weshalb sie bei Gefahr noch im Moment losfliegen können. Wir Menschen, die wir im Liegen schlafen, haben deshalb so unsere Schwierigkeiten, in die Gänge zu kommen, nachdem wir länger geruht haben, weil die Muskeln erst wieder geweckt werden müssen.

Nun kommen wir zum Gegenbeispiel, damit Sie am eigenen Leib erfahren, was dann passiert: Spannen Sie zunächst einmal kurz Ihre Muskeln an! Sie kommen nun in den Übertonus, in die Anspannung. Das ist der Gegenpol zur Erschlaffung.

Probieren Sie nun dieselbe Körperhaltung, verschränken dabei aber Ihre Hände hinter dem Kopf. Beobachten Sie diesen Zustand wieder für kurze Zeit. Wahrscheinlich merken Sie schnell, wie sich Ihre Gesichtsmuskulatur entspannt und Sie zeitgleich leichter atmen und schlucken können. Wenn Sie wollen, lassen Sie sich dabei von jemandem beobachten – um sich ein Feedback dazu zu holen, ob sich Ihre Ausstrahlung sichtbar erhöht. Der Grund für diesen Effekt: Ihre Halswirbelsäule ist gerade und das hat enorme Auswirkungen.

Als Nächstes winkeln Sie doch auch noch Ihre Beine hüftbreit an! Beobachten Sie dabei Ihren Rücken, wie sich das Hohlkreuz Ihrer Lendenwirbelsäule begradigt: Ihre Wirbelsäule liegt so vom Steißbein bis zur Halswirbelsäule gerade, Ihre Muskeln sind dadurch nicht mehr erschlafft, sondern entspannt. Sie befinden sich damit im Grundtonus. Erleben

Sie den Unterschied, den diese Lage macht, bewusst! Sie sollten sich nach nur wenigen Minuten wohler, energiegeladener und engagierter fühlen.

Was Sie anhand dieses einfachen Beispiels kennengelernt haben, ist der Unterschied zwischen maximaler Entspannung (Erschlaffung), optimaler Entspannung (Grundzustand) und Anspannung (Übertonus). Wir verwechseln echte Entspannung für gewöhnlich mit Erschlaffung.

Was hat das alles mit Erfolg und dem Mentalen zu tun, fragen Sie sich? Vielleicht haben Sie wahrgenommen, dass sich Gedanken und Gefühle nach der Liegeposition ein wenig verändert haben. In der entspannten Rückenlage sind unsere Gedanken und Gefühle relaxter. Überhaupt, was Sie körperlich beobachtet haben, gilt auch mental und emotional: Wir sind im Denken, Fühlen oder im Körper meistens entweder in der Erschlaffung oder in der Anspannung, aber viel zu selten in der Mitte und damit im Grundzustand. Erschlaffung ist zu wenig: Muskeln arbeiten nicht für uns, Gedanken und Gefühle sind leer. Wir sind unmotiviert, energielos, unbeteiligt. Anspannung ist ein Zustand des Zuviels: Muskeln strengen sich an, Gedanken kreisen – mit anderen Worten: Wir grübeln! Wir sind unter Spannung, Druck und sollen, wollen und müssen unbedingt. Die Gefühle haben uns an der Leine statt wir sie. »Den Tiger reiten« nennen Shaolinmönche den Effekt, wenn sie durch regelmäßige Meditation Herren ihrer Emotionen und Gedanken werden – dann geht nicht der Hund mit dem Herrchen spazieren, sondern umgekehrt.

Die meisten Probleme lösen sich, wenn wir die Kraft der Mitte nutzen. Muskeln befinden sich dann in ihrer natürlichen Grundspannung, Gedanken und Gefühle kommen und gehen. Meistens aber zäumen wir das Pferd von hinten auf, drängen gleich in die Lösung. Wenn die angestrebte Lösung zum Problem wird, geht gar nichts mehr.

Die Route zum Erfolg – eine Zusammenfassung

Unsere gemeinsame Reise in die Welt rund um den Menschen und das Mentale hat nicht nur gezeigt, dass Erfolg ganz maßgeblich von Gedanken und Gefühlen, in kondensierter Form von unserem Mindset abhängig ist. Das vermutlich spannendste Ergebnis: Es gibt so etwas wie einen gemeinsamen Nenner, ein universelles Prinzip für Erfolg. Dieses Prinzip ist wissenschaftlich fundiert und sieht in Wahrheit anders aus, als viele Bücher und Trainer uns weismachen wollen.

Wir nennen es die »Neurobiologie des Erfolgs«. Es handelt sich dabei um einen Zustand, in dem sich Probleme am besten meistern lassen, wir uns auf Erfolgskurs halten und auf Widerstände und Niederlagen angemessen reagieren. Diesen Status erreichen wir, wenn wir einen scheinbaren Widerspruch überwinden, Leichtigkeit mit Stärke verbinden und das Problem bei gleichzeitiger Lösungsorientierung anerkennen. Wir ändern, was wir uns bislang falsch angelernt haben, denn durch diese Methode wissen wir: Indem wir unsere Aufmerksamkeit auf das Problem richten, verlieren wir den Blick für die Möglichkeiten, stressen uns und nähren die Schwierigkeiten sogar. Mit zu viel Druck vergrößern und verfestigen wir das Problem und kommen nicht weiter. Erst wenn wir das Zuviel herausnehmen, also weglassen, kann sich alles lockern und in Bewegung kommen.

Viele Ansätze kennen diesen Zustand, nennen ihn bloß anders: Verwandte Begriffe sind unter anderem »dynamische Entspannung«, »entspannte Aufspannung«, »entspannte Starre«, »Flow«, »Fluss«, »Gleichgewicht«, »Grundtonus«, »KI-Zustand«, »Qi-Fluss«, »Präsenz« und »Zentrierung«. Die »Neurobiologie des Erfolgs« definiert dieses Phänomen als einen Zustand, der im Kopf beginnt und nichts Mystisches oder Esoterisches an sich hat. Statt einer Lebensenergie handelt es sich bei ihm einfach und pragmatisch um die Kraft, die von den richtigen Gedanken und Gefühlen ausgeht.

Die Placeboforschung hat uns gezeigt: Allein die Vorstellung kann dramatische Effekte auf unsere Gesundheit haben – nämlich dann, wenn diese mit positiver Erwartung, Lernerfahrungen und einem Verständnis für den Zusammenhang gekoppelt ist. Diese Vorstellungen zeigen dem Gehirn die Lösung und bringen das richtige Maß an Motivation. Zusätzlich entfaltet sich mit positiven und lösungsorientierten Gedanken eine gewisse Entspannung. Und die ist überaus wichtig für den Erfolg. Mit anderen Worten: Die stärkste Kombination, um uns Richtung Erfolg zu bringen, verknüpft positive Zielbilder mit Entspannung. Wer unter Auftritts- oder Prüfungsangst leidet, kann die Kraft des Kopfkinos anwenden, indem alle möglichen Szenarien samt Reaktionsalternativen durchgespielt werden. Menschen mit Migräne lernen aus einer entspannten Grundhaltung heraus, gezielt die Schläfenarterie zusammenzuziehen. Als Bild kann dabei die Vorstellung helfen, dass das Blutgefäß mit Seilen zugeschnürt wird. Menschen mit Rückenschmerzen können sich im entspannten Zustand vorstellen, wie sich Muskel für Muskel öffnet und die Verkrampfung loslässt – ganz so wie eine Hand sich öffnet. Bei Krebspatienten können Immunzellen zu Rittern werden, die den Feind abwehren. Will man ein selbstbewussteres Auftreten, kann als Zielbild vielleicht ein Baum dienlich sein, für mehr Coolness die Filmfigur James Bond, und für die Führungskraft, die Mitarbeiter durch Veränderungen begleitet, der sprichwörtliche Fels in der Brandung. Solche Bilder entspannen und geben Stärke. Es wird ein nur scheinbares Paradoxon überwunden, denn Engagement und Motivation einerseits sowie Druck und Stress andererseits sind bei genauerer Betrachtung keine strengen Gegenpole.

Drei-Schritte-Programm zum Erfolg

Um sich die Neurobiologie des Erfolgs zunutze zu machen, möchten wir Ihnen ein spezielles dreigliedriges Programm vorstellen.
- *Schritt 1: Runter von der Bremse!* Unsere innere Einstellung – in diesem Zusammenhang wollen wir sie bewusst *Haltung* nennen – kann uns *Halt geben* oder *aufhalten.* Im Zusammenhang mit Erfolg ist eine mentale Bremse der Sekundärgewinn. Jedes Problem – so provokativ das zunächst auch klingen mag – weist einen solchen Sekundärgewinn auf. Der Nachwuchstennisspieler verletzt sich beispielsweise ständig, weil er unbewusst gerne mehr Zeit mit seinen Freunden verbringen möchte. Die junge Frau vergeigt die Aufnahmeprüfung an der Uni, weil sie unbewusst nicht nach Wien ziehen möchte. Oder jemand hechtet akribisch und ohne Rücksicht auf andere die Karriereleiter hinauf, um seiner Beziehungsangst auszuweichen und weniger Zeit zu Hause verbringen zu müssen. Dabei handelt es sich um einen emotionalen Vorteil, den wir aus dem Problem beziehen. Unser Gehirn versucht Erfolg zu haben. Erfolg ist dabei, was als belohnend empfunden wird, nicht was wir mit dem Verstand als erfolgreich bezeichnen würden. Auch Stress ist eine Bremse, denn Gedanken wirken auf den Körper. Unsere Amygdala unterscheidet nicht, ob vor uns ein Krimineller steht, der uns bedroht, oder ob wir einfach nur gerade wieder negative Gedanken und unangenehme Bilder im Kopf haben – von Dingen, die vielleicht nie eintreten werden. Die Amygdala schlägt Alarm und das erzeugt noch mehr Stress. Zu viel davon wiederum schränkt unser Denkvermögen ein – statt in die Kreativität kommen wir ins Grübeln, sind blockiert. Das ist wie eine schlecht eingestellte Auto-

alarmanlage, die mehrmals in der Nacht die ganze Nachbarschaft aufweckt, nur weil gerade eine Katze vorbeistreicht.
- *Schritt 2: Unnötiges weglassen!* Unser Gehirn ist voller Ressourcen. Meistens sind wir zu intensiv im Problem verhaftet und die Ressourcen werden falsch eingesetzt. Solange wir eine problematische Situation als Feind betrachten, schenken wir ihr zu viel Aufmerksamkeit und nähren damit unsere Anspannung. Wer eine tolle Präsentation vor Publikum oder vor der Kamera hinlegen will, wird vielleicht plötzlich unnatürlich sprechen und so vehement auf seine Körpersprache achten, dass diese unnatürlich wirkt. Wir merken das vor allem dann, wenn die entsprechende Gestik *nach* dem dazugehörigen Wort erfolgt, etwa wenn jemand sagt: »Das hat mich überrascht« und sich danach mit der Hand auf die Stirn klatscht. Wenn wir zu viel wollen, kann das ganz übel enden – genauso natürlich im Job, wenn wir aus einem Hang zum Perfektionismus heraus zu wenig ins Handeln kommen und Entscheidungen aufschieben. Nebenbei blockiert uns der Stress und führt zu einem Verschleiß unserer inneren Ressourcen. Erst wenn wir weglassen, was zu viel ist – egal, ob an körperlichem Einsatz, an kreisenden Gedanken, die ins Grübeln führen, oder an aufwühlenden Gefühlen –, beginnt sich das Problem im Kern zu lockern, wodurch Raum und Kraft für die Lösung geschaffen werden. Der Weg aus der Schwierigkeit kann überraschend einfach sein und schnell vonstattengehen, sich manchmal aber auch kompliziert gestalten und langwierig vor sich gehen. Eines ist allerdings sicher: Es lohnt sich allemal!
- *Schritt 3: Der Lösung entgegen!* Indem wir unser Denken, Fühlen und Handeln auf die Lösung ausrichten, setzen wir unsere Ressourcen optimal ein. Wenn

Sie sich wegen Ihrer Höhenangst nicht trauen, vom Fünfmeterbrett im Schwimmbad zu springen, sind Sie mit den Bildern und Gedanken vermutlich zu sehr in der Höhe und dabei, was passieren könnte und zu wenig beim Sprung selbst und dem angenehmen Gefühl, ins frische Wasser zu tauchen. Wenn das Knie schmerzt, sind Sie vielleicht ständig mit den Gedanken beim Schmerz. Wie wäre es, sich einen anderen entspannten und schmerzfreien Teil des Körpers herzuholen und dieses Gefühl in Gedanken über die schmerzende Kniestelle zu legen? Die Visualisierung in einem entspannten Zustand ist eine effektive Mentaltechnik. Mit ihr können wir die Kraft innerer Bilder nutzen, die unser Unbewusstes direkt mit dem Körper verbinden. Durch das bewusste und gezielte Vorstellen können wir unseren Körper verändern. Auch Selbsthypnose kann ein wirkungsvoller Begleiter auf dem Weg zu nachhaltigem Erfolg sein.

Probieren Sie doch selbst aus, was in der Mitte möglich wird: Für diese einfache Übung brauchen Sie einen Partner. Breiten Sie Ihre Hände zur Seite hin mit den Handflächen zueinander aus, als würden Sie auf Applaus warten. Ihr Übungspartner soll dann mit aller Kraft Ihre Unterarme auseinanderdrücken, während Sie versuchen, die Hände zusammenzubringen. Ist Ihr Partner kräftiger, haben Sie keine Chance. Oder vielleicht doch? Nehmen Sie die Herausforderung in ihrer Gesamtheit wahr, beobachten Sie die Situation! Ihre Aufmerksamkeit verlagert sich nun von Ihren Unterarmen hin auf Ihren ganzen Körper: Sie beobachten bewusst, wie Sie stehen, wo Sie stehen, wie Ihre Umgebung aussieht. Sie werden schnell merken, dass sich wie nebenbei Verspannungen lösen, wie aus angestrengter Konzentration gelassene Aufmerksamkeit und aus Bewertung Beobachtung wird. Und nun sind Sie schon bereit für die Lösung: Stellen Sie sich

Ihre Lieblingsband vor oder ein großartiges Theaterstück oder sonst irgendein Event. Gehen Sie in Ihrer Visualisierung ins Publikum, werden Sie Teil davon und lassen Sie den Akteuren Ihren herzlichsten, begeisterten Applaus zukommen. Applaudieren Sie mit Genuss! Was passiert mit den Händen? Wenn Sie Ihre Vorstellung gut genug haben wirken lassen, werden Sie sie auf einmal mit Leichtigkeit zusammenbringen. Ihr Partner hat nun keine Möglichkeit mehr, Ihre Hände auseinanderzuhalten. Herzlichen Glückwunsch! Sie haben ein Problem bewältigt, indem Sie den Zustand zwischen Erschlaffung und Anspannung genutzt haben und in die Lösung gegangen sind!

Das Prinzip dahinter nennt sich Reframing: Wir ändern den Rahmen, den Bezug. Paul Watzlawick gilt als einer der Begründer des Konstruktivismus, jener Psychologieform, die unsere Wirklichkeit als ein Konstrukt des Geistes beschreibt. Die moderne Hirnforschung gibt ihm recht. Und gleichzeitig eröffnen sich Möglichkeiten, die Wirklichkeit aktiv zu gestalten. Reframing ist eine solche Methode. Sie funktioniert nicht nur bei unseren Händen oder bei körperlichen Übungen, sondern universell.

Haben Sie einen Arbeitskollegen, den Sie nicht leiden können? Betrachten Sie die ganze Situation – nicht nur das vermeintliche Problem selbst – und stellen Sie sich vor, welchen seiner Eigenschaften Sie zustimmen können. Das darf ruhig etwas Banales wie »Seine Schuhe sind geputzt« oder »Sein Sakko ist schwarz« sein. Entscheidend ist, dass Sie Ihre Aufmerksamkeit verändern und Ihr Gehirn weg vom Problem und hin zur Zustimmung kommt. Dadurch senden Sie völlig neue Signale an die betreffende Person, aber vor allem an sich selbst, wodurch sich so mancher Konflikt entschärfen lässt.

Ein anderes Beispiel zur näheren Veranschaulichung: Sie wollen duschen, doch es gibt kein Warmwasser mehr. Mit Krampf und Verspannung wird sich das kalte Wasser noch kälter anfühlen. Bleiben Sie bei sich, nehmen Sie sich wahr und stellen Sie sich vor, wie warmes Wasser auf Ihren Körper trifft.

Wir haben bereits gehört: Ein Problem entsteht durch die Diskrepanz von Vorstellung und Wahrnehmung. Vielleicht haben Sie es schon erkannt: Mit dem Prinzip der Neurobiologie des Erfolgs setzen wir Vorstellung und Wahrnehmung auf eine neue Art und Weise ein – wir verändern sie bewusst in unserem Sinne. Ihre Wahrnehmung geht vom Problem weg zum Ganzen, Ihre Vorstellung geht raus aus dem Willen und hin zur Lösung. *Das ist das ganze Geheimnis.*

Alles ist auf Erfolg eingestellt

Basierend auf der Funktion unseres Gehirns und der Wechselwirkung von Körper und Geist haben wir nun gelernt, welche Denkweise uns erfolgreich macht und dazu führt, dass wir unsere Ziele im Business, in Bezug auf unsere Gesundheit und für unsere Persönlichkeitsentwicklung erreichen.

Fassen wir zusammen: Wenn wir die Handbremse lösen, bevor wir aufs Gas steigen, den Druck aus unserem Vorhaben herausnehmen, nicht zu viel wollen, aber unser Ziel auch nicht mit Gleichgültigkeit ansteuern, uns auf Rückschläge einstellen und mittels unser Vorstellungskraft in die Lösung gehen, um einfach zu tun, was wir uns vorgenommen haben, ohne viel darüber nachzudenken, gehen wir als Sieger aus der Sache heraus.

Merken sollten wir uns außerdem: Wichtiger als der Wille ist die Vorstellungskraft! Mehr noch: Ein Zuviel an Wollen erzeugt Druck und schadet uns. Darum ist es förderlich, unsere Visualisierungsfähigkeit zu trainieren, damit wir uns Ziele vorstellen und spielerisch beobachtend darauf zuzusteuern können. Es gilt außerdem, zwischen Erschlaffung und Anspannung zu jonglieren, um zwischen Unterforderung und Überforderung die genau richtige Verfassung zu erreichen, in der wir am erfolgreichsten agieren können. Dieser Zustand der Mitte bringt unseren Körper in seinen Grundtonus, lässt unsere Gedanken kommen und gehen, führt dazu, dass wir mit ihnen nicht um eine bestimmte Überlegung kreisen und ins Grübeln kippen, und lässt uns jene Gefühle nutzen, die uns Kraft geben, uns zeitgleich aber nicht von den Energiesaugern beherrschen. Wir erreichen diesen Zustand, wenn wir bei uns, im Moment, im Hier und Jetzt bleiben und das Problem nicht als negativen Teil betrachten, sondern als Teil eines positiven (oder zumindest neutralen) Ganzen.

Das Geheimnis unseres Erfolges liegt im Gehirn: Wenn Sie es schaffen, rasch in diesen idealen Zustand zu gelangen, indem Sie die Voraussetzungen dafür legen, werden Sie viele Herausforderungen meistern und Ihres eigenen Erfolges Schmied sein! Denn Erfolg ist in erster Linie eine Fähigkeit, nämlich die Fähigkeit, durch mentale Stärke engagiert, gelassen und lösungsfokussiert auf Herausforderungen zuzugehen. Und dieser Zustand ist nicht das Grübeln, sondern die Verbindung aus Stärke und Leichtigkeit im Denken, Fühlen und Handeln.

Quellenverzeichnis

Asimov, Isaac: Asimov's Science Fiction Magazine, Davis Publications, February 1982.
Beaty, Roger E. et al., Default and Executive Network Coupling Supports Creative Idea Production: http://www.nature.com/articles/srep10964.
Benson, Herbert: The relaxation response. New York: HarperTorch 1975.
Begley, Sharon: Neue Gedanken – neues Gehirn. München: Goldmann Arkana 2010.
Bucci, Wilma: Psychoanalysis and Cognitive Science: A Multiple Code Theory. The Guilford Press, NY & London, 1997.
Buckner, Randy L. et al.: The brain's default network. Annals of the New York Academy of Sciences 2008; 1124: 1–38.
Brandl, Peter: Hudson River – Die Kunst, schwere Entscheidungen zu treffen. Offenbach: GABAL Verlag GmbH 2013.
Brody, Howard und Brody, Daralyn: Der Placebo-Effekt. München: dtv 2002.
Byrne, Rhonda: The Secret – Das Geheimnis. München: Arkana 2007.
Cannon, Walter B.: Wut, Hunger, Angst und Schmerz: eine Physiologie der Emotionen. München, Berlin, Wien: Urban & Schwarzenberg 1975.
Carroll, Lewis: Alice im Wunderland. Leipzig: Insel Taschenbuch 1973.
Chamorro-Premuzic, Tomas: Geld ist nicht alles: http://www.harvardbusinessmanager.de/blogs/gehalt-mehr-geld-fuehrt-nicht-zu-mehr-motivation-und-zufriedenheit-a-907448.html.

Charron, Sylvain und Koechlin, Etienne: Divided Representation of Concurrent Goals in the Human Frontal Lobes. Science 2010; 328: 360–363.

Coué, Émile: Autosuggestion. Zürich: Oesch-Verlag 2007.

Craik, Fergus IM et al., Delaying the onset of Alzheimer disease. Neurology 2010; 75: 1726–1729.

Damasio, Antonio R.: Descartes' Irrtum. Fühlen, Denken und das menschliche Gehirn. München: List 1997.

Damasio, Antonio R.: Ich fühle, also bin ich. München: List 2000.

Davidson, Richard J, 2003: Alterations in brain and immune function produced by mindfulness meditation. Psychosomatic Medicine 65: 564–570.

Dehner, Renate und Dehner, Ulrich: Introvision – die Kunst, ohne Stress zu leben. Freiburg: Verlag Herder GmbH 2015.

Dewulf, David: Das Arbeitsbuch der Achtsamkeit. Gelassen durch den Alltag surfen. Freiburg: arbor 2010.

Duhigg, Charles: The power of habit: Why We Do What We Do, and How to Change. New York: Random House Books 2013.

Dunlosky, John et al.: Improving Students' Learning With Effective Learning Techniques: Promising Directions From Cognitive and Educational Psychology. Psychological Science in the Public Interest 2013; 14: 4–58.

Dutton, Donald G. und Aron, Arthur P. 1974: Some evidence for heightened sexual attraction under conditions of high anxiety. Journal of Personality and Social Psychology, 30: 510–517.

Dweck, Carol: Selbstbild: Wie unser Denken Erfolge oder Niederlagen bewirkt. München: Piper Taschenbuch 2009.

Eberspächer, Hans: Gut sein, wenn's drauf ankommt. München: Hanser 2011.

Epstein, GN, 2004: A pilot study of mind-body changes in adults with asthma who practice mental imagery. Alternative Therapies in Health, 10: 66–71.

Esch, Franz-Rudolf: Strategie und Technik der Markenführung. München: Vahlen 2014.

Esch, Tobias, 2011: (Neuro)biologische Aspekte der Regeneration: Entspannung als Instrument der Stressregulation: http://www.zfaonline.de/informationen/leser/volltexte/2011/2011_02_volltexte/Beitrag3.pdf.

Feindel, William: The contributions of Wilder Penfield to the functional anatomy of the human brain. Hum Neurobiol. 1982; 4: 231–234.

Feinstein, David, 2012: Acupoint stimulation in treating psychological disorders: Evidence of efficacy. Review of General Psychology, 16: 364–380.

Franke, Alexa und Antonovsky, Aaron: Salutogenese: Zur Entmystifizierung der Gesundheit (Forum für Verhaltenstherapie und psychosoziale Praxis). Tübingen: dgvt-Verlag 1997.

Gallwey, Timothy: Inner Game Coaching. Warum Erfahrungen der beste Lehrmeister sind. Staufen: allesimfluss-Verlag 2010.

Gallwey, Timothy: Tennis – Das innere Spiel. München: Goldmann 2012.

Glynn, Alan: The Dark Fields. Bloomsbury Publishing PLC, 2003.

Gramling, Robert, University of Rochester, N.Y.; July/August 2008: Annals of Family Medicine.

Grawe, Klaus: Psychologische Therapie. Göttingen: Hogrefe 1998.

Grey, Jeffrey Alan: The psychology of fear and stress. Cambridge: Cambridge University Press 1987.

Hebb, Donald Olding: The Organization of Behavior. New York: John Wiley & Sons Inc. 1949.

Hilbig, Heidegard: http://www.spektrum.de/lexikon/neurowissenschaft/geschlechtsunterschiede-aus-neurowissenschaftlicher-sicht/4636.

http://www.aetv.com/shows/unforgettable

http://www.bmgf.gv.at/cms/home/attachments/5/5/5/CH1452/CMS1143559577254/patienteninformation_psychotherapiemethoden_20141204.pdf

http://derstandard.at/1234507054540/Ein-Nein-im-Satz-verwirrt-das-Gehirn

http://derstandard.at/2000005273495/OECD-Studie-Sozialer-Aufstieg-ist-in-Oesterreich-besonders-schwierig
http://derstandard.at/2000023152638/Der-Weg-ist-laengst-nicht-abgeschlossen
http://derstandard.at/2000028684320/Irrefuehrung-Millionenstrafe-fuer-Hersteller-von-Gehirntrainer
http://homepage.univie.ac.at/tamara.katschnig/sheft/07%20REISINGER_Artikel.pdf
http://web.stanford.edu/~jdlevin/Econ%20286/Experimental.pdf
http://www.brainyquote.com/quotes/quotes/w/williamjam120808.html
http://www.burkhardpeter.de/index.php?id=8&lang=de
http://www.businessinsider.com.au/question-that-harvard-students-get-wrong-2012–12
http://www.eftuniverse.com/research-and-studies/eft-research
http://www.eftuniverse.com/trauma-and-abuse/how-8-years-of-9/11-ptsd-symptoms-were-released-in-4-eft-sessions
http://www.fetz.org/Psychotherapie.pdf
http://www.forumgesundheit.at/portal27/portal/forumgesundheitportal/content/contentWindow?action=2&viewmode=content&contentid=10007.689012
http://www.heute.at/sport/sommersport/K2-Gipfel-vor-Augen-Kaltenbrunner-scheitert-erneut;art746,87828
http://www.hiddenchina.net/web/deu/chinese_finger_counting_system.html
http://www.hirschhausen.com/glueck/die-pinguingeschichte.php
http://www.iamrogue.com/limitless/fullsite/index.html
http://www.imdb.com/title/tt0120701/http://www.wissenschaft.de/archiv/-/journal_content/56/12054/1019789/Wie-Sport-doppelt-so-gesund-wird/
http://istpp.org/coalition/stress_prevention.html

http://www.manager-magazin.de/koepfe/selfmade-millionaer-in-welchen-laendern-der-soziale-aufstieg-klappt-a-1075440.htmlhttp://blogs.discovermagazine.com/neuroskeptic/2012/05/09/the-70000-thoughts-per-day-myth/#.V2T_i7iLTIV
http://www.metamotion.at/de/publikationen/studien
http://www.quotes.cl/all-sunshine-makes-a-desert/
http://www.salzburg.com/nachrichten/welt/sport/sn/artikel/niki-lauda-bei-laureus-gala-fuer-lebenswerk-ausgezeichnet-192616/
http://www.scinexx.de/dossier-detail-365-8.html
http://www.sgipt.org/medppp/psymot/carp1852.htm
http://www.spiegel.de/unispiegel/jobundberuf/karrieren-zum-manager-wird-man-geboren-a-242054.html
https://www.tagesschau.de/inland/kurzerklaert-terrorangst-101.html
http://www.uni-wh.de/aktuelles/detailansicht/artikel/psychologie-wer-selbst-entscheidet-ist-leistungsfaehiger-1/
http://www.welt.de/gesundheit/article3616202/Jedes-fuenfte-Kind-leidet-unter-Schulangst.html
http://www.welt.de/kultur/literarischewelt/article135734841/Fuer-eine-Psychotherapie-ist-das-Hirn-nicht-gemacht.html
http://www.welt.de/print/die_welt/wissen/article112395862/Die-Macht-der-Erwartung.html
http://wingwave.com/coaching/forschung-und-erfolgskontrollen.html
https://birkenbihldenkt.wordpress.com/2009/08/
https://www.psychologie-heute.de/news/emotion-kognition/detailansicht/news/der_mythos_vom_typengerechten_lernen/
https://simontoncenter.com/
https://www.youtube.com/watch?v=70UF82nysIU
https://www.youtube.com/watch?v=v_CX4DIjfEQ
Hüther, Gerald: Ohne Gefühl geht gar nichts. Salzburg: Jokers Hörsaal 2009.
Hüther, Gerald, 2012: Prävention: Selbstheilungskräfte aktivieren. Dtsch Ärztebl, 109: A-422/B-363/C-359.

Ievleva, Lydia und Orlick, Terry, 1991: Mental Links to Enhanced Healing – An Exploratory Study. The Sport Psychologist, 5: 25–40.

Johnson, Joseph G. und Raab, Markus, 2003: Take The First: Option-generation and resulting choices. Organizational Behavior and Human Decision Processes, 91: 215–229.

Judge, Timothy A. et al., 2010: The relationship between pay and job satisfaction: A meta-analysis of the literature. Journal of Vocational Behavior, 77: 157–167.

Kabbat-Zinn, Jon: Gesund durch Meditation: Das große Buch der Selbstheilung mit MBSR. München: Knaur MensSana 2013.

Kandel, Eric: Principles of Neural Sciences. New York, St. Louis, San Francisco, Auckland, Bogotá, Caracas, Lisbon, London, Madrid, Mexico City, Milan, Montreal, New Delhi, San Juan, Singapore, Sydney, Tokyo, Toronto: McGraw Hill Professional 2013.

Keller, Abiola et al., 2012: Does the perception that stress affects health matter? The association with health and mortality. Health Psychology, 31: 677–684.

Kiecolt-Glaser, J.K. et al., 2005: Hostile marital interactions, proinflammatory cytokine production, and wound healing. Archives of General Psychiatry, 62: 1377–1384.

Killingsworth, Matthew A. und Gilbert, Daniel T.: 2010, A Wandering Mind Is an Unhappy Mind. Science, 330: 932.

King, Serge Kahili: Der Stadt-Schamane. Bielefeld: Lüchow in J. Kamphausen 2014.

Knecht, Tobias: Das transaktionale Stressmodell von Richard Lazàrus. München: Grin Verlag 2013.

Lang, Frieder R. et al., 2013: Forecasting Life Satisfaction Across Adulthood: Benefits of Seeing a Dark Future? Psychology & Ageing, 28: 249–261.

Leary, Mark Richard et al., 2007: Self-compassion and reactions to unpleasant self-relevant events: the implications of treating oneself kindly. Journal of Personality & Social Psychology, 92: 887–904.

Lepper, Mark R et al., 1973: Undermining childrens intrinsic interest with extrinsic reward: A test of the «overjustification» hypothesis. Journal of Personality and Social Psychology, 28: 129–137.

Levy, Becca R, 2002: Longevity Increased by Positive Self-Perceptions of Aging. Journal of Personality and Social Psychology, 83: 261–270.

Locke, Edwin A., Latham, Gary P., 1991: A Theory of Goal Setting and Task Performance. The Academy of Management Review, 16: 480–483.

Loehr, James E.: Die neue mentale Stärke. München: BLV Buchverlag 2012.

Macedonia, Manuela und Höhl, Stefanie: Gehirn für Einsteiger. Linz & Heidelberg: www.das-gehirn.com 2014.

Maguire, Eleanor A. et al., 2000: Navigation-related structural change in the hippocampi of taxi drivers. Proceedings of the National Academy of Sciences of the United States of America 97: 4398–4403.

McGonigal, Kelly: Bergauf mit Rückenwind. Willenskraft effizient einsetzen. München: Goldmann 2012.

McGurk, Harry und MacDonald, John, 1976: Hearing lips and seeing voices. Nature 264: 746–748.

Merrick, Christina et al., 2015: External control of the stream of consciousness: Stimulus-based effects on involuntary thought sequences. Consciousness and Cognition, 33: 217–225.

Mikels, Joseph A. et al., 2011: Should I Go With My Gut? Investigating the Benefits of Emotion-Focused Decision Making. Emotion, 11: 743–753.

Neal, David T. et al., 2006: Habits – A Repeat Performance. Current Directions in Psychological Science, 15: 198–202.

Nørretranders, Tor: Spüre die Welt – Die Wissenschaft des Bewusstseins. Reinbek: Rowohlt Taschenbuch Verlag 1997.

Nummenmaa, Lauri et al., 2013: Bodily maps of emotions. Proceedings of the National Academy of Sciences of the United States of America, 111: 646–651.

Oerter, Rolf und Montada, Leo: Entwicklungspsychologie. Ein Lehrbuch. Weinheim: Beltz Verlag 2002.

Oettingen, Gabriele: Die Psychologie des Gelingens. München: Pattloch 2014.

Oettingen, Gabriele und Wadden, Thomas A, 1991: Expectation, Fantasy, and Weight Loss: Is the Impact of Positive Thinking Always Positive? Cognitive Therapy and Research, 15: 167–175.

Owen, Adrian M. et al.: Putting brain training to the test. Nature 2010; 465: 775–778.

Pashler, Harold, McDaniel, Mark, Rohrer, Doug, Bjork, Robert: Learning Styles: Concepts and Evidence. Psychological Science in the Public Interest 2008; 9: 106–119.

Raichle, E. Marcus et a., 2001: A default mode of brain function. Proceedings of the National Academy of Sciences of the United States of America, 98: 676–682.

Ramachandran, Vilayanur, University of California: http://psychology.ucsd.edu/

Rankin, Lissa: Mind over Medicine – Warum Gedanken oft stärker sind als Medizin: Wissenschaftliche Beweise für die Selbstheilungskraft. München: Kösel-Verlag 2014.

Reivich, Karen und Shatté, Andrew: The Resilience Factor: 7 Keys to Finding Your Inner Strength and overcoming Life's Hurdles, Broadway Books, 2003.

Rizzolatti, Giacomo et al., 1996: Premotor cortex and the recognition of motor actions; Cognitive Brain Research, 3: 131–141.

Rosenthal, Robert und Jacobson, Leonore: Pygmalion im Unterricht. Weihnheim: Beltz 1971.

Roth, Gerhard und Strüber, Nicole: Wie das Gehirn die Seele macht. Stuttgart: Klett Cora 2014.

Schmidt, Robert F.: Physiologie des Menschen. Berlin, Heidelberg: Springer Verlag 2005.

Schwartz, Jeffrey M. und Gladding, Rebecca: Du bist mehr als dein Gehirn: Die Vier-Schritt-Lösung, um Gewohnheitsmuster zu durchbrechen, ungesunde Denkweisen abzulegen und Kontrolle über das Leben zu gewinnen. Freiburg: Arbor 2012.

Schulman, Peter, 1999: Applying Learned Optimism to Increase Sales Productivity. Journal of Personal Selling & Sales Management, Volume XDC, 1: 31–37.

Schulz, Enrico et al., 2015: Prefrontal gamma oscillations encode tonic pain in humans. Cerebral Cortex, 25: 4407–4414.

Seligman, Martin E. P.: Pessimisten küßt man nicht. München: Knaur 2002.

Selye, Hans: Stress in Health and Disease. Oxford: Butterworth-Heinemann 2013.

Sepac, Reinhard: Erfolgreich durch Mentaltraining. München: Wilhelm Heyne Verlag 1988.

Sinek, Simon: Frag immer erst: Warum: Wie Top-Firmen und Führungskräfte zum Erfolg inspirieren. München: Redline 2014.

Spitzer, Manfred, 2006: Das neue Unbewusste oder die unerträgliche Automatizität des Seins, Nervenheilkunde, 25: 615–622.

Star Wars: Episode V – The Empire Strikes Back, 1980.

Storch, Maja: Body & Soul – Der Einfluss physischer Aktivitäten auf Denk- und Entscheidungsvorgänge. Auditorium Netzwerk, 2015.

Storch, Maja: In Birgmeier, Bernd (Hrsg.): Coachingwissen. Denn sie wissen nicht, was sie tun? Wiesbaden: VS Verlag für Sozialwissenschaften/GWV Fachverlage 2009.

Sutton, Mike: http://www5.in.tum.de/~huckle/Sutton_Spinach_Iron_and_Popeye_March_2010.pdf.

Taub, Ed et al., 1993: Technique to improve chronic motor deficit after stroke. Archives of Physical Medicine and Rehabilitation, 74: 347–54.

Taub, Ed et al., 2014: The functional significance of cortical reorganization and the parallel development of CI therapy. Frontiers in Human Neuroscience, 8: 396.

Täuber, Marcus, 2016: Die Wissenschaft des Erfolgs. Kopfsache-Magazin 01/16: 60–63, chiliScharf.

Tiemann, Laura et al., 2015: Differential neurophysiological correlates of bottom-up and top-down modulations of pain. Pain, 156:289–296.

Vaiva, Guillaume et al., 2003: Immediate treatment with propranolol decreases posttraumatic stress disorder two months after trauma. Biological Psychiatry, 54: 947–949.

Varvogli, Liza und Darviri, Christina, 2011: Stress Management Techniques: evidence-based procedures that reduce stress and promote health. Health Science Journal, 5: 74–89.

Vester, Frederic: Denken, Lernen, Vergessen: Was geht in unserem Kopf vor, wie lernt das Gehirn, und wann lässt es uns im Stich? München: dtv Verlagsgesellschaft 1988.

Watzlawick, Paul: Wie wirklich ist die Wirklichkeit? Wahn, Täuschung, Verstehen. München: Piper Taschenbuch 2005.

Weger, Ulrich W. und Loughnan, Stephen, 2014: Using Participant Choice to Enhance Memory Performance. Journal Applied Cognitive Psychology, 29: 345–349.

Weiss, Jay M, 1971: Effects of coping behavior in different warning signal conditions on stress pathology in rats. Journal of Comparative arid Physiological Psychology, 77: 1–13.

Wills, Frank: Beck's Cognitive Therapy (CBT Distinctive Features). London: Taylor & Francis Ltd 2009.

Unterberger, Gerhart, Wilcke, Ingo und Witt, Klaus I.: Allergien mental behandeln. Damit Körper und Geist wieder angemessen reagieren können – Modelle und Strategien angewandter Psychoneuroimmunologie. Bargteheide: Psymed-Verlag 2014.

Wittgenstein, Ludwig: Tractatus logico-philosophicus: Logisch-philosophische Abhandlung. Berlin: edition suhrkamp 1963.

Yamamoto, Tsunetomo: Hagakure Hagakure: Der Weg des Samurai. Hamburg: Kabel, 2009.

Yue, Guang H und Cole, Kelly J, 1992: Strength increases from the motor program: comparison of training with maximal voluntary and imagined muscle contractions. Journal of Neurophysiology, 67:1114–23.